KB070460

도박은 질병이다

도박문제 치유와 예방

나남
nanam

나남신서 1970

도박은 질병이다

도박문제 치유와 예방

2018년 7월 16일 발행
2018년 7월 16일 1쇄

지은이   황현탁
발행자   趙相浩
발행처   (주) 나남
주소   10881 경기도 파주시 회동길 193
전화   (031) 955-4601(代)
FAX   (031) 955-4555
등록   제 1-71호(1979.5.12)
홈페이지   http://www.nanam.net
전자우편   post@nanam.net

ISBN 978-89-300-8970-8
ISBN 978-89-300-8655-4(세트)

나남신서 1970

도박은 질병이다

도박문제 치유와 예방

황현탁 지음

나남
nanam

머리말

하우스를 이기는 타짜는 없다
문제도박과 책임도박, 도깨비 방망이를 기대하며

도박을 하려는 근질근질한 욕구는 사기, 횡령, 절도 등 범죄로 이어지거나 평생을 관리해야 하는 도박중독이라는 질병으로 발전한다. 나아가 도박은 재산탕진은 물론 가정파탄이나 자살 등 인륜을 저버리는 극단적 행동으로까지 진전하는 사회악이기도 하다. 이런 도박의 특성 때문에 동서고금을 막론하고 국가는 도박을 못 하게 하려고 온갖 방책을 강구하였지만 도박이 음성적으로 횡행하자 '허용하되 관리'하는 정책으로 전환하였다.

도박은 도박하는 사람이 판을 벌이는 사람을 이길 수 없도록 확률적으로 고안되었다. 도박하는 사람은 결국 밑천이 달려 끝까지 대결하지 못하고 돈을 잃게 되어 있는 것이다. 만일 도박자가 '하우스'의 돈을 딸 수 있도록 하는 '도깨비 방망이'가 있다면 도박이라는 오락은 사라졌을지도 모르지만, 그런 요술 방망이는 있을 수 없음이 역사적으로 증명되었다.

그래서 등장한 것이 '책임도박'(responsible gambling)이란 조처로, 국가는 도박판을 관리하고, 사업자는 사회악을 최소화하는 노력을 기울이고, 노름꾼은 자신의 안녕을 위해 도박이 오락의 범주 내에서 기능하도록 하는 다양한 제도를 도입하고 있다. 도박판의 공정하고 투명한 운영, 폐해 최소화를 위한 시간, 금액, 출입, 영업 등의 제한, 도박의 위험성과 해악에 대한 계도와 격리 등이 바로 그런 노력들이다. 그중에서도 가장 중요한 것은 노름꾼들이 돈을 딸 수 있다는 생각을 버리고 영화 한 편 관람하거나 승마, 사이클을 연습하듯 도박은 오락이나 여가활용 방편의 하나일 뿐이라는 생각을 갖도록 하는 것이다. 여기에 더하여, 이미 도박 때문에 범죄와 질병으로 고통받는 사람들이 정상적인 가정·사회생활을 할 수 있도록 회복을 돕고 치유에 나서는 것이 바로 책임도박이다.

한국도박문제관리센터는 바로 도박문제 예방과 치유의 최전선에 있는 공공기관으로, 이제 설립된 지 5년이 되었다. 약 50만 명으로 추정되는 문제도박자들의 치유를 위해, 또 도박뿐만 아니라 사행성 게임이나 확률형 게임, 소셜 게임 등 의사도박(pseudo gambling)의 위험에 직면해 있는 수많은 평범한 사람들, 특히 청소년들이 도박이 가져올 위험과 폐해에 대처하도록 하기 위해 해야 할 일이 너무나도 많다.

그래서 센터는 도박문제 치유와 예방활동을 위한 도깨비 방망이, 요술 방망이로서의 소명을 다하고자 성신여자대학교 김성복 교수님의 〈도깨비의 꿈〉이라는 작품을 설치하였다. 도깨비는 《삼국유사》에도 등장할 만큼 오래전부터 우리 민족과 함께해 온 상징적 존재로, 비상한 힘과 재주를 가지고 사람을 홀리기도 하고, 짓궂은 장난이나 심술궂은 짓을 하기도 하는 것으로 알려져 있다. 또한 도깨비 방망이는 많은 사람들에게 무엇이든 만들어 내고 소원을 이뤄 줄 수 있는 요술 방망이로 각인되어 있다. 센터를 찾는 많은 분들의 소망은 바로 '도박을 멀리하고 빨리 회복하는 것'인 만큼, 방문하는 분들에게도 이 설치작품이 희망의 아이콘이 되기를 기대한다.

출판을 나무를 심고 숲을 가꾸는 일처럼 생각하시고 나남수목원 설립 이전에 나남출판을 개업하신 조상호 회장님은 이미 나의 책 5권을 출판해 주셨다. 그중에는 《도박의 사회학》, 《사행산업론》 등 도박 관련 서적도 있는데, 그 책들 덕분에 나는 현재 한국도박문제관리센터 원장이란 직책을 맡아 정말 하고 싶었던 일을 하고 있다. 이제 나의 9번째 저서를 나남출판에서 내면서 다시 한번 감사 인사를 올린다. 출판 전에 원고를 감수하신 고승철 주필님께도 감사 인사를 전하며, 2년여를 함께 일해 온 센터 직원들에게도 도깨비 방망이를 가슴에 품고 소명의식으로 똘똘 뭉쳐 예방과 치유에 정진해 주기를 기대한다.

2018년 6월
종로구 재동 센터 사무실에서

도박은 질병이다
도박문제 치유와 예방

차 례

제1장

——

도박은 범죄이자 질병

1. 도박은 범죄다

1) 도박의 구성요소

우리나라 〈형법〉에서는 도박의 정의규정을 두고 있지 않으나 "당사자 상호 간에 재물을 걸고 우연한 승패에 의하여 그 재물의 득실을 결정하는 것"을 의미하는데, [1] 인간의 사행심과 배금풍조를 조장하여 건전한 근로의식이나 경제관념을 왜곡하거나 폭행, 사기 등 다른 범죄를 유발

---

[1] 영어권에서도 도박을 비슷하게 정의하고 있다. "Gambling as the wager of any type of item or possession of value upon a game or event of uncertain outcome in which chance, of variable degree, determines such an outcome in order to obtain some gain/profit." Blaszczynski, A., 2017, *Overcoming Gambling Addiction 2nd Edition*, p. 12에서 Bolen, D. W. & Boyd, W. H.의 글 재인용.

할 수도 있어 범죄로 규정하고 있다. 〈형법〉 제23장은 4개 조문에 걸쳐 도박과 복표에 관한 죄를 규정하여 기본적으로 모든 도박을 범죄로 간주, 처벌하도록 하면서, "일시오락 정도에 불과한 경우"는 처벌에서 제외하고 있다. 이러한 입법 태도에도 불구하고 현실적으로 경마, 경정, 경륜, 소싸움 등 경주류 도박과 카지노, 복권, 체육진흥투표권 등 다양한 도박이 합법화되어 있다.

또한 상당수 학자들은 도박이 '노동의 피로를 덜고 노동의지를 재생하는 오락적 성격도 가지고 있고 노동으로 달성할 수 없는 부를 꿈꾸게 하는 일상'으로서의 기능도 하며, 〈형법〉 제246조 제1항의 단서, 〈사행행위 등 규제 및 처벌 특례법〉, 〈복권 및 복권기금법〉에서 도박을 허용하고 있는 점[2] 등을 이유로 들어 건전한 근로의식, 경제관념과 무관한 단순도박은 비범죄화할 것을 주장한다.[3] 도박에 중독되어 정상적인 생활에 지장을 줄 수 있는 상습도박 행위나 사행심을 이용하여 이득을 취하는 도박영업 행위만을 처벌하자는 것이다.[4]

〈형법〉은 게임의 승패가 행위자의 기술, 능력, 지식, 숙련도에 전적

2) 이상돈, 2017, 《형법강론》, p.1101.

3) 뿐만 아니라 복표에 관한 죄는 이미 우리 사회에서 그 의미를 상실했으며, 〈사행행위 등 규제 및 처벌 특례법〉에서 복표와 경품추첨권 발행을 규제하고 있어 〈형법〉에서 관련 내용을 삭제해도 좋을 것이라고 주장한다(김일수·서보학, 2016, 《새로쓴 형법각론》, p.514). 또 도박은 승부가 우연에 의해 결정되는 데 반해 복표는 추첨에 의해 득실이 결정되고, 도박은 승패결정 시에 이득을 취하나 복표는 발매 시에 이득을 취하며, 도박은 쌍방이 위험을 부담하나 복표는 구매자만 재산상실의 위험이 있고 우연한 승부에 따라 위험을 부담하는 것은 아니란 점에서 차이가 있다(신동운, 2017, 《형법각론》, p.498).

4) 임웅, 2017, 《형법각론》, p.818.

으로 의존하지 않으며, 조금이라도 우연성의 개입을 받으면 도박죄(단순도박죄, 상습도박죄, 도박개장죄, 복표발매·발매중개·취득죄)[5]로 처벌하고 있는 것이 판례의 태도다. 도박죄는 도박하는 사람, 즉 행위주체에 제한이 없고, 재물이나 재산상의 이익을 걸고 도박을 하는 이상 외상도박, 전자화폐나 신용카드를 이용한 도박 등을 묻지 않는다. 따라서 우연에 의해 승부가 결정되고, 일시오락의 범위를 넘으면 처벌하도록 규정하고 있다. 도박 당사자 일방이 우연이 아닌 사기로 승패를 결정하는 사기도박은 쌍방 모두에 우연성이 존재해야 하는 도박이 아니기에, 사기를 친 사람은 도박죄가 아닌 사기죄로 처벌하여야 한다. 그러나 함께 참가한 사람을 도박죄로 처벌할 수 있느냐에 대해서는 의견이 갈리고 있다.

경기의 경우 기능, 기량, 숙련도에 따라 승패가 결정되지만 우연적 요소를 완전히 배제할 수 없다는 측면에서 경기의 승패내기 역시 도박으로 본다. 어느 정도의 도박이 일시오락이냐에 대해서는 도박의 시간과 장소, 도박 가액, 도박 가담자들의 사회적 지위나 재산, 도박으로 얻은 재물의 용도, 도박 동기와 흥미성 등 여러 사정을 고려하여 판단하여야 한다는 것이 판례의 태도다.[6]

이러한 도박행위는 복권이나 마권 또는 체육진흥투표권을 사거나 베

---

5) 2013년 〈국제연합 국제조직범죄방지협약〉에 따라 도박개장죄(〈형법〉 제 247조)와 복표발매죄(〈형법〉 제 248조 ①)가 협약의 대상범죄가 될 수 있도록 법정형을 "3년 이하의 징역 또는 2천만 원 이하의 벌금"에서 "5년 이하의 징역 또는 3천만 원 이하의 벌금"으로 상향조정하였다(신동운, 2017, 《형법각론》, p. 493).
6) 김일수·서보학, 앞의 책, pp. 516~517.

팅을 하는 등 대가(consideration)를 지불하여야 하고, 이기고 지는 것이 실력이나 숙련도가 아닌 '조금이라도' 우연(chance)에 의해 결정되어야 하며, 이기는 경우에 금전적 이익이나 가치 있는 상(prize)이 주어져야 한다는 세 가지 요건을 충족하여야 한다.[7] 이런 기준에서 보면 입장료만 받는 기원(棋院)의 경우는 도박장이 아니며, 내원객 사이의 내기와는 별개로 기원과 내원객 사이에는 도박행위가 있었다고 볼 수 없다. 보너스로 받은 경품권이나 당첨된 게임권으로 전자 게임기에서 게임하는 경우 역시 도박행위로 볼 수 없다.

　도박과 유사한 개념으로 '사행행위'가 있는데, 〈사행행위 등 규제 및 처벌 특례법〉제 2조 제 1항 제 1호에서는 "사행행위란 여러 사람으로부터 재물이나 재산상의 이익(이하 "재물 등"이라 한다)을 모아 우연적(偶然的) 방법으로 득실(得失)을 결정하여 재산상의 이익이나 손실을 주는 행위를 말한다"고 규정한다. 사행행위의 정의에서 '재물이나 재산상의 이익을 모은다'는 것은 곧 도박의 '참가자가 대가를 지불한다'는 의미이고, '재산상의 이익이나 손실을 준다'는 것은 '상을 준다'는 의미이다. 나아가 '득실이 우연적 방법에 의하여 결정'되므로, 결론적으로 사행행위는 도박과 같은 개념으로 볼 수 있다.

　도박은 놀이나 여가활동과 같이 인간의 자극추구 욕구를 충족하는 행위로서, 심리적 보상이 즉각적이고 크며 불규칙적이고 간헐적이어서 집착 가능성이 높다. 이는 결국 인간생활과 사회에 미치는 부정적인 영향이 지대하기 때문에 규제의 대상이 된다. 즉, 도박은 행위 자체가 나

---

7) 황현탁, 2012, 《사행산업론》, p. 195.

쁘기 (*wrong in itself*) 때문에 규제하는 것이 아니다. 도박의 규제는 지나친 도박 (*excessive gambling*) 으로 인해 가난·가정해체 등 가족복지가 망가지고, 조직범죄·돈세탁·사기와 같은 범죄행동이 발생하며, 부패나 소란처럼 공공의 질서를 해치거나 청소년 비행이 발생하는 등의 사회경제적 비용이 발생하기 때문이다. 다시 말하면, 도박은 행위자들에게 중독, 실직, 범죄, 자살 등 의도하지 않은 외부불경제 (*negative externality*) 가 발생하여 사회적 비용이 들어가는 문젯거리의 즐거움 (*questionable pleasure*) 이기 때문이다. 도박충동은 "숨 쉴 틈을 주지 않으며, 살려 주지도 않고 휴전도 하지 않는 적이자, 분노를 삭이지 못하는 지칠 줄 모르는 박해자"라는 떨쳐 버리기 힘든 심리상태로 묘사된다. 8)

호주 시드니대학의 임상심리학 교수이자 아시아태평양도박연구협회 (APAGS: Asia Pacific Association for Gambling Studies) 명예회장인 알렉스 블라지킨스키 (Alex Blaszczynski) 는 도박의 구성요소로 ① 2개 이상의 당사자가 존재하며 (한쪽은 사업자 조직, 다른 한쪽은 참가자), ② 불확실성 (*uncertainty*) 이나 우연에 결과가 좌우되고, ③ 불확실성이나 우연의 결과에 따라 재화가 재분배되며, ④ 재화는 돈에 국한되는 것이 아니라 가치 있는 것이면 되고, ⑤ 참가는 자발적 (*voluntary*) 이며, ⑥ 재화를 얻기 위한 동기에서 참가할 것 등 6가지 (*6 essential components*) 를 들고 있다. 9)

---

8) Blaszczynski, 앞의 책, p. 31에서 France, C. J. 의 글(1902) 재인용. "The passion for gambling gives no time for breathing ; it is an enemy which gives neither quarter nor truce ; it is a persecutor, furious and indefatigable."

9) Blaszczynski, 앞의 책, p. 12. 이상돈은 도박의 개념요소로 ① 재산걸기, ② 승부의

한편 도박은 불법적인 약물 복용, 안전벨트 미착용, 음주운전, 성매매를 하는 것처럼 '법률이 정한 금지된 행위'임에도 서로 합의하거나 죄가 됨을 알고 행하는 합의의 범죄(consensual crime) 로서, 살인이나 강도처럼 가해자와 피해자가 존재하는 전통적 범죄와 다르다. 즉, 성매매, 마약복용, 성도착행동 등과 같이 동일범죄의 피해자와 가해자의 관계가 분명치 않은 피해자 없는 범죄(victimless crime) 다. 10) 하지만 엄격한 측면에서 피해자가 전혀 없다고 볼 수는 없다.

피해자 없는 범죄는 행위에 당사자가 동의하고, 누구도 이의를 제기하지 않으며, 참가하지 않는 경우 직접적인 피해가 없을 것 등 3가지 요건을 필요로 하며, 그 행위 자체가 나빠(evil in itself)서가 아니라 금지하기 때문에 죄(evil because prohibited) 가 된다. 11) 합의의 범죄나 피해자 없는 범죄는 국가가 정책적으로 처벌 여부를 결정한다. 이를 규제하지 않았을 때 타인이나 사회에 미치는 파장, 규제의 실효성이나 규제에 따른 비용 등을 고려하여 죄나 처벌의 수위가 정해진다. 도박의 경우도 〈관광진흥법〉, 〈폐광지역 개발지원에 관한 특별법〉, 〈복권 및 복권기금법〉, 〈한국마사회법〉, 〈국민체육진흥법〉, 〈경륜·경정법〉, 〈전통소싸움에 관한 법률〉 등 특별법을 제정하여 특정 주체가 특별한 장소나 공

우연성, ③ 재물의 득실(재물의 분배행위) 을 들고 있다(이상돈, 앞의 책, p. 1103).

10) 소비자가 피해자인 공정거래 위반이나 허위광고, 위험물질 제조판매 등의 경우 피해자가 특정인이 아닌 불특정 다수가 될 수 있는데, 이처럼 피해자 규명이 명확하지 않은 범죄도 '피해자 없는 범죄'로 본다(이윤호, 2007,《범죄학》, pp. 139~140).

11) Winterscheid, J. F., 1977, "Victimless crimes: The threshold question and beyond", Notre Dame Law Review 995.

간에서, 정해진 방식으로 도박영업을 하도록 하고, 거기에 참가하는 도박자는 처벌하지 않도록 하고 있다.

도박은 살인, 폭행, 성범죄 등 생명이나 신체를 침해하는 범죄, 절도, 강도, 사기, 공갈 등 재산을 침해하는 범죄와 같이 개인적 법익을 침해하는 범죄가 아닌 사회적 법익을 침해하는 범죄다. 방화나 범죄단체 조직, 폭발물 사용이나 교통방해죄, 통화나 유가증권 위조, 성매매나 공연음란죄와 같이 사회에 부정적인 결과를 가져다준다. 다시 말하면 도박은 개인의 도덕문제이고 개인의 책임이지만, 때로는 사회적 법익을 침해하여 사회에 나쁜 결과를 가져다주므로 법률이 규제해야 하는 '범죄'인 것이다.

2) 실정법상의 도박[12]

요한 하위징아(Johan Huizinga)는 도박은 "정신이나 삶에 대해서 아무런 소득도 가져오지 않는다"고 혹평하였는데, 우리나라 〈형법〉에서도 "도박을 한 사람은 1천만 원 이하의 벌금에 처한다"(제246조)고 규정하여 도박을 나쁜 행위, 즉 가벌적 행위로 전제하고 있다. 따라서 도박을 금지하는 것을 원칙으로 하되, 특별한 자격을 가진 자에게 제한된 장소에서 제한한 방법의 사업을 허용하면서 일반대중에게 나쁜 영향을 최소화하기 위해 여러 가지 법령에서 도박영업이나 행위를 제한하고 있다.

〈표 1-1〉에서 보는 바와 같이 50여 개 이상의 법령에서 직접 '도박'

---

12) 저자 블로그 글 참조. ("도박은 죄악재(罪惡財)다".)

<표 1-1> 도박, 사행행위와 관련된 현행 법령

구분	관련 법령
기본법	〈형법〉, 〈사행행위 등 규제 및 처벌 특례법〉, 〈사행산업통합감독위원회법〉
허용법	〈한국마사회법〉, 〈관광진흥법〉[카지노허가특례: 〈폐광지역 개발 지원에 관한 특별법〉, 〈제주특별자치도 설치 및 국제자유도시 조성을 위한 특별법〉, 〈경제자유구역의 지정 및 운영에 관한 특별법〉, 〈기업도시개발 특별법〉, 〈크루즈산업의 육성 및 지원에 관한 법률〉), 〈경륜·경정법〉, 〈복권 및 복권기금법〉, 〈국민체육진흥법〉, 〈전통 소싸움경기에 관한 법률〉, 〈사회복지공동모금회법〉(제한적 복권발행)
규제 법령	〈개별소비세법〉(입장세 - 경마장: 장내 1,000원, 장외 2,000원, 경륜경정장: 장내 400원, 장외 800원, 투전기: 10,000원, 카지노: 내국인 6,300원, 외국인 2,000원), 〈소득세법〉(기타소득에 당첨금 포함), 〈지방세법〉(도박장 과세), 〈건강기능식품에 관한 법률〉(영업자 준수사항), 〈게임산업진흥에 관한 법률〉(사행성 게임물 게임 제외), 〈경찰공무원 임용령〉(직권면직), 〈공직선거법〉(사행성조장 여론조사금지), 〈교육환경 보호에 관한 법률〉(금지행위 - 사행영업장 설치제한), 〈군 가산복무 지원금 지급 대상자 규정〉(상습도박자 제외), 〈군사법원법〉(도박장에서의 야간집행허용), 〈군에서의 형의 집행 및 군수용자의 처우에 관한 법률〉(소지금지 및 행위제한), 〈낚시 관리 및 육성법〉(명예감시원 자격 등), 〈도시공원 및 녹지 등에 관한 법률〉(금지행위), 〈독도 등 도서지역의 생태계 보전에 관한 특별법〉(금지행위), 〈동물보호법〉(도박 등 학대금지), 〈방송법〉(사행심조장금지), 〈보호관찰 등에 관한 법률〉(준수사항), 〈보호소년 등의 처우에 관한 법률〉(준수사항, 소지금지물품), 〈산림문화·휴양에 관한 법률〉(금지행위), 〈산업집적활성화 및 공장설립에 관한 법률〉(사행기구제조업등록의제), 〈수도법〉(금지행위), 〈수목원·정원의 조성 및 진흥에 관한 법률〉(금지행위), 〈수질 및 수생태계 보전에 관한 법률〉(금지행위), 〈식품위생법〉(사행심조장광고금지, 식품접객업자·종업원의 준수사항, 도박금지), 〈여신전문금융업법〉(카지노 등에서의 신용카드 결제금지), 〈옥외광고물 등의 관리와 옥외광고산업 진흥에 관한 법률〉(사행광고 금지), 〈용산공원 조성 특별법〉(금지행위), 〈유선 및 도선 사업법〉(도박금지), 〈의료법〉(안마사에 관한 규칙 - 도박금지), 〈자본시장과 금융투자업에 관한 법률〉(증권이나 파생상품 투자를 형법상 도박죄 적용에서 제외), 〈자연공원법〉(금지행위), 〈정보통신망 이용촉진 및 정보보호 등에 관한 법률〉(사행행위정보유통금지), 〈지방문화진흥법〉(사행영업장 금지), 〈채무자의 회생 및 파산에 관한 법률〉(면책허가 제외), 〈청소년 보호법〉(청소년 유해업소 설치), 〈청소년활동 진흥법〉(금지행위), 〈체육시설의 설치·이용에 관한 법률〉(준수사항), 〈출입국관리법〉(도박사범 사증발급, 취업제한), 〈풍속영업의 규제에 관한 법률〉(준수사항), 〈하천법〉(금지행위), 〈해운법〉(금지행위), 〈형사소송법〉(야간집행제한 예외), 〈형의 집행 및 수용자의 처우에 관한 법률〉(소지금지 및 행위제한)
자치 법규	〈경상남도교육청 학생 도박 예방교육에 관한 조례〉, 〈전라북도교육청 학생 도박 예방교육에 관한 조례〉, 〈서울특별시교육청 학생 도박 예방교육 조례〉, 〈대전광역시 동구 도박중독 예방 및 치료 지원에 관한 조례〉

* 자료: 법제처 국가법령정보센터 검색 결과. 2017년 12월 31일 현재.

또는 '사행행위'를 규제한다. 규제법령 중에서도 도박장 입장이나 도박소득, 그리고 도박장에 세금을 부과하는 법률, 학교 · 청소년 시설 · 수형자 시설 · 공원 등 특정한 장소나 주변에서의 도박영업 · 도박행위나 도박도구 소지를 금지 · 제한하는 법령, 방송 · 광고 · 여론조사 · 정보통신망을 이용한 사행심 조장을 금지하는 내용, 도박사범들의 자격이나 행위 · 권리를 제한하는 법령 등이 있다.

최근 인터넷이나 스마트폰을 이용한 청소년 도박문제가 사회문제가 되고 있어 국회에도 학교에서의 도박중독 예방교육을 의무화하는 〈학교보건법〉 개정안이 제출되어 있으며, 2017년부터 경상남도 등 일부 지방자치단체에서는 조례를 제정하여 학교에서 도박 예방교육을 실시하도록 규정하고 있다.

〈형법의 도박 관련 조항〉
제 23장 도박과 복표에 관한 죄
제 246조 (도박, 상습도박)
① 도박을 한 사람은 1천만 원 이하의 벌금에 처한다. 다만, 일시오락 정도에 불과한 경우에는 예외로 한다.
② 상습으로 제 1항의 죄를 범한 사람은 3년 이하의 징역 또는 2천만 원 이하의 벌금에 처한다.

제 247조 (도박장소 등 개설)
영리의 목적으로 도박을 하는 장소나 공간을 개설한 사람은 5년 이하의 징역 또는 3천만 원 이하의 벌금에 처한다.

제 248조 (복표의 발매 등)

① 법령에 의하지 아니한 복표를 발매한 사람은 5년 이하의 징역 또는 3천만 원 이하의 벌금에 처한다.

② 제 1항의 복표발매를 중개한 사람은 3년 이하의 징역 또는 2천만 원 이하의 벌금에 처한다.

③ 제 1항의 복표를 취득한 사람은 1천만 원 이하의 벌금에 처한다.

제 249조 (벌금의 병과)

제 246조 제 2항, 제 247조와 제 248조 제 1항의 죄에 대하여는 1천만 원 이하의 벌금을 병과할 수 있다.

〈그림 1-1〉 한국의 도박문제 관리 감독 시스템

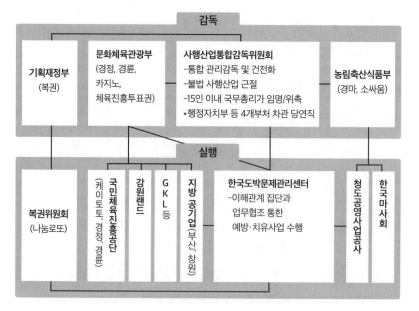

〈표 1-1〉에서 보는 바와 같이 한국에서는 모두 7개 종류의 도박이 법률로 허용되어 있으며, 사행산업통합감독위원회가 도박이 건전한 여가산업 및 레저산업으로 발전할 수 있도록 하는 감독업무와 불법사행산업에 대한 감시업무를 수행하고 있는데, 도박 전반의 관리체계는 〈그림 1-1〉과 같다.

3) 도박사범 처리현황

〈형법〉은 도박을 범죄로 규정하면서도, 각 특별법에서 법률에서 정한 주체가 특정한 장소에서 특정한 방식 등으로 도박을 하는 것을 허용한다. 단, 법률에서 정한 운영주체가 아닌 자가 도박장을 개장하거나, 불법도박장에서 도박을 하는 경우에는 처벌을 받는다. 즉, 〈경륜·경정법〉, 〈관광진흥법〉, 〈국민체육진흥법〉, 〈복권 및 복권기금법〉, 〈한국마사회법〉, 〈전통 소싸움경기에 관한 법률〉에서 정한 주체와 장소, 방식 등을 위반하여 도박을 하는 경우에는 처벌을 받으며, 형량도 〈형법〉에서 규정한 것보다 무겁다.

〈표 1-2〉와 〈표 1-3〉에서 보는 바와 같이 2016년 검찰이 처리한 사건 중 기소한 사건은 전체의 반이 안 되는 45% 정도이며, 또 그중 80%는 검사가 법원에 약식명령(略式命令)을 청구하는 구약식(求略式)이다. 2016년 검찰이 법원으로 넘긴 구공판(求公判) 도박사건은 5,190건인데, 재판진행에 시차도 있고 사법연감 통계에 도박 관련 법률위반 사건 전체가 표시되어 있지 않아 정확하지는 않지만 4,271건만 처리한 것으로 나타난다. 그 사이 20% 가까이가 어떤 형태로든 해결되었음을 알 수

〈표 1-2〉 검찰 도박 관련 범죄 처리현황

죄명	접수	처리	기소 (구속/불구속/구약식)	불기소	타관송치 등
도박과 복표에 관한 죄	28,729	27,954	11,451 (269/900/10,282)	13,291	3,212
도박	25,741	25,199	10,021 (5/267/9,749)	12,489	2,689
상습도박	953	888	419 (24/212/183)	179	290
도박개장	2,035	1,867	1,011 (240/421/350)	623	233
〈게임산업진흥에 관한 법률〉 위반	12,890	12,503	6,543 (451/1,543/4,549)	5,489	471
〈경륜 · 경정법〉 위반	70	65	18 (- / - /18)	35	12
〈관광진흥법〉 위반	312	307	248 (2/16/230)	48	11
〈국민체육진흥법〉 위반	1,827	1,731	524 (61/124/339)	537	670
〈국민체육진흥법〉(도박개장 등) 위반	1,722	1,647	1,027 (470/415/142)	374	246
〈국민체육진흥법〉(도박 등) 위반	12,233	12,146	5,187 (10/380/4,797)	2,905	4,054
〈복권 및 복권기금법〉 위반	5	5	2 (- / - / 2)	3	-
〈복표발행 · 현상 기타 사행행위 단속법〉 위반	3	3	-	3	-
〈사행행위 등 규제 및 처벌 특례법〉 위반	1,408	1,367	941 (79/293/569)	335	100
〈한국마사회법〉 위반	669	610	265 (33/47/185)	195	150
〈한국마사회법〉(도박개장 등) 위반	132	127	78 (41/23/14)	39	10
〈한국마사회법〉(도박 등) 위반	561	526	223 (2/31/190)	141	162
계	60,561	58,991	26,507 (1,418/3,772/21,317)	23,395	9,098

* 자료: 〈2017 검찰연감〉.
** 불기소 건수 중 기소유예: 16,660건.

〈표 1-3〉 법원 도박 관련 범죄 처리현황

죄명	접수	처리	유기	집유	재산	선유	무죄	면공소	기타
도박복표	1,820	1,852	182	492	952	9	35	공소기각 1	181
경륜경정	-	2	1	1	-	-	-	-	-
관광진흥	48	37	3	8	21	1	-	-	4
체육진흥	1,775	1,689	330	835	405	-	1	면소 2, 소년부 3	113
사행행위	381	466	141	142	159	1	2	-	21
마사회	200	225	53	100	63	-	1	-	8
계	4,224	4,271	710	1,578	1,600	11	39	6	327

* 자료: 〈2017 사법연감〉, 1심 판결.

있다. 검찰은 도박사범 중 1,418명을 구속하였으나 1심법원은 그중 50% 정도인 710명에게만 징역을 선고했다.

2016년 검찰청에서 처리한 도박 관련 범죄 처리현황과 법원이 처리한 1심 판결현황은 〈표 1-2〉 및 〈표 1-3〉과 같다.

4) 도박상담 내담자들의 법적 문제 현황

한국도박문제관리센터를 찾은 내담자들 중 도박자 본인들의 약 85%는 특별히 법률적인 문제까지는 없는 것으로 나타났으며, 경찰이나 검찰의 조사를 받고 있거나 벌금형을 선고받은 사람들이 약 10%에 달한다.

〈표 1-4〉 내담자들의 법적 문제

(단위: 명, %)

연도 / 구분	2015		2016		2017	
	인원	비중	인원	비중	인원	비중
문제 없음	1,942	90	2,399	87.9	2,015	84.8
수사 중(검찰, 경찰)	66	3.1	119	4.4	145	6.1
기소유예	18	0.8	30	1.1	33	1.4
소송 중(법원)	19	0.9	21	0.8	26	1.1
벌금	69	3.2	107	3.9	100	4.2
징역	4	0.2	8	0.3	5	0.2
집행유예	12	0.6	15	0.5	28	1.2
집행종료	16	0.7	18	0.7	15	0.6
보호관찰	12	0.6	11	0.4	9	0.4
합계	2,158	100	2,728	100	2,376	100

2. 도박중독은 질병이다

도박중독(*gambling addiction*)은 전염성이 강하고(*contagious*), 드러나지 않은 숨겨진 질병(*hidden disease*)이자, 가족 질병(*family disease*), 사회적 질병(*social disease*)이다. 도박은 치유가 가능한 질병이나 평생을 관리해야 할 만성질환(*chronic disease*)이란 측면에서 예방이 가장 좋은 처방이다. 한국에서는 대부분 사람들이 도박중독을 질병이 아니라 개인의 일탈행위로 여기고 있어 중독자가 공개적으로 도움을 요청하기가 어려운 분위기여서 다른 나라보다 유병률이 높다.

하지만 도박은 엄연히 세계적으로 통용되는 질병분류체계에도 포함되어 있다. 세계보건기구(WHO: World Health Organization)가 채택하고 있는 국제질병분류기준(ICD: International Classification of Diseases)은 자주, 반복적, 강박적으로 하는 병적도박(*pathological gambling*)을 질병에 포함시킨다(F63.0).[13] 미국정신의학회(APA: American Psychiatry Association)도 정신질환의 진단 및 통계 편람(DSM: Diagnostic and Statistical Manual of Mental Disorders)에서 지나친 도박을 도박장애(*gambling disorder*)란 정신질환으로 규정한다.[14]

도박중독은 1977년 '지나친 도박'으로 ICD-9에, 1980년 DSM-III에 '충동조절장애'(*impulse control disorder*)로 각각 처음으로 포함되었다.

---

13) WHO가 1990년 채택한 국제질병분류기준(The International Statistical Classification of Diseases and Related Health Problems, ICD-10). ICD-11은 2019년 5월 WHO총회 채택을 목표로 현재 개발 중에 있다.
14) APA가 2013년 5월에 개정한 DSM 5차 개정(DSM-5).

〈표 1-5〉 각국의 도박중독 유병률

국가	기준연도	도박중독 유병률		
		중위험	문제성	합계
한국	2015	3.8	1.3	5.1
호주	2013	1.9	0.4	2.3
체코	2012/13	1.7	0.6	2.3
뉴질랜드	2012	1.0	0.3	1.3
스웨덴	2012	1.0	0.4	1.4
말레이시아	2011	2.9	0.8	3.7

* 자료: 사행산업통합감독위원회. "2016년 사행산업 이용실태조사", p.259.

1990년 ICD-10에서 도박은 '병적도박'으로 습관 및 충동조절장애(F63: *habit and impulse disorders*)로 분류되었고, 1994년에는 APA 역시 도박중독을 '병적도박'으로 변경하여 간헐적 폭발성장애(발작적 난폭행동), 병적방화벽, 발모벽(머리카락 뽑기) 등 다른 '병적' 행동과 함께 충동조절장애에 포함시켰으며, 2013년 DSM-5에서는 ICD-10에서 유일한 비물질장애인 '물질관련 및 중독장애'(SAD: Substance related and Addictive Disorder), 즉 행위중독(*behavioral addiction*)에서 규정되어 있던 것을, 병적(*pathological*)이란 용어를 사용하지 않고 '도박장애'라는 명칭으로 변경하여 포함하였다.

이러한 DSM-5 결정과정에서 물질사용장애(*substance use disorder*) 연구그룹은 물질사용장애와 병적도박과의 관련성을 검토하여 도박을 중독(*addiction*)에 포함시켰고, 강박장애(*obsessive-compulsive spectrum disorders*) 연구그룹은 충동조절장애가 강박장애와 같은 점도 있고 다른 점도 있다고 판단한 후 추가적인 의견을 수렴했다. 이때 물질사용장애 연구그룹에서는 병적도박뿐 아니라 인터넷과 비디오 게임의 지나친 사용

(*excessive patterns of internet use and video-gaming*) 도 함께 검토하였으나 증상의 차이, 적은 사례 수, 장기간 추적조사 부족을 이유로 DSM-5에는 포함시키지 않았다. 15)

APA는 종전의 병적도박 진단기준 10개 중 "지폐 위조, 사기, 절도, 횡령 등 불법행위를 감행한다"는 불법행위 항목은 삭제하였고, 일부 진단기준의 표현을 바꾸었다. 또 도박장애 판정기준도 전체 10개 항목 중 5개가 아니라 9개 항목 중 4개에 해당할 경우로 변경하였다. 도박장애를 물질사용장애 관련 장에 포함시킨 것과 관련, 미국 멤피스대학 임상심리학 박사 메러디스 긴리(Meredith Ginley)는 ① 치료를 요하는 도박중독자들의 25%는 물질사용장애를 가지고 있고, ② 5~20%의 물질중독자들은 도박문제를 가지고 있으며, ③ 일반 모집단 연구에서 높은 동반질환(*comorbidity*)을 보였고, 물질사용장애가 가장 잘 나타난 것으로 발표되었기 때문이라고 했다. 덧붙여, 도박중독 치료에는 12단계치료법, 동기강화개입법, 인지행동치료법이 이용되는 등 과도한 도박은 이미 정신질환으로 간주되고 있던 점도 고려했다고 한다. 16)

WHO 역시 2019년 개정을 목표로 새로운 질병분류 기준안을 검토하고 있는데(ICD-11), 예일대학의 마크 포텐자(Marc N. Potenza) 교수가 이 연구그룹에 관여하고 있다. 포텐자 교수는 한국중독정신의학회 창립

---

15) 두 연구그룹에 모두 참여한 예일대학의 마크 포텐자 교수는 2016년 11월 18일 한국 중독정신의학회 국제학술대회에서 인터넷 게임장애(Internet Gaming Disorder)가 DSM-5에 정식질환으로 규정되지 않은 것에 대해 설명한 바 있다.

16) 게임문화재단 주최로 열린 '게임 과몰입(IGD)을 바라보는 다양한 시각 국제심포지엄'(2017. 11. 2.)의 요약은 저자 블로그 글 참조. ("게임국제심포지엄 단상".)

2016년 11월 백범기념관에서 열린 한국중독정신의학회 국제학술대회.
왼쪽이 예일대학 마크 포텐자 교수, 오른쪽이 저자.

20주년 국제학술대회(2016년 11월 18일, 백범기념관) 발표에서 ICD-11 제7장에 DSM-5와 같은 물질사용 및 중독행동장애(*disorders due to substance use or addictive behaviors*)를 추가하고, 병적도박이 아닌 도박장애란 표현을 사용하며, 하위분류로 온라인·오프라인·기타 도박을 추가하되, 위험도박이나 베팅(*hazardous gambling or betting*)과 양극성장애(*bipolar disorders*) I, II를 제외할 것을 제안했다.

그리고 ICD-11에 규정될 도박장애를 "지난 12개월 동안 부정적인 결과에도 불구하고 다른 관심사나 일상생활보다 도박을 우선하여 계속하는 등 도박을 통제하지 못하고 지속하거나 다시 하여 개인이나 가족, 사회, 교육, 직업 등에서 현저한 지장을 받는 행동"으로 규정할 것을 제안했다.

포텐자 교수는 인터넷 도박과 관련, ① 청소년들의 인터넷 도박은 문제가 더 크고, ② 나쁜 학업성적이나 과음은 인터넷으로 문제도박을 하는 그룹과 깊은 관련성이 있으며, ③ 친구들과 함께 도박하는 그룹은 인터넷 도박을 하는 그룹보다 도박문제 가능성이 낮고, ④ 물질사용, 우울, 폭력성, 공격성은 문제도박과 강한 연관성을 가지고 있다는 연구결과를 발표했다.

그는 비디오 게임이나 페이스북중독, 섭식중독, 폭식장애, 강박적 성행동(*compulsive sexual behaviors*) 등과 관련된 신경생물학적 유사성과 차이점, 약리 및 행동치료의 효과 등을 소개하면서 예방과 치유, 정책 수립을 위해서는 추가적인 연구가 필요하다고 제안했다. 그 이외에도 물질사용장애(SUD)와 병적도박(PG)의 연관성, 결정·보상 과정과 인지행동치료 등 치유방법, 인터넷 사용, ICD-11 개정작업 등과 관련하여 자신의 노력과 세계적인 동향 등을 소개하였다.

1) 도박장애의 진단기준: DSM-5[17]

A. 지속적이고 반복적인 문제적 도박행동이 임상적으로 현저한 손상이나 고통을 일으키고 지난 12개월 동안 다음의 항목 중 4개(또는 그 이상)가 나타난다.

   1. 원하는 흥분을 얻기 위해 액수를 늘리면서까지 도박하려는 욕구가 생김.

---

17) DSM-Ⅳ의 병적도박(pathological gambling, + 312. 31) 진단기준 중에서 "⑧도박 자금 조달을 위해 지폐 위조, 사기, 절도 또는 횡령 등 불법행위를 저지른다"가 제외되었다(미국정신의학회 지음, 강진령 옮김, 2008, 《간편 정신장애진단 통계 편람 DSM》, pp. 315~316).

2. 도박을 줄이거나 중지시키려 할 때 안절부절못하고 과민해짐.

3. 도박을 줄이거나 중지시키려는 노력이 반복적으로 실패함.

4. 종종 도박에 집착함(예, 과거의 도박 경험을 되새기고, 다음 도박의 승산을 예견해 보거나 계획하고, 도박으로 돈을 벌 수 있는 방법을 생각).

5. 괴로움(무기력감, 죄책감, 불안감, 우울감)을 느낄 때 도박함.

6. 도박으로 돈을 잃은 후 만회하기 위해 다음 날 다시 도박함.

7. 도박에 관련된 정도를 숨기기 위해 거짓말을 함.

8. 도박으로 인해 중요한 관계, 일자리, 교육적·직업적 기회를 상실하거나 위험에 빠뜨림.

9. 도박으로 야기된 절망적인 경제상황에서 벗어나기 위한 돈 조달을 남에게 의존함.

B. 도박행동이 조증삽화(*manic episode*)로 더 잘 설명되지 않는다.

도박장애의 심각도

위 항목 중 4~5개 해당: 경도(*mild*)

위 항목 중 6~7개 해당: 중등도(*moderate*)

위 항목 중 8~9개 해당: 고도(*severe*)

2) 도박장애의 진단기준안: ICD-11[18]

현재 도박은 ICD-10 제5장 '정신 및 행동장애'(*Mental and behavioural disorders*) 중 습관 및 충동조절장애(F63)에 병적도박(*pathological gambling*)이란 병명으로 "잦고 반복된 도박으로 인해 환자의 생활과 사회적, 직업적, 물질적, 가족적 가치에 손상을 초래하는 강박도박(*compulsive gambling*)"으로 정의하고 있다.

ICD-11에서 도박장애는 6장 '정신행동 신경발달장애'(*Mental, behavioural or neurodevelopmental disorders*)의 물질사용 및 중독행동장애 중 중독행동장애에 게임장애(*gaming disorder*)와 함께 포함되어 있으며, 오프라인 도박(6C70.0)과 온라인 도박(6C70.1), 2가지로 세분되어 있다(게임장애는 6C71).

ICD-11은 도박장애를 ICD-10보다 훨씬 더 상세하게 ① 도박의 시작, 빈도, 강도, 지속기간, 중단, 상황에 대한 통제력 상실, ② 다른 생활의 관심사나 일상 활동보다 도박을 우선하고 점점 더 도박을 우선시, ③ 부정적인 결과 발생에도 불구하고 도박을 지속하거나 더 많이 하는 것으로 기술하고 있다. 이런 도박행동으로 인해 본인의 교육, 직업 등의 일상생활과 가족, 사회 분야에 상당한 손상을 가져다주어 아주 심각한 상황에 처하게 된다. ICD-11에서의 진단기준은 도박을 지속적

---

18) DSM-5에서와 달리 ICD-11에서는 진단척도 중 집착, 금단현상, 내성, 거짓말, 부정적 감정회피 등이 제외되어 있는 것과 관련, 포텐자 교수는 특성보다는 행동에 초점이 맞추어져 있기 때문이라고 설명한 바 있다(한국중독정신의학회 국제학술대회, 2016. 11. 18.).

으로 또는 수시로 그리고 되풀이하여 반복하며, 이런 증상들이 지난 12 개월 동안 명백할 때라고 부연하고 있다.

3. 게임몰입도 질병이다[19) 20)]

'게임'에는 규칙이 있고 그 규칙에 따라 다음 동작이 행해져야 한다. 하 지만 청소년들이 즐기는 달팽이 게임, 사다리 게임, 소셜그래프 등 사 행성 게임은 완전히 우연에 따라 진행되므로, 〈게임산업진흥에 관한 법 률〉에서 정한 진짜 게임과는 완전히 다른 '의사게임 도박'(pseudo gaming gambling) 이다. 실제로 게임물관리위원회는 이런 게임물은 "전적으로 우연적인 방법으로 그 결과가 결정되고, 게임진행에 흥미나 성취감이

19) 2017년 11월 2일, 게임문화재단 주최로 '게임 과몰입(IGD) 을 바라보는 다양한 시각 국제심포지엄'이 열렸다. APA가 2013년 5월 개정한 DSM-5에서 추가연구가 필요한 장애로 정하고 있는 인터넷 게임장애(IGD: Internet Gaming Disorder) 와, WHO 가 2019년 5월 총회에서 개정을 목표로 추진 중인 ICD-11에서의 게임장애와 관련된 발표 내용을 중심으로 정리한 것이다.

20) 영국 노팅엄트렌트대학 심리학 교수 마크 그리피스(Mark Griffiths) 는 DSM-5와 ICD-11에서의 게임장애와 관련해 여러 주장을 펼쳤다. 그리피스 교수는 IGD를 인 터넷 중독장애(Internet Addiction Disease) 에서 분리할 것, IGD 대신 게임장애 (GD) 를 사용(DSM-5에서는 IGD, ICD-11에서는 GD) 할 것, 총 게임시간보다 과 도한 게임으로 인한 부정적인 영향에 초점을 둘 것을 역설했다. 그리고 생물학적 연 구와 마찬가지로 심리학적, 임상적 연구에도 같은 중요도 부여, 역학연구에 하나 이 상의 게임장애 검사도구 사용, 문화적 요인을 고려한 다국 간 연구의 필요성 등을 제 기했다. 또한 실제 IGD 유병률은 대규모 역학조사연구에서 제시하는 것보다 낮을 것 이라고 하였다.

유발될 수 없으며, 점수 획득만이 관심의 대상인 것으로서, 〈사행행위 등 규제 및 처벌특례법〉에 따른 사행성 유기기구로 판단"하여 등급분류를 거부한다. 게임이 아닌 도박으로 간주하는 것이다.

또 다중 게임을 하는 과정에서 멋진 장식품(skin)을 구매하도록 하거나, 낮은 확률의 희귀한 아이템(loot box)을 획득하여 이용하면 다음 단계로의 게임진행에 도움을 받을 수 있는 것들이 있다. 21) 게임이용자들은 이런 아이템을 구매하기 위해 계속하여 돈을 지불(현찰 지불의 은어인 '현질'로 표현)하지 않으면 안 된다. 게임업계에선 이런 아이템 판매를 도박이라고는 하지 않으나, 더 많은 돈을 지불하도록 유도하는 측면에서는 도박성이 강한 '의사도박 게임'(pseudo gambling game)이라 할 수 있으며, 벨기에, 영국, 프랑스 등에서는 도박으로 규제하려는 움직임도 있다.

나아가 게임의 몰입과정이나 몰입의 결과가 도박과 유사한 점이 있다하여 WHO는 게임장애(GD)를 ICD-11에서 질병으로 분류하는 논의를 시작, 채택단계에 있다. 이미 APA에서도 추가연구가 필요하다는 전제하에 2013년 IGD를 정신질환 잠재 목록에 추가했다. 국내 게임업계는 이런 국제적인 움직임과 관련하여 각종 포럼이나 세미나에서 "공존 질환과 구분된 연구가 선행되지 않았고, 장기간 추적 관찰 연구(종적 연구)가 진행된 사례가 적은 만큼 게임중독을 증명하는 근거가 부족

---

21) 공정거래위원회는 국내 게임업계의 확률형 아이템 판매와 관련하여 획득확률과 획득기간을 제대로 표시하지 않았다는 이유로 과태료와 과징금을 부과한 바 있다(박상영, "공정위-넥슨 등 게임업체, 법정공방 가나 … 확률형 아이템 제재에 업체 '발끈'", 〈뉴시스〉, 2018. 4. 2.).

하다. 게임중독을 질병으로 분류하기 위해서는 더 많은 연구가 이뤄져야 한다", "4차 산업혁명의 중심이 될 수 있는 게임산업에 찬물을 끼얹을 수 있다" 등의 사유로 질병분류 반대 내지 등재 저지를 위해 노력하고 있다. 다양한 의견을 수렴하여 진단기준까지 정해졌거나 거의 확정한 마당에 수출산업의 효자라고 주장하는 게임업계는 오히려 게임이 가져다주는 부작용을 어떻게 하면 최소화할지 선두에 나서서 고민하는 것이 보다 현명할 것이다. 외국에서 통용되는 게임중독 또는 게임장애란 용어 대신에 '게임 과몰입'이란 용어까지 써 가면서 국면을 바꾸려 하기보다는 연구를 지원하는 등 선제적으로 대응할 필요가 있다.

1) DSM-5에서의 IGD

중국, 한국 등 아시아 국가와 미국 일부 주에서의 연구결과를 바탕으로 물질과 관련되지 않으면서 인터넷 도박과는 달리 금전적 위험에 처하지 않는 인터넷 게임장애(IGD)를 추가연구가 필요한 질병에 포함시켰다. 진단기준은 다음과 같다. [22) 23)]

---

22) 미국정신의학회 지음, 권준수 외 옮김, 2015, 《정신질환의 진단 및 통계 편람》, pp. 877~880.

23) 메러디스 긴리 박사에 따르면, 게임은 인터넷을 통해서만 행해지는 것은 아니지만 도박장애와 구분하기 위해 인터넷이란 용어가 덧붙여졌고 제안된 진단기준과 기준점(*threshold*)에 대한 의견은 대체로 일치한다. 하지만 임상적 모집단 규모, 역학적 표본조사, 다문화 비교평가(*cross-cultural evaluations*), 종단적(*longitudinal*) 연구(시간 경과에 따른 증상 악화나 완화), 물질사용 및 다른 장애 등의 동반질환, 생물학적 원인연구, 치료방법 등에 대한 추가연구가 필요하다는 판단에서 정식 질병으로

〈인터넷 게임장애 진단기준〉

게임을 하기 위해, 그리고 흔히 다른 사용자들과 함께 게임을 하기 위해 지속적이고 반복적으로 인터넷을 사용하는 행동이 임상적으로 현저한 손상이나 고통을 일으키며, 다음 중 5가지(또는 그 이상) 증상이 12개월 동안 나타난다.

1. 인터넷 게임에 대한 몰두(주의점: 인터넷 도박과 구분).
2. 인터넷 게임이 제지될 경우 금단 증상이 나타남.
3. 내성(더 오랫동안 인터넷 게임을 하려는 욕구).
4. 인터넷 게임 참여를 통제하려는 시도에 실패함.
5. 인터넷 게임을 제외하고 이전의 취미와 오락 활동에 대한 흥미가 감소함.
6. 정신적, 사회적 문제에 대해 알고 있음에도 불구하고 과도하게 인터넷 게임을 지속함.
7. 가족, 치료자 또는 타인에게 인터넷 게임 시간을 속임.
8. 부정적인 기분에서 벗어나거나 이를 완화시키기 위해 인터넷 게임을 함.
9. 인터넷 게임 참여로 인해 중요한 대인관계, 직업, 학업 또는 진로

분류되지 않았다. 긴리 박사는 앞으로 진단평가와 검사를 위한 측정도구를 개발하여야 하며, 어떤 이유로 인터넷을 문제적으로 사용하느냐에 따라 병인, 동반질환, 발전과정과 치료가 다양할 수 있고, 일반적인 증상이해에도 많은 이질적인 불확실성(*heterogeneity clouds*)이 존재함을 염두에 둬야 한다고 강조했다. DSM-5 제3편에 포함된 것 자체가 커다란 진보라고 볼 수 있다고도 하였다.

기회가 위태로워지거나 상실됨.

주의점: 이 장애의 진단은 도박이 아닌 인터넷 게임만 포함. 업무, 직업상 요구되는 활동으로서 인터넷 사용이나 기분전환, 사회적 목적의 인터넷 사용, 성적인 인터넷 사이트 사용은 포함하지 않음.

2) ICD-11 Beta Draft에서의 게임장애(GD)

(1) 질병으로서의 게임장애

1990년에 채택된 ICD-10에는 병적도박은 정신 및 행동장애에 포함되어 있었으나 게임 관련 내용은 없었다. 그러나 2019년 5월 WHO총회에서 채택될 국제질병분류 개정안(ICD-11 Beta Draft) 6장 '정신, 행동 또는 신경발달장애'(*Mental, behavioural or neurodevelopmental disorders*) 중 물질사용 및 중독행동장애에 도박장애(6C90)와 함께 게임장애(6C91)가 중독행동장애(*disorders due to addictive behaviours*)에 포함하기로 제안되고 있다. 24)

(2) 제안된 진단기준

ICD-11에서는 게임장애를, 온·오프라인으로 하는 디지털 게임이나

---

24) 도박장애와 게임장애를 같은 유형의 질병으로 분류하고 있어 사촌쯤 된다고 할 수 있다. 게임장애는 당초 2018년 5월 WHO총회에서 질병분류에 포함시킬 예정이었으나 '테스트가 지연되어 총회 개최 기한까지 제출할 수 없어' 2018년 총회 안건에서 제외되었으며, 2019년에 게임장애가 포함된 개정안의 채택이 진행될 예정이다("게임중독은 질병? WHO에 직접 물었다", 〈코메디닷컴뉴스〉, 2018. 5. 24.).

비디오 게임을 ① 시작, 빈도, 강도, 지속기간, 중단, 상황에 대한 통제력을 상실함, ② 다른 생활의 관심사나 일상 활동보다 게임을 우선하고 점점 더 게임을 우선시 함, ③ 부정적인 결과 발생에도 불구하고 게임을 지속하거나 더 많이 함으로 기술하고 있다. 또한 게임장애가 스스로에게뿐만 아니라 가족, 사회, 직업 등 다른 일상생활 분야에도 상당한 손상을 가져다주어 당사자가 아주 심각한 상황에 처하게 되며, 지속적·반복적으로 또는 수시로 게임하는 것이 지난 12개월 동안 명백할 때라고 덧붙이고 있다.

(3) 게임장애에 영향을 미치는 요인들

ICD-11 24장은 '건강상태나 의료서비스 이용에 영향을 미치는 요인'들을 기술하는데, 행동과 연관된 문제점들 중 위험한 물질 사용(*hazardous substance use*)에 위험도박이나 베팅(QF02: *hazardous gambling or betting*)과 함께 위험게임(QF03: *hazardous gaming*)을 포함시킨다. 즉, 위험게임을 게임장애(6C91)와는 별도로 "개인이나 그 주변 사람들에게 육체적, 정신적 해악의 위험이 증가하는 온·오프라인 게임으로, 게임 빈도나 시간의 과다, 다른 활동이나 우선순위 무시, 게임과 관련된 위험한 행동, 게임의 부작용 등의 위험이 증가하는 상태로서, 해악 위험의 증가상태를 인지함에도 불구하고 지속되는 상태"로 기술하고 있다.

4. 도박이라는 범죄와 질병의 원인

도박이라는 범죄와 질병은 무엇 때문에 발생하고 발병하는가? 즉, 원인은 무엇인가?

범죄학에서는 대체로 규범을 위반하는 범죄의 원인을 크게 세 가지로 구분한다. 첫 번째는 개인의 유전자, 염색체, 호르몬, 영양, 뇌파나 뇌 기능 등 생물학적인 열등성이나 비정상성에 기인한다는 생물학적 원인론이다. 두 번째, 심리적 원인론은 개인의 성격이나 지능, 정신장애나 스트레스 등 특정한 심리적 특성이 규범 위반을 유발한다는 주장이다. 세 번째, 사회학적 원인론은 규범 위반이라는 사회적 일탈은 가정이나 학교, 직장 등 사회적 집단과의 유대, 생활여건이나 경제상황, 미디어 환경 등 사회적 과정과 구조에 기인한다는 설명이다. [25]

그러나 범죄라는 복잡한 사회현상은 다양한 원인에 기인하며, 원인들 사이의 상호작용을 통하여 나타나는 것이 일반적이다. 범행은 범죄를 저지를 동기가 있고, 범행을 시도함에 있어 사회적 제재가 없으며, 실행할 기술과 기회가 주어질 때 유발된다. "인간은 전적으로 완전한 자유인도 아니고 완전히 환경에 지배되는 것도 아니어서 범죄를 포함한 인간의 행위는 일부는 결정되는 동시에 일부는 자유로이 선택되는 것이므로, 자유의사와 환경의 영향은 사람에 따라 개별적으로 다를 수밖에 없다". [26] 즉, 범행의 근원을 어느 한 가지 이론이나 원인만으로 설명할

---

25) 김상균·성용은·박윤기, 2015,《범죄학개론》; 이윤호, 앞의 책.
26) 이윤호, 앞의 책, p. 196.

수는 없다.

　질병이나 증상이 어떤 원인으로 일어나는가를 알아보는 병리학에서
는 일반적으로 질병의 주된 원인을 유전적 결함, 비정상적 자극에 대한
조직과 세포의 반응으로 접근한다. 병리학에서는 정신질환을 개인의
유전적 특성인 소인(predisposition)의 특이성과 취약성, 사회적·물리
적·경제적 환경, 인지정동의 유형이나 이전의 학습, 대처·방어기제
등 심리적 요인이 상호작용하여 발병하는 것으로 본다.[27] 일란성 쌍생
아의 조현병 발병 일치율이 50%라는 연구결과는 유전자 이외에 다른
요인이 발병에 영향을 미친다는 것을 의미한다. 산모나 아동기의 스트
레스가 차후의 스트레스에 대한 역치를 낮춰 정신질환으로 발전시킬 가
능성을 높이고, 부모의 반사회적 행동과 우울증상이 자식들에게 50%
정도 영향을 미치거나, 심리적으로 고통스러운 경험이 개인의 대처기
전이나 방어기전을 강화시켜 성격 형성이나 정신증상의 소인으로 작용
할 수도 있다는 것이다. 이처럼 정신질환은 복합적인 요인에 의하여 발
병하며, 병적도박 또는 도박장애라는 질병 역시 내인과 외인의 상호작
용의 결과다.

　범죄든 질병이든 그 발생 원인은 단순명쾌하게 하나로 정리될 수 있
는 것이 아니며, 개인적, 사회적, 환경적 요인의 복합적 작용에 기인한
다. 연구자들은 어느 요인이 더 직접적이고 중요한지를 밝히려 끊임없
이 노력하고 있다. 각성흥분, 충동조절, 보상강화, 쾌감충동과 관련
있는 신경전달물질인 노르에피네프린(NE), 세로토닌(5-HT), 도파민,

---

27) 양병환 외, 2017,《정신병리학 특강》, p. 204.

아편 등이 병적도박과 관련이 있다는 신경생물학적 요인, 직계가족 중에 병적도박자가 있는 경우 병적도박자가 많다는 유전적 요인, 도박하는 친구, 도박장, 돈 딴 사람, 도박장의 시청각 효과 등 도박행동을 부추기는 사회적·물질적·자극적·인지적·생리적 강화 요소들, 충동성, 자극추구 경향, 외향성, 반사회적 성격, 성취·과시·지배 등 심인성 욕구와 같은 개인의 기질 등 다양한 사회심리적 요인 등이 도박중독의 원인으로 제시된다. [28]

28) Grant, J. E. & Potenza, M. N. 지음, 이재갑 외 옮김, 2012, 《병적 도박의 치료와 임상지침》, pp. 205~257.

제 2 장

누가 도박중독자가 되는가?

1. 문제없는 도박자

도박은 범죄이고 질병이므로 하지 않는 것이 원칙이다. 그러나 도박을 형법에서 처벌하지 않는 '일시오락' 정도로 즐기거나, 질병으로 분류되는 도박에 대한 집착, 갈망, 내성, 금단증상, 거짓말 등의 증상이나 금전적, 정서적 애로가 발생하지 않고, 학업이나 업무 등 일상생활에 지장을 받지 않는 한도 내에서 도박을 하면 문제없는 도박자이다. 이런 사람들을 여가활동의 일환으로 도박을 하는 '똑똑한 노름꾼'(*intelligent gamblers*) 이라 부를 수 있다.

　도박은 결과가 우연에 따라 결정되므로 왜 그렇게 되는지에 대한 원리와 이유가 있을 수 없다. 즉, 우연에는 까닭이 없다(*causeless*). 도박은 확률에 따라, 운에 따라, 불확실한 상황에서 결과가 발생하는데, 기량이 승패에 영향을 미치지 않는 평균회귀(*regression to the mean*), 대수의 법칙(*the law of large numbers*), 앞에 일어난 결과는 뒤에 발생할 결과와 전혀 무관하게 독립적으로 일어난다는 점이 전제된다.[1] 똑똑한 노름꾼은 몇 번 이긴 것을 일반화하지 않으며(*fallacies of small samples*), 도박하는 동안 따는 흐름, 이기는 흐름(*hot hands*)이 있을 수도 있고, 이제 곧 따게 될 것(*maturity of chances*)이라는 믿음은 잘못된 것이라는 것을 아는 사람이다. 노름판에서 이기는 사람은 극소수며 돈을 따는 것은 순전히 운 때문이라는 것을 받아들이는, 겸손하고 자만심이 지나치지 않은 사람이다.

내기의 결과는 가치판단의 문제가 아니며, 베팅을 하거나, 카드놀이를 하거나, 룰렛 게임에서 휠을 돌리거나, 주사위를 굴리거나, 주식거래를 하는 것은 심오한 철학적 질문을 하는 것과는 다르다. 지성(*mind*)과 관련되기보다는 재미, 흥분, 회피, 희망, 기대 같은 감성과 관련되어 있다. 도박은 알 수 없고(*unknowable*), 이길 수 없고(*unconquerable*), 통제할 수 없는(*uncontrollable*) 임의성(*randomness*)에 기반을 둔다. 또한 알 수 없는 것을 알고자, 새로운 것을 경험하고자 하는 환상을 갖고, 행운을 조작해 보고자 하는 본질적인 욕망과 연관되어 있다. 도박중독은 갈망이 지속되고 자제력을 잃고 회복하려는 노력이 좌절되는 것을 의미하는데, 그렇게 되면 도박의 불확실성, 우연, 임의성에 대해 무디어지고 오히려 편안함을 느끼게 된다.

---

1) 이하 내용은 조셉 버치달(Joseph Buchdahl)이 쓴 *Squares and Sharps, Suckers and Sharks*(2016, '속기 쉬운 사람과 야바위꾼, 속는 사람과 사기꾼')의 마지막 부분, "The fox and the hedgehog"(pp. 333~347)를 참조하여 썼다.

특정한 상황이나 상태, 시간, 행동 등에 따라 결과가 영향을 받는 것 같다, 결과를 통제할 수 있을 것 같다, 아슬아슬하게 빗나갔으니 다음에는 기회가 올 것이다, 더 많은 시간을 투자해 연구하면 딸 수 있을 것이다 등의 사고는 도박중독으로 가는 길이다. 똑똑한 노름꾼은 잃은 돈에 연연하지 않는다. 도박은 확률게임이고, 결과가 불확실하며, 우연에 따라 좌우된다는 것을 유념하는 것이 도박에 대한 건강한 관념이다.

2. 도스토옙스키 효과

사람들은 왜 도박중독자가 되는가? 유전인자 때문인가 아니면 사회적 요인 또는 환경적 여건 때문인가? 캐나다 토론토대학의 테퍼만(Lorne Tepperman) 교수 등은 대표적인 노름꾼으로 소문난 도스토옙스키와 200명 이상의 캐나다 노름꾼들을 대상으로 그들의 부모를 포함한 선대의 도박편력이나 가정생활, 어린 시절의 가정환경이나 주변여건, 성인이 된 후의 고민과 해결방법 등을 종합적으로 조사, 분석했다.

연구진은 문제도박자가 되는 것은 유전적 요인이 아닌 다른 요인, 즉 ① 어린 시절의 트라우마, ② 도박에 우호적인 문화, ③ 도박장 접근가능성, ④ 도박에 대한 사회적인 학습, ⑤ 가족, 친인척, 동료 등 주변에 도박하는 사람들이 있느냐의 여부, ⑥ 부적절한 방법을 통한 스트레스 해소, ⑦ 성인이 되어서 직면한 스트레스 등 비유전적, 사회적, 환경적 요인 때문이라는 결론을 내리고 이를 도스토옙스키 효과(Dostoevsky Effect)라고 명명하였다.

도스토옙스키는 군 생활 당시 (22세) 카드 게임을 즐긴 것으로 알려져 있으며, 23세 때에는 당구 게임을 해 유산 중 일부를 잃었다고 한다. 그는 1862~1871년에 도박에 탐닉하였는데, 그의 두 번째 아내 안나는 "근질근질하는 도박욕구가 충족되면 창작의욕이 되살아났다"면서 노름 밑천을 건네주기도 하는 등 때론 방관자가 되었다. 1871년 그는 아내에게 돈을 달라고 한 후, "여보, 당신이 나를 경멸하는 것은 당연하며 당신은 내가 또다시 노름할 것이라고 생각할 것이오. 그러나 여보, 내가 다시 노름을 하면 당신이 죽을 것이란 사실을 잘 알고 있소. 과거처럼 밤새 도박을 생각하지 않고 일을 생각하겠소"라고 편지를 보낸 후로는 수차례 해외여행을 할 때에도 일체 도박을 하지 않았다고 한다.

도스토옙스키는 어릴 때 가부장적이고 신경질적인 아버지 슬하에서 눈치 보아 가며 강박적인 행동을 할 수 밖에 없는 환경에서 자라나 자신의 의견을 개진할 수 없었으며 자신감을 잃고 그저 아버지가 원하는 대로 따라했다. 캐나다의 노름꾼들 역시 어린 시절 육체적, 감정적, 성적 학대나 상습적인 방치, 때 이른 가장 역할 등을 경험했거나 원만하지 못한 가족관계, 나쁜 습관, 사회적으로 불리한 환경 등 문제 있는 가정에서 성장하였다는 공통점이 발견됐다고 한다. 뿐만 아니라 어릴 때 가족을 잃는 슬픔을 겪거나 이사를 자주 한 사람, 이혼이나 재혼가정 자녀 등 가족관계가 평탄치 못하거나 신분에 맞는 생활을 영위할 수 없는 경제적 형편에 처한 사람들은 성인이 되어서도 불안이나 우울증에 시달릴 가능성이 많아 문제도박자로 이어질 수 있다고 한다.

다시 말하면, 어린 시절의 충격적인 경험이 문제도박자가 되는 데 영향을 미치며, 불안, 우울증과 씨름하는 과정에서 음주와 도박이 대안으로 선택되기도 한다는 것이다. 그리고 어릴 때의 음주, 약물 복용, 혼음 등 나쁜 행동은 성인이 된 후에도 지속될 수 있으며, 이런 경험들은 스트레스를 푸는 방편으로 건전하고 사회적으로 용인되는 문제 해결 방법을 발전시키는 데 방해가 된다고 한다. 또한 부모들이 도박을 쉽게 돈을 벌 수 있는 재미있는 오락활동이나 용인할 수 있는 활동으로 여기는 경우에는 도박에 호의적으로 성장할 수 있다. 혹은 도박이 불안이나 우울증 해소를 위한 매력적이고 이용 가능한 기분전환 방안의 하나일 수 있다는, 도박에 호의적인 생각이 자리 잡을 수 있다. 특히, 도박장 접근이 가능한 경우에는 도박중독자가 될 가능성이 크다고 한다.

도스토옙스키에게는 성인이 된 후의 건강문제(폐기종, 간질, 불면증), 주변 사람들과의 부자연스러운 인간관계(첫 번째 부인 및 형과의 사별), 금전문제(양아들과 형 가족 부양) 등도 스트레스 요인이 되었으며, 이런 사정은 사회생활에 심각한 영향을 끼쳤다. 이 때문에 한탕 하여 큰돈을 마련하기 위해, 또는 잠시나마 그런 고민으로부터 벗어나기 위해 도박에 손을 댔다. 캐나다의 문제도박자들 역시 도스토옙스키처럼 돈에 현혹되어 노름판을 벗어나지 못했다고 한다.

테퍼만 교수 등은 이런 결과를 종합해 볼 때 문제도박자는 태어나는 것이 아니라 만들어지며, 따라서 문제도박이나 도박중독은 단순히 개인의 심리나 병리적인 문제가 아닌 사회적인 문제이고 개인의 재능이나 능력과는 무관하다고 결론짓는다. 이렇게 볼 때 문제도박은 성장과정에서의 가정환경, 역할모델들의 도박에 대한 태도나 행동, 도박에 호의적인 문화, 사회적인 수용도나 이용가능성 등을 통해 한 세대에서 다음 세대로 대물림되는 경향이 있다. 문제도박은 난데없이 발생하는 것이 아니라 어린 시절과 성인이 된 후의 사회적, 환경적 요인에 기인하며, 오랜 기간 뿌리 깊게, 서서히 중독에 이르게 하는 것이다.

3. 앤 윌슨 섀프의 《중독 사회》

《중독 사회》(*When Society Becomes an Addict*)는 임상심리학자로서 여성운동에도 관심을 기울였던 앤 윌슨 섀프(Anne Wilson Schaef)가 1987년 미국에서 발간한 책이다. 이 책은 물질중독(*substance addiction*)과 행위중독으로 중독을 구분하는 것이 보편화되기 이전에 쓰였지만 섀프는 그 둘을 구분하였다. 알코올, 마약, 니코틴과 카페인, 음식은 물질중독, 돈 모으기, 도박중독, 섹스중독, 일중독, 종교중독, 걱정중독은 과정 중독(*process addiction*)의 예로 열거한다. 행위중독과 과정중독은 종종 같은 의미로 사용된다. 또 섀프는 중독을 "우리 인간이 아무런 힘도 행사하지 못하는 어떤 과정으로, '중독'이 인간에게 통제력을 행사하며, 중독은 사람들을 갈수록 더 강박적이고 집착하게 만든다"고 정의한다.
　그녀는 중독자가 선택할 수 있는 삶의 방식으로 ① 살지 않고 죽기를 선택하여 자살 혹은 중독의 심화로 죽는 것, ② 죽지 않기와 살기를 선택하여 시스템의 변화를 추구하는, 즉 회복의 길로 나아가는 것, ③ 죽지 않기와 살지 않기를 선택하여 중독 상태에 순응하는 것 등 세 가지로 분류했다. 이때 두 번째 선택을 해야만 '중독의 통제'에서 벗어날 수 있는데, 많은 중독자들은 '중독 시스템'에서 벗어나는 것을 끔찍한 일로 여기며 산 것도 아니고 죽은 것도 아닌 상태로 살아가면서 자신이 모든 것을 통제할 수 있는 것처럼 착각하게 된다고 한다.

새프는 중독이 존재함을 알 수 있는 확실한 징표는 "거짓말을 할 필요, 부정할 필요, 숨길 필요 같은 자신이나 타인을 속일 필요를 느낄 때"라면서 중독이란 질병은 다른 심각한 질병과 마찬가지로 '진행성이 있어' 적극적으로 치유와 회복을 하려 들지 않으면 죽음으로 내몰리게 된다고 설명한다. 중독에 빠지면 화, 통증, 우울, 혼란, 심지어 기쁨과 사랑마저 제대로 느끼지 못하거나 혹시 느끼더라도 희미하게만 느끼기 때문에 제대로 대처하지 못하여 죽음에 이른다는 것이다. 중독은 우리 안으로 들어오는 모든 것을 느끼지 못하게 하거나 그 감각을 왜곡하여 삶에 대한 책임감을 느끼지 못하게 가로막는다.

중독자는 주변 사람에게도 지대한 영향을 미치는데, 중독자와 연인 또는 혼인관계에 있거나, 한 명 이상의 중독자 부모나 조부모를 두었거나, 정서적으로 억압적인 가정에서 성장한 사람이 동반중독자(co-dependency)가 될 가능성이 높다(Wegcheider-Cruse, S., 1985). 또 알코올 중독자 1명은 20~30명에게 직접 부정적 영향을 끼친다고 한다(Larsen, E., 1983). 따라서 중독에 빠진 경우에는 당사자만 치료해서는 소용이 없으며, 가족, 시스템까지 치유해야 한다.

중독자들은 자기중심성이 강하고, 모든 것을 통제할 수 있다는 환상에 젖어 있으며, 자신과 주변과 세상에 대해 부정직하고, 추측이나 억측을 만들어 내거나, 합리화 내지 정당화하기에 집착하는 비정상적 사고 특성을 가지고 있다. 그들은 혼란함 속에서 주어진 시스템에 적당히 순응해 가며 모든 것을 부인하거나 '스스로를 아픈 사람이 아니라 나쁜 사람이라고 단정'하여 회복에 장애를 겪기도 한다. 또 동일한 오류를 반복하는 망각성이 심하고, 정서적, 심리적, 지적, 영성적 필요나 욕구를 충족하기 위해 다른 사람이나 사물에 의존하고, 자기가 옳다며 억지 주장을 펴는 자기방어에 급급하다. 소통할 마음도 별로 없고 능력도 없으며, 아예 소통을 하지 않거나 모든 것을 남 탓으로 돌리기도 해서, '봐야 할 것을 보지 못하고 알아야 할 것을 알지 못하여' '병들어 있다는 사실'을 깨닫지 못한다.

중독은 은밀히 퍼지며, 도덕적, 영적 파멸을 초래한다. 중독으로부터 한 걸음 더 벗어나기 위해서는 집착을 버려야 한다. 섀프는 "중독자들이 중독에서 빠져나와 일관성 있게 건강한 방식으로 행위하기까지는 최소 2년에서 5년이 걸리며, 건강성의 회복이 그 자체로 하나의 '과정'이지 결코 완성된 결과가 아니"라고 한다. 그리고 중독이 사람을 휘어잡고 있어서 문제가 존재한다는 사실조차 부정하는 중독자의 태도를 교정하는 데에 많은 에너지가 소모되는 만큼, 먼저 중독에 빠졌다는 사실을 인정하고, '맑은 정신'을 되찾아 새로운 삶의 기준을 세우며, 고유의 건강성을 회복하여 그 무엇도 끼어들지 못하도록 경계심을 잃지 말아야 한다고 강조한다.

4. 도박 접근성이 가장 큰 문제

호주 빅토리아주의 연구결과에 따르면,[2] 2014년 빅토리아주 성인 도박유병률은 3.6%(중위험 2.79% + 문제 0.81%)로 2008년과 비교하여 변화는 없으나 문제도박자들은 도박에 더 몰두하고 더 많이 지출한 것으로 나타났다. 전체적으로 도박을 경험하지 않은 사람도 늘고(27% → 30%) 슬롯머신 도박자도 감소하였으나(21.46% → 16.74%) 온라인 베팅이 가능한 스포츠도박자는 증가했다(3.96% → 4.82%). 문제군의 연령은 35~44세 연령층이 다수로 연령층이 높아졌으며, 문제도박자들은 복권(67.4%), 슬롯머신(66.6%), 경마 또는 경견(52.5%) 순으로 도박한 것으로 나타났다. 또한 재정문제, 심리·정신건강문제, 인간관계, 직장이나 학업문제, 범죄 등 도박으로 인한 폐해의 86.2%는 도박자 자신의 도박에 기인한 것이고, 13.8%는 다른 사람의 도박 때문인 것으로 조사되었다. 폐해는 도박행위가 있은 후에 나타나고, 가산탕진, 가족 간 불화 등으로 인해 그 폐해가 대물림되는 것으로 드러났다.

캐나다에서 실시된 또 다른 조사에 의하면[3] 온라인 도박을 하는 청소년들이 도박장을 이용하는 청소년보다 문제도박 증상을 더 보여 주었다. 즉, 고위험 비율이 17.4%로 도박장 위험도 1.2%보다 훨씬 높았으

2) Department of Justice, 2009, "A study of gambling in Victoria: Problem gambling from a public health perspective".

3) Elton-Marshall, T., Leatherdale, S. T. & Turner, N. E., 2016, "An examination of Internet and land-based gambling among adolescents in three Canadian provinces: Results from the youth gambling survey(YGS)", *BMC Public Health*.

며 온라인 도박을 하는 청소년의 35% 이상이 문제도박 증상을 보였다.

도박장과 거주지와의 거리에 따른 도박 참가와 문제도박과의 상관관계에 관한 미국의 연구결과에 따르면,[4] 경마나 경견 등 경주경기장이나 카지노에서 가까이 사는 사람들은 멀리 사는 사람들보다 더 많이 도박을 하는 것으로 조사되었다. 카지노로부터 거리가 멀어지면 도박하는 사람의 비율과 회수, 문제도박은 감소한 데 반해, 경주도박장의 경우에는 거리가 멀어져도 문제도박은 감소하지 않았다.

카지노로부터 30마일 이상 떨어진 경우에는 자주 도박한다는 사람들의 비율이 낮고 20마일 이내는 높은 것으로 나타났으며, 20마일이 넘으면 문제도박자의 비율이 떨어지기 시작하고 30마일이 넘으면 급격히 하락하는 것으로 조사되어, 당일치기로 카지노에 왕복할 수 있는 거리상 한계는 30마일로 추정된다. 문제도박자가 될 확률은 30마일 이내에 카지노가 없으면 2.7%, 1개 카지노가 있으면 3.9%, 6개 이상 있으면 6.2%로 나타나 주변에 카지노가 얼마나 많은지도 문제도박자가 되는 것과 상관관계가 있다.

호주나 뉴질랜드, 영국 등에는 카지노뿐만 아니라 호텔, 선술집, 클럽 같은 곳에도 슬롯머신이 설치되어 있는데, 호주의 연구결과에 따르면,[5] 많은 도박자들은 모바일이나 온라인 도박보다는 친구들을 만나

---

4) Welte, J. W., Barnes, G. M., Tidwell, M-C. O., Hoffman, J. H., & Wieczorek, W. F., 2016, "The relationship between distance from gambling venues and gambling participation and problem gambling among U.S. adults", *Journal of Gambling Studies* 32(4).

5) Victorian Responsible Gambling Foundation, "Pokies Venues: What influences

고 애기를 나눌 수 있는 도박장(in-venue)을 선호한다. 또한 돈을 땄을 때는 진짜로 땄다는 느낌이 들고, 한도를 정할 수 있어 더 안전하다고 생각하며, 잃어도 덜 기분 나빠하는 것으로 나타났다. 슬롯머신 설치 장소도 중요한데, 집이나 직장에서 얼마나 가까운지, 혼자 하는지 다른 사람과 같이 하는지, 1회당 베팅 액수는 얼마인지 등은 장소를 선택할 때의 고려사항이었다. 한편 음식을 서비스하는 곳인지, 장소의 분위기가 어떤지, 어떤 게임기가 있는지는 덜 중요하다고 생각하는 것으로 조사되었다. 반면에 문제도박자는 온라인 도박이냐 도박장이냐, 다른 사람들과 함께 도박하느냐, 베팅 액수가 적으냐 등에는 관심이 적고, 익명성이 보장되는 대규모 도박장, 고음질 음향과 밝은 분위기의 도박장을 선호하는 것으로 나타났다.

국내 언론에는 거의 매주 인터넷이나 스마트폰을 이용한 도박 관련 기사가 보도되고 있으며, 그중에는 불법도박이나 게임에 빠져 부모 돈을 훔쳐 3억 원을 탕진한 10대들의 이야기도 있다. 또 방송통신위원회 발표에 의하면, 2017년 하반기 휴대전화 스팸문자 538만 건 중 유형분류가 가능한 374만 건을 분석한 결과 도박이 66.6%인 249만 건에 이르러 수많은 사람들이 불법도박에 노출되어 있음을 알 수 있다.[6]

호주의 청장년(20~37세) 역시[7] ① 관광, 여가, 오락산업 진흥을 위

---

gamblers' choice"(https://responsiblegambling.vic.gov.au/).

6) 방송통신위원회 보도자료(2018.3.29.) 참조. 도박 다음으로는 불법대출 8.4%, 대리운전 5.4%, 성인 3.6%, 부동산 2.8%, 금융 2.6% 순.

7) Deans, E. G., Thomas, S. L., Daube, M. & Derevensky, J, 2016, "'I can sit on the beach and punt through my mobile phone': The influence of physical and

한 정부 정책, ② 인터넷 도박서비스를 제공하는 글로벌 플랫폼의 등장, ③ 세수확보를 위한 정부의 규제완화, ④ 도박업계의 정치적 영향력 확대 등의 사유로 다양한 도박을 즐길 수 있는 기회가 확산되었다. 곳곳에 있는 펍에 설치된 슬롯머신은 지역사회에 가장 큰 도박위험을 안겨다주고 있으며, 다양한 도박에 노출되고 접근할 수 있는 인터넷 기술의 발전으로 도박위험이 날로 증가, 확산되고 있다. 이런 연유로 2014년 호주 청장년 남성의 스포츠도박 참가율은 8.65%였고, 도박이 또래그룹의 일상적인 행동이 되었다.

또한 조사대상자의 대부분은 스마트폰 앱을 이용하여 도박을 하고 있었으며, 온라인 도박의 접근성과 편리성, 도박자금 이체의 편리함, 각종 도박유인책 등장 등으로 노름꾼들은 더 정기적으로, 더 많은 돈을 잃거나 혼자서 도박에 탐닉하게 되었다.[8] 즉, 다양한 장소와 공간에서 도박을 즐기고, 가끔씩 하던 도박이 일상화되어 언제 어디서나 도박에 빠지는 결과를 초래하였다.[9] 다시 말해서 하루 24시간 내내 도박에 탐닉하거나, 인터넷상에서 현금이 아닌 은행구좌를 이용해 돈을 따고 잃

online environments on the gambling risk behaviours of young men", *Social Science & Medicine 166.*

8) 도박장을 찾아서 하는 도박보다 인터넷이나 스마트폰을 이용한 온라인 도박(*interactive gambling*)이 문제도박 위험성이 세 배나 높다는 연구결과도 있다(Australian Institute of Family Studies, 2014, "Interactive gambling", *AGRC Discussion Paper 3*).

9) 도박 장소나 기회의 접근성이나 이용가능성 증대는 도박행위 빈도와 명백한 상관관계가 있음에도 도박유병률에 큰 변화가 없는 것과 관련, 데레벤스키는 이를 면역효과(*inoculation effect*)로 설명하고 있다(Derevensky, J. L., 2012, *Teen Gambling*, p. 76).

는 것이 가능한 환경에서는 도박을 통제하기 힘들다. 은행구좌를 개설하면 보너스를 주는 유인책이 문제도박자를 발생시킬 위험성을 높인다는 연구결과도 있다. 또 온라인이 아닌 실제 도박장에서는 죄책감을 덜 느낀다거나 펍이 다양한 도박의 허브나 접근통로가 되어 도박 활동을 촉진시킨다고 분석하기도 한다.

5. 문제도박의 위험요인과 보호요인

재산탕진, 가정파탄, 실직, 범법행위, 자살 등에 이르는 비율은 도박을 즐기는 사람들의 10%도 안 되지만 그로 인한 사회적 비용은 만만치 않아, 도박은 시대와 지역에 따라 법령으로 금지되기까지 하였다. 사람이나 도박의 종류에 따라, 또는 여건이나 환경에 따라 문제도박의 위험에 빠지는 정도가 다른데, 여러 연구자들이 문제도박의 위험요인(*risk factors*)과 보호요인(*protective factors*)이 무엇인지를 찾아내려 노력하였으며, 정책 당국자들도 문제도박의 위험요인은 줄이고 도박위험으로부터 도박자를 보호할 수 있는 보호요인은 확대하는 정책을 펼치고 있다.

요한슨(Agneta Johansson) 등은 문제도박의 위험요인들과 관련된 연구논문들을 분석한 논문[10]에서 연구결과들을 ① 인구사회학적 특성(연

10) Johansson, A., Grant, J. E., Kim, S. W., Odlaug, B. L. & Götestam, K. G., 2009, "Risk factors for problematic gambling: A critical literature review",

령, 성별, 교육 수준, 결혼 여부, 소득 수준, 고용 여부, 복지수혜 여부, 거주 지역, 학업 성취도, 인종 및 이민자 여부), ② 신체적, 생물학적 특성(도박 도중의 심박 수나 소음 등 각성 여부, 뇌척수액이나 혈압 변화, 도파민이나 세로토닌 등 수용체), ③ 인지 왜곡(편향된 인식, 통제 착각), ④ 기타 특성(이용 가능성, 속도나 음향과 계산기 등 지각특성 이용 여부, 보상이나 행운 또는 아슬아슬하게 패한 경우 등 인지강화주기, 도박 시작 연령대, 도박중독 연령대), ⑤ 공존질환 여부(우울, 불안, 강박장애, 알코올, 약물이나 담배, 인격장애), ⑥ 개인적 특성(억압적, 반항적, 반사적인 대처 등 잘못된 일처리 방식, 충동성, 과잉행동, 흥분 추구, 비행이나 불법 활동) 등으로 분류했다.

요한슨 등은 이러한 다양한 변인들과 문제도박의 연관성을 분석했다. 그에 따르면 젊거나 저학년일수록, 남성이 여성보다, 교육 수준이나 학업 성적이 낮을수록, 소득 수준이 낮거나 실업자 또는 사회복지혜택을 받고 있는 사람일수록, 대도시 거주자일수록 위험하다. 또한 편향된 인식이나 착각이 심할수록, 이용 가능성이 높고 지각특성을 이용하거나 어릴 때 도박을 시작한 경우일수록 문제도박자가 될 확률이 높다. 우울, 불안, 강박장애, 음주, 약물 복용, 인격장애, 잘못된 일처리 방식, 충동성, 과잉행동, 흥분 추구, 비행이나 불법 행동 등은 문제도박의 위험요인이다.

다울링(N. A. Dowling) 등은 25세 이하 연령대를 대상으로 문제도박의 위험요인과 보호요인 추적조사11)를 실시했다. 이 연구에서 음주 빈

Journal of Gambling Studies 25(1).

11) Dowling, N. A., Merkouris, S. S., Greenwood, C. J., Oldenhof, E., Toumbourou, J. W. & Youssef, G. J., 2017, "Early risk and protective factors

도, 반사회적 행동, 우울증, 성별, 마리화나 복용, 불법약물 복용, 충동성, 도박 횟수, 문제도박 심각도, 흥분 추구, 흡연, 폭력, 통제 곤란 기질 등 13개의 개인적 위험요인, 또래의 반사회적 행동, 저조한 학업 성적 등 15개의 위험요인, 사회경제적 지위, 부모의 감독, 사회적 문제 등 보호요인이 문제도박과 의미 있는 상관관계가 있는 것으로 나타났다. 하지만 활동 통제, 연령, 공격성, 불안 증상, 주의력 문제, 초기에 크게 잃거나 딴 경험, 선택적 주의, 어린 시절 도박을 시작한 사실, 부정적 영향, 심리적 스트레스, 종교 활동 참가, 위험한 행동이나 성적 행동, 자살 생각 등은 문제도박과 유의미한 관련성이 없었다.

호주의 잭슨(Alun C. Jackson)은 문제도박의 위험요인과 보호요인 연구12)에서 도박의 종류, 개인적 특성, 도박이 가져오는 결과가 문제도박과 어떤 연관성이 있는지를 분석한 바 있다.

호주 빅토리아 책임도박재단(Victorian Responsible Gambling Foundation)에서는 "문제도박의 위험요인"이라는 배경설명 자료13)에서 환경적·지리적 요인, 사회적 요인, 문화적 요인, 인구통계학적(사회경제적) 요인, 가족적 요인 등의 다섯 가지로 위험요인을 분류했다.

---

for problem gambling: A systematic review and meta-analysis of longitudinal studies", *Clinical Psychology Review 51.*

12) Jackson, A. C., 2008, "Risk and protective factors in problem gambling", 7th European Conference on Gambling Studies and Policy Issues.

13) Victorian Responsible Gambling Foundation, 2015, "Risk factors for problem gambling: Environmental, geographic, social, cultural, demographic, socio-economic, family and household". 이 연구는 호주 내의 연구결과를 종합한 것이며, 위험요인 중 개인적 특성은 포함되어 있지 않다.

2017년 호주 빅토리아 책임도박재단 간부들과 재단 사무실에서.
왼쪽부터 안드레아나 해리슨(Andreana Harrison), 저자, 크레이그 스위프트
(Craig Swift), 토니 필립스(Tony Philips).

먼저 환경적 · 지리적 위험요인은 ① 도박 접근성(셔틀, 주차장 등 편의
제공, 회원가입 시 무료 이용이나 영업시간 등 이용 가능성 포함), ② 도박금
액, ③ 지역의 사회경제적 취약성, ④ 지역 내 대체오락의 부족 등이다.
둘째로, 사회적 요인은 ① 낮은 수준의 지역사회 내 유대관계(low social
capital), [14] ② 고독한 생활, ③ 교정(correctional system) 상황에 있는 경
우이다. 셋째로, 문화적 요인이란 ① 호주 원주민 여부, ② 종교적 믿음
여하를 말한다. 넷째로, 인구통계학적 또는 사회경제적 요인에 따르면

---

14) 주변 사람들로부터 받는 긍정적 도움을 '사회적 지지'(social support) 라고 하는데, 애
정, 관심, 신뢰 등과 같은 정서적 지지, 정보 제공, 물질적 지원, 인정감 등은 사회적
지지의 구성요소다. 사회적 지지가 높아지면 자신이 스스로 상황을 극복하고 과제를
성공적으로 수행할 수 있는 신념이나 기대를 의미하는 '자기효능감'(self-efficacy) 도
높아지며, 자기효능감이 높을수록 도박의 유혹에 잘 대처할 수 있다(김동준, 2016,
"대학생의 사회적 지지가 도박행동에 미치는 영향", 숭실대학교 석사학위논문).

여하를 말한다. 넷째로, 인구통계학적 또는 사회경제적 요인에 따르면
① 남성이 여성보다, ② 18~34세의 사람들이, ③ 성인보다는 청소년
이, ④ 사회경제적 지위가 낮을수록, ⑤ 실업자가, ⑥ 일반인보다 사행
산업 종사자가, ⑦ 교대 근무자가 더 많은 위험요인을 가지고 있다고 할
수 있다. 마지막으로, 가족적 요인으로는 ① 별거나 이혼 가정, ② 노숙
자가 문제도박에 더 위험하다는 내용을 적시하고 있다.

그밖에 미국 캘리포니아 문제도박위원회(California Council on Prob-
lem Gambling), 캐나다 매니토바 중독재단(Addictions Foundation of
Manitoba), 온타리오 문제도박연구원(Problem Gambling Institute of
Ontario) 등은 문제도박으로 발전할 가능성이 있는 위험요인들로 다음과
같은 요인들을 열거하였다. 15)

① 한 달 월급 이상으로 크게 딴 경우(장래에도 딸 수 있다는 잘못된 기
대를 갖게 한다).
② 재정사정이 어렵게 되거나 저소득층이 됨.
③ 돈 딸 목적으로 도박함.
④ 잃은 돈에 연연함.

---

15) "Risk factors"(캘리포니아 문제도박위원회 홈페이지 http://www.calpg.org/risk-
factors/), "Risk factors for problem gambling"(매니토바 중독재단 홈페이지 http:
//getgamblingfacts.ca/problem-gambling/risk-factors-for-problem-gambling
/), "Risk factors for developing a gambling problem"(온타리오 문제도박연구원 홈
페이지 https://www.problemgambling.ca/gambling-help/gambling-informa-
tion/risk-factors.aspx).

⑤ 손쉽게 도박에 접할 수 있는 환경.

⑥ 어린 나이에 도박을 시작한 경우.

⑦ 특별한 취미나 관심사가 없음.

⑧ 도박 승패나 확률에 대한 잘못된 인식, 하우스를 이길 수 있다는 잘못된 생각.

⑨ 따거나 잃은 돈에 대한 점검과 확인 불이행.

⑩ 충동적인 성격.

⑪ 도박에서의 승패를 자존감과 연관시킴.

⑫ 정신질환이나 약물, 문제도박 등과 관련된 가족력.

⑬ 문제 회피 수단으로서 도박.

⑭ 학대 경험 또는 트라우마.

⑮ 권태, 우울, 불안, 삶의 방향성 상실.

⑯ 은퇴, 이혼, 실직, 사별 등 생활의 변화.

⑰ 알코올 또는 물질장애.

⑱ 극심한 경쟁.

⑲ 남자가 막 성인이 된 시기.

⑳ 경제적, 심리적 지원 부족으로 인한 생활의 스트레스.

제3장

쾌락추구와 도박

1. 사람은 태생적으로 도박적이다

도박은 알코올, 담배, 마약, 매춘 등과 같이 비생산적인 것인 동시에 정신이나 삶에 도움을 주지 않는 죄악재(sin goods)로 여겨져서 동서고금의 공권력들은 도박을 금지하려 온갖 제도를 시행해 보았지만, 사회 구성원 개개인의 수요 여부와 관계없이 음성적으로 성행해 왔다. 뿐만 아니라 기독교, 유대교, 힌두교, 불교, 이슬람교 등 모든 종교에서도 도박은 부도덕한 행동 또는 종교의 신행 원칙들과 양립할 수 없는 행위, 즉 악행으로 여겨져서 노름꾼에게는 증인 자격을 주지 않기도 하였다.[1]

영국의 경우에도 시대에 따라 차이는 있지만 도박을 엄격히 금지하

---

[1] 황현탁, 앞의 책, pp. 21~31 참조.

고 강한 벌칙을 적용하면서도 황실이나 귀족들은 '오락'으로 도박을 즐겼으며,[2] 도시재생, 학교나 박물관 등 공공기관의 설치나 운영을 위해 복권을 도입하기도 했다. 캐나다나 미국의 원주민들은 예로부터 일상 오락으로 도박을 즐겨, 이들이 도박산업을 운영하도록 특별법을 제정하여 특권을 인정하고 있다. 오늘날에도 고용 창출, 지역 개발, 공익 기금 조성 등의 목적을 위해 도박을 '산업'으로 육성하고 있는데, 라스베이거스와 싱가포르의 카지노 산업이 좋은 예이다.

사람들은 왜 금지에도 불구하고 도박에 탐닉할까? '호모 알레아토르' (homo aleator) 는 도박 관련 기본서 《도박》(2006) 의 저자인 영국 글래스고대학 거다 리스(Gerda Reith) 교수가 만들어낸 신조어로 '도박적 인간'이라는 뜻이다. "우연히 인간으로 태어나고, 특정 국가의 구성원이 되고, 특정 가정의 아이가 되는 인간은 태생적으로 '도박적 인간'"이라는 것이다. 이러한 속성은 신화와 역사 속에서도 찾아볼 수 있는데, 그리스 신화에서 제우스가 그의 형제인 포세이돈, 하데스와 통치 영역을 나눌 때 주사위를 던져 결정하였다거나, 노르웨이와 스웨덴 국경을 주사위 게임으로 정했다는 것 등이 그 예다.

《놀이와 인간》(1994) 의 저자인 로제 카이와(Roger Caillois) 는 총 네 가지 유형으로 놀이를 구분한다. 시합이나 경기처럼 경쟁하는 놀이를 아곤(Agon), 우연성이 강조되는 내기, 제비뽑기, 주사위 놀이, 룰렛 등은 알레아(Alea), 가면극이나 연극처럼 흉내를 내거나 모방하는 놀이는 미미크리(Mimicry), 회전, 서커스처럼 현기증을 유발하는 놀이는

---

2) 황현탁, 앞의 책, pp. 141~158 참조.

일링크스(Ilinx)라고 부른다. 도박은 알레아에 속하며, 도박꾼, 노름꾼을 의미하는 알레아토르란 단어도 바로 알레아라는 라틴어에 어원을 두고 있다.

연예인이나 스포츠 스타, 기업 대표의 도박 사례나 어마어마한 도박 규모가 언론매체에 보도되는 현실에서, 일부에서는 가정파탄이나 패가망신 등 부정적 폐해에 주목하면서 심각한 사회문제 해결을 위한 결단을 촉구하고 있다. 그러나 다른 한편에서는 취약계층이나 특정한 공익 목적의 재정수요에 도박산업의 기여가 필요하다는 이중적인 잣대로 도박이 관리되고 있다.

이런 상황에서 소장학자들은 "사회병리학적 접근만으로는 도박중독의 예방과 치료에 한계가 있다"고 지적하면서 인문학적 접근을 통해 인류역사와 함께한 도박의 모습을 조망해 보고자 시도했다. 《도박하는 인간》(이경희 외, 2016)은 이런 내용을 학회(지)에 발표한 원고들을 모아 출판한 책이다.

이 책의 첫 번째 글 "호모 알레아토르"(한남대 이경희)에서는 "도박의 역사에서 도박중독자의 폐해나 피폐함은 잉여일 뿐 결코 본질은 아니"라고 하면서 "건전한 여가와 사회공공자금 확충이라는 긍정적 입장"도 존재하는 만큼 "도박은 현실적으로 결코 사라질 수 없는 것이고 사라질 필요나 이유도 없는 것"이라고 주장한다. 또 "도박은 돈이나 확률의 관점에서만 생각할 것은 아니며, 욕망을 넘어서는 불확실성과 우연에 대한 독특한 인간만의 대응양식"이라고 설명한다.

참고로 호주의 생산성위원회는 주기적으로 도박의 비용편익을 분석하는데, 도박산업으로 인한 정부의 재정 수입뿐만 아니라 비문제성 도박자들의 즐거움 추구를 편익으로 계상한다. 2009년 총편익은 121~158억 달러, 총비용은 47~84억 달러, 순편익은 37~111억 달러로 추산된다. 3)

두 번째 글 "도박과 돈"(조성애)에서는 돈을 대하는 민족적 특성과 관련하여 "중국인들은 도박이 신탁적, 수리적, 예측적 기능을 가진다고 보며 자신과 우주적 질서 간의 관계를 확신하며 운을 중시한다. 불교적 관점을 가진 베트남인들은 보수를 받거나 잃고 따는 것은 음양의 순환이라는 개념을 바탕으로 이루어진다고 믿으며 게임에 참여한다. 말레이시아인들은 신에게 딸 수 있는 번호를 묻기도 하며, 돈을 잃으면 부처에게 공헌한 것으로 간주하고 잃은 덕분에 자신과 가족들의 실제의 번영을 가져다준다고 본다. 가톨릭이 70%인 라틴아메리카인들의 경우에는 게임의 행운이 자신들의 독실한 신행에 의해 신의 재량에 달려 있다고 보는 것 같다"고 설명한다. 또한 병적도박을 방지하기 위해서는 "절대적 교환가치를 가진 돈의 막강한 횡포를 약화시킬 수 있는, 경쟁보다는 사용자 사이의 협력을 조장하는 매개자로서의 돈, 영혼이 있는 돈을 회복"하는 등 돈에 대한 인식을 점검하고 균형 잡힌 시각을 갖도록 하는 것이 필요하다고 강조한다.

세 번째 글 "놀이의 유혹"(김성현)에서는 아르투어 슈니츨러(Arthur Schnitzler)의 《초록 앵무새》와 《여명 속의 도박》, 스테판 츠바이크(Stefan Zweig)의 《체스》 등에 나타난 놀이의 양상을 설명하면서, 놀이의 특성인 즐거움과 유쾌함이 일링크스와 결합하면서 놀이하는 자의 일상적인

---

3) 저자 블로그 글 참조. ("도박이 국민경제와 개인생활에 미치는 영향".)

삶을 파괴하는 중독현상으로까지 연계된다고 설명한다.[4] 한국인을 포함, 몽골계 사람들의 성격적 특성으로 인해 도박판에서 ① 전부를 걸고(all-in), ② 끝장을 보려 하며(double or nothing), ③ 오기를 부리고(reckless challenge), ④ 열을 잘 받아(hot tempered) 카지노 측으로부터 호구로 여겨지기도 한다고 혹자는 말한다.

네 번째 글 "언어적 세계상에서의 놀이와 도박"(외국어대 이경희)에서는 러시아에서의 도박에는 돈을 거는 행위인 내기의 속성보다는 운명과의 싸움, 위험한 모험, 그 과정에서 겪게 되는 고양된 감정, 열기 등의 특성이 내재되어 있다고 설명한다. 따라서 운에 의해 승패가 결정되는 게임만을 제재 대상인 도박으로 본다. 이경희는 순전히 운에 의존하여 물질적 이익을 추구하는 도박은 시간과 규율, 노동, 이성을 중시하는 기독교적, 계몽주의적, 산업자본주의적, 사회주의적 가치관에도 위배되는 것으로 법적 제제대상이었으나, 개인적인 영역에서 이루어지는 특성으로 인하여 제도적 제재가 탄력적으로 운용되었다는 사실도 덧붙였다.

다섯 번째 글 "도박, 범죄, 정신분석의 영화적 사유실험"(유봉근)은 프리츠 랑(Fritz Lang)의 무성 영화 〈마부제 박사〉 연작에 나타난 도박, 범죄, 정신분석을 다룬다.[5]

여섯 번째 글 "포커, 예술작품을 위한 영감인가 혹은 악의 산물인가?"(박동준)는 조각, 문학, 영화, 회화 등에서 묘사, 투영된 카드나

---

4) 저자 블로그 글 참조. ("체스이야기".)
5) 저자 블로그 글 참조. ("도박사 마부제 박사".)

〈그림 3-1〉 폴 세잔, 〈카드놀이 하는 사람들〉

칩, 포커 등을 다루는데, 특히 폴 세잔의 〈카드놀이 하는 사람들〉이라는 작품 속에 등장한 놀이를 집중적으로 분석한다.

2. 왜 도박판에 끼어드는가?

요즈음에는 집 주위 또는 사람이 많이 다니는 거리 곳곳에 복권이나 스포츠토토 판매점이 있어 경마장, 경륜장, 경정장, 카지노 등 도박장이나 장외 발매소에 가지 않더라도 도박을 할 수 있는 방법이 많다. 그런만큼 수많은 사람들은 대박의 꿈에 유혹당하고 있다. 또한 영국, 호주, 캐나다, 미국 일부 주 등 영미 계통 국가에서는 집에서 인터넷으로 다양한 카지노 게임까지 즐길 수 있도록 허용하고 있어 '도박판'까지 이동해야 하는 불편을 덜어 줘 도박시장이 점점 커지고 있는 실정이다.

그럼 사람들은 왜 도박판에 끼어드는 것일까? 즉, 도박을 하는 동기는 무엇일까? 학자들에 따라 도박의 동기를 3~5가지로 분류하며, 측정하는 척도와 질문항목도 다양하다. 그중 많이 인용되는 방식은 2010년 영국 도박유병률 조사와 2011년 호주 태즈메이니아주 도박의 사회경제적 영향 조사에 활용되었던 도박원인 질문방식(RGQ: The Reasons for Gambling Questionnaire, Wardle et al., 2011), 심리측정학에서 동기 측정도구로 유효성이 증명된 도박동기 측정척도(GMS: Gambling Motivation Scale, Chantal et al., 1994), 도박동기 질문지방식(GMQ: Gambling Motives Questionnaire, Stewart & Zack, 2008) 등이다. 연구자들이 도박동기 파악에 깊은 관심을 두는 것은 동기 파악이 문제도박 예방이나 치유에 도움을 준다는 사실에 연유한다. GMQ 방식의 질문항목은 도박동기를 크게 즐거움 추구, 친목 도모, 스트레스 해소 등 3가지로 구분하고 각 항목마다 5개의 질문을 포함한다. GMS 방식은 게임을 하면서 왜 돈내기를 하느냐는 질문을 던지고 28개의 답변항목에 대해 7점 척도 중 어디에 해당하는지를 체크하도록 하여 동기를 파악하는 방식이다.

RGQ 방식으로 2011년 호주에서 진행된 도박동기 조사결과를 보면 재미로 한다는 응답이 가장 많았으며(62%), 다음으로는 큰돈을 딸 수 있는 기회(52%), 친구나 가족과 소일(48%), 사교 목적(40%), 기분전환(38%) 순으로 나타났다. 또 2013년 봄 캐나다 매니토바주에서 실시한 도박동기 조사(2014년 6월 발표됨. GMQ의 즐거움 추구, 친목 도모,

스트레스 해소 등 3개 항목에 금전 추구 동기를 더한 4개 항목에 걸쳐 총 19개 문항의 질문을 던져 답을 구함)에 따르면, 도박동기는 오락(24.3%), 재미(21.2%), 돈 딸 목적(20.1%), 자선행사 지원(13.1%), 친목 도모(6.3%) 순으로 나타났다.

영국 유병률 조사에서는 사람들은 사교, 금전 동기, 분위기 전환(흥분 또는 오락), 도전·호기심, 현실 도피·스트레스 해소 등 다섯 가지 이유 때문에 도박을 하는 것으로 나타났다. 연구자들은 도박동기를 즐거움 추구(excitement), 불쾌나 곤경으로부터의 현실 도피(escape), 자괴감 회피와 자존감 회복(esteem), 충동 조절의 어려움(excess) 등 4가지 요인으로 파악하는 4Es 모델(Rockloff & Dyer, 2006)을 비롯해, 음주 동기와 비교하면서 도박을 하는 이유를 회피, 사교, 유희, 금전, 흥분 등 5가지 동기로 설명(이홍표, 2006)하기도 한다. 이처럼 연구자들마다 표현에 차이는 있지만 도박하는 사람들이 꼭 '돈을 따거나 벌기 위한 목적'에서 도박판을 찾는 것만은 아니라는 것을 알 수 있다.

따라서 도박을 합법화하고 있는 정부나 감독기관으로서는 온라인이나 다양한 형태의 도박이 오락이나 기분 전환, 즐거움 추구, 불쾌감·스트레스 해소, 친구나 이웃, 가족들과의 사교를 위한 방안의 하나로 자리매김하도록 하면서 폐해를 최소화하는 데에 정책의 초점을 맞추고 있는 것이 오늘의 현실이다. 도박은 인류의 역사와 함께하여 왔으며, 동서고금을 통하여 금지하려는 그 어떤 통치권력의 시도도 성공하지 못하였음은 도박의 역사가 말해 준다.

3. 노르베르트 볼츠의 《놀이하는 인간》

공자는 《논어》에서 "知之者 不如好之者, 好之者 不如樂之者"(아는 사람이 좋아하는 사람만 못하고, 좋아하는 사람이 즐기는 사람만 못하다) 라거나, "飽食終日 無所用心 難矣哉 不有博奕者乎 爲之猶賢乎已"(온종일 배불리 먹고 마음 쓰는 일이 없으면 낭패로다. 장기바둑 같은 것이 있는데 아무것도 하지 않는 것보다 현명하다) 라고 하였다. 그러나 비용과 효과를 따져 보면서 합리적으로 결정하는 시장 참여자들이자 경제적 인간인 호모 에코노미쿠스나, 사회적 통제망에 얽매여 부여된 역할을 수행하면서 일상생활을 영위하는 사회적 인간인 호모 소시올로지쿠스에게 '놀이'는 결코 환영받을 삶의 태도는 아니다. 오히려 놀이는 생산과 소비, 노동을 미덕으로 숭상한 19, 20세기에는 논의가 금기시되다시피 한 주제였다.

놀이를 학문적 영역으로 끌어들인 것이 바로 네덜란드의 문화사회학자 요한 하위징아로, 그는 《호모 루덴스》(*Homo Ludens*, 1938)에서 놀이는 문화의 한 요소가 아니라 문화 그 자체가 놀이의 성격을 가지고 있다고 역설했다. 또 20년 후인 1958년 프랑스의 사회학자 로제 카이와는 《놀이와 인간》에서 하위징아가 놀이 분류의 기본 범주로 '경쟁'과 '모의'를 제시한 것에 '운'과 '현기증'이라는 두 가지 범주를 추가했다. 카이와는 운의 대표적 놀이로 도박, 현기증의 대표적 놀이로 회전·낙하 운동과 공중서커스 등을 제시하였다.

노르베르트 볼츠는 《놀이하는 인간》(*Wer nicht spielt, ist krank*, 2014)에서 19세기까지는 '생산자의 시대', 20세기는 '소비자의 시대'였다면 21

세기는 '놀이하는 사람의 시대'가 될 것이기 때문에 이제 천대받아 온 놀이를 진지하게 성찰해야 할 때라고 주장한다. 볼츠는 계속해서 쾌락 추구 활동인 놀이는 억압의 대상이 아니라 현실의 복잡한 문제를 해결하는 방안으로 복권시키고 마음 놓고 즐길 수 있도록 해야 하며, 자극이 결핍된 노동에서 '놀라움의 가능성인 체험사회'의 '재마법화'를 도모하자고 주장한다. 심지어 "국가개입주의자들이 중독이자 죄악이라고 공격하는 사행성 놀이도 패스트푸드, 음주, 스포츠 경기 관람, 피어싱처럼 취향의 문제이고 소비습관일 뿐이므로" 국가는 '행운의 놀이와 벌이는 전쟁'에서 지고 말 것이라고 한다. 정치적 확실성, 기술적 진보, 경제적 복지 때문에 세상이 무미건조해지고 탈마법화되어 감정의 공백상태가 되었지만 그나마 오락거리의 핵심인 놀이가 있기 때문에 삶은 살 만한 가치가 있다는 것이다. 즉, 병든 사람만이 놀지 않고 놀지 못할 뿐이며, "놀지 않는 사람은 병든 사람"이란 것이다.

볼츠는 "유혹적인 것은 무엇이든 중독될 수 있다"면서, "우리가 살고 싶은 대로 살게 할 때 더 많은 이득이 돌아올 수 있는 만큼 개인이 원하지 않는 배려는 선의를 가장한 폭군이므로 정치는 놀이를 방해해서는 안 된다"고 한다. '의무에서 행하는 노동이 아닌 여유 속에서 하는, 행복을 느끼게 하는, 더 많은 가치 대신 더 많은 쾌락을 주는 놀이'를 예찬하기도 한다. 볼츠에 따르면 패배할 가능성이 없는 놀이는 재미가 없으며, 게임에서 졌다고 인생의 낙오자, 패자는 아니기 때문에 오히려 놀이를 통해 리스크에서 오는 흥분, 승리에 대한 도취, 실패로 말미암은 좌절을 스스로 극복하는 법을 배우게 된다. 놀이는 바로 '삶의 위대한 자극제'며, '위대한 감정의 망명지'이고 '자연법칙이나 도덕법칙의 지배

도 받지 않으며, 어떤 책임감도 느낄 필요 없는 쾌락이 제공되는 낙원'
인 것이다.

우리는 죽을 때까지 지루함에서 벗어나기 위해 재미를 찾아다니며,
새로운 자극인 놀이에의 몰입(immersion)을 추구하게 될 것이다. 인포
테인먼트, 폴리테인먼트, 리얼테인먼트, 에듀테인먼트 등과 같은 엔터
테인먼트는 우리 생활 주변을 떠나지 않을 것이다. 볼츠는 '놀면 더 똑
똑해진다'라는 〈슈피겔〉의 구호처럼 도구가 아니라 장난감이나 생활의
파트너로서 컴퓨터를 활용하고 놀이에서 기쁨을 지향하라고 충고한다.

공동체가 상실된 사회에서 사회적 관계를 맺게 해주는 보상체계인
소셜 네트워크는 행복을 위한 노력이며, 놀이가 현실로 침투하는 게이
미피케이션(gamification)도 점점 심화될 것이다. 놀이하는 인간(homo
ludens)에게 새로운 것은 모두 신나는 것이고, 놀라운 것은 모두 자극을
주는 것이다. 인간은 놀이하는 과정에서 혁신과 변화라는 뜻밖의 재미,
즉 '세렌디피티'(serendipity)를 맛본다. 놀이는 삶에 대한 긍정이며 민중
의 아편이다. 우리 모두 "놀지 못해 아픈 이들은 양심의 가책을 받지 말
고 놀아라"라는 역자들의 추천을 오늘부터 실천해야겠다.

4. 도박과 쾌락추구[6]

쾌락은 삶의 핵심적인 추동력이며, 생존과 종족보존을 위해 필요한 음식, 물, 섹스와 같은 것들을 찾으려는 노력의 중심에 있다. 에피쿠로스 (BC 341~271)는 "쾌락은 행복한 삶을 형성하는 알파요 오메가다. 쾌락을 추구하고 고통을 피하는 것이 인생의 목적이고 선(善)은 바로 고통 없는 쾌락의 삶"이라고 까지 말한다. 그러나 쾌락의 추구는 법적, 종교적, 교육적 제약을 받는다. 이는 섹스, 약물, 음식, 술, 도박 등과 관련된 규칙과 관습들이 확립되어 있으며, 따라서 정해지거나 확립된 방식과 달리 쾌락을 추구하는 경우에는 처벌을 받기도 한다는 사실에서 쉽게 확인할 수 있다. 쾌락과 관련되는 이런 관념이나 행태는 개인이나 집단이 속한 문화에 깊은 영향을 받는다.

우리의 뇌 중간 앞부분에는 쾌락에 반응하는 회로가 있어(*medial forebrain pleasure circuit*), 음식물을 섭취하거나 약물 복용, 섹스, 도박 등의 행위가 가져다주는 즐거움이 감지되면 도파민이 분비되고 쾌감을 느끼게 된다. 쾌락은 적정한 수준에서 추구되어야 하고, 직접 얻어져야 하며, 자연스럽게 성취되어야 하고, 일시적인 것이다. 쾌락의 부정을 통해서 정신적인 성장을 도모할 수도 있다. 그런데 스트레스가 쌓이게 되면 쾌락반응회로를 활성화할 수 있는 알코올, 헤로인, 니코틴, 코카인, 암페타민과 같은 약물 복용 충동이 일어나며, 중독증상이 억제되

---

6) 이 글은 린든(Linden, D. J., 존스홉킨스대학 교수)의 《고삐 풀린 뇌》(*The Compass of Pleasure*, 2011)를 읽고 쓴 글이다.

는 기간에 재발욕구(*triggering relapse*)가 일어나면 스트레스는 약물 복용 욕구와 직결된다.

쾌락의 부정적 측면이 바로 중독문제인데, 거의 모든 즐거운 활동은 중독 가능성이 있다. 중독은 오래 지속되는 변화로, 여기에는 강력한 자극을 더 많이 받아들이려는 내성, 하고 싶다는 욕구, 뭔가를 하지 않으면 참을 수 없는 금단현상, 반복적 행위의 연속인 재발이라는 무시무시한 부작용이 내재한다. 경험이나 학습으로 인한 변화는 뇌의 다른 부분에 기억되며 강박적인 행동을 유발하게 된다. 중독은 인간 생활에 많은 영향을 주고 21세기의 유행어까지 되었다.

중독은 도박, 비디오 게임, 쇼핑 등의 행위중독과 음식, 약물, 알코올 등의 물질중독으로 구분할 수 있다. 뇌기능의 생물학적 차원에서는 이 두 가지 중독을 같게 볼 수도 있으나 도박중독, 게임중독자들의 3분의 1은 외부 도움 없이 1년 이내에 중독과 결별하였다. 반면 물질중독에서는 이런 일이 일어나기 어려우며, 신체적으로도 물질중독이 더 파괴적일 수 있다는 점에서 분명한 차이가 존재한다. 또 쾌락추구가 병적으로 되기까지의 과정에도 개인차가 존재한다.

도박중독은 빚을 동반하고, 때로는 범죄와 연관되며, 가족을 파멸시키기도 하여 약물중독보다 더 많은 사람에게 더 오래 고통을 줄 수 있다. 도박중독은 여자보다 남자에게 일어날 가능성이 높으며, 가까운 친척 중에 중독자가 있으면 중독위험이 증가한다는 연구결과도 있고, 남자쌍둥이 중독자의 경우 유전적 요인이 35~55%에 달한다는 연구결과도 있다.

도박중독과 관련된 후천적 요인으로는 여러 가지를 들 수 있는데, 도박중독자들은 일반인들에 비해 알코올중독 비율은 10배, 흡연율은 6배가 높은 것으로 조사되었다. 합법적 도박에 쉽게 접근할 수 있으면 도박중독에 노출될 가능성이 높아지고, 사회적 제약이나 중단하라는 요구가 없는 온라인 도박은 도박중독을 더욱 부추길 수 있다. 도박중독자들에게서 발견되는 위험감내(*risk-taking*), 열성, 일에 대한 집착 등은 누군가에 의해 잘 관리된다면 직장에서 성공적이고 생산적이며 창의적인 사람으로 인정받게 한다. 많은 도박중독자들은 자신을 자제할 줄 알고 절박한 상황에서도 남의 도움 받기를 꺼려하는 성격의 소유자인데, 비정상적인 스트레스 상황(이혼, 사건사고 목격 등)은 도박중독을 악화시킬 수 있다. 스코틀랜드 단도박모임(Gamblers Anonymous)에 참여한 사람들 중 8%만이 1년 동안 계속 참가했다는 사실이나 일반적으로 도박중독자들의 자살 시도율이 20%에 이르는 점은 도박문제가 단순하지 않음을 단적으로 보여 준다.

우연히 복권을 구입하거나 주사위를 던지거나 카드를 돌리는 등 게임 과정에 참가했을 때 승률에는 변동이 없음에도 자신의 역할이 있는 경우(*direct involvement effect*) 더 많은 액수로, 더 오래 도박을 하는 경우가 있는가 하면, 아주 아슬아슬하게 빗맞은 경우(*near miss effect*)에는 뇌의 쾌락보상회로가 활발하게 움직여 덜 즐거운데도 불구하고 계속하고 싶은 욕망 때문에 게임을 지속하는 경우도 있다.

사랑의 반대가 증오가 아닌 무관심이듯 쾌락의 반대는 고통이 아니다. 쾌락의 반대는 마음과 체험에 대한 관심부족인 권태다. 쾌락과 고통은 두드러진 현상을 의미할 뿐이다.

제 4 장

도박중독과 치유

1. 문제도박 증세와 증상들

무엇이 문제도박(*problem gambling*)인가에 대한 명확한 정의는 없으나, 대체로 '해롭고 부정적인 결과가 발생하여 중단하고 싶은 생각이 있음에도 도박을 하고 싶은 갈망 때문에 끊지 못하는 도박행동'으로 정의할 수 있다. 일반적으로는 도박중독으로, 병리학적 측면에서는 병적도박, 강박도박(*compulsive gambling*), 도박장애 등으로 불리고 있다. 즉, 사교도박(*social gambling*)이나 오락도박(*recreational gambling*) 등 자신이나 주변 사람들에게 경제적, 심리적, 사회적 피해를 끼치지 않는 도박행동을 제외한 도박을 문제도박으로 볼 수 있다. 페리스와 윈(Ferris & Wynne, 2001)의 저위험도박(*low risk gambling*)은 '문제도박'에 포함되지 않으나 중위험도박(*moderate risk gambling*)은 포함된다. 그 증세와 증상들을 살펴보면 다음과 같다. 1)

〈문제도박 증세와 증상들〉

A. 도박행동(*gambling signs*)

① 잃은 돈에 연연하면서 만회하려고 도박한다.

② 흥분 정도에 맞추어 베팅금액을 증가시킨다.

③ 마지막 한 푼까지 도박한다.

④ 능력 한도를 넘어 돈내기를 한다.

⑤ 대충대충 또는 멍한 상태에서 도박한다.

⑥ 도박을 계속하기 위해 현금인출기를 계속 이용한다. 2)

B. 일상생활(*life signs*)

① 더 자주, 더 오랜 시간 도박한다.

② 일상생활의 압박이나 의무이행을 회피하거나 불안, 우울, 분노의 감정에서 벗어나기 위해 도박한다.

③ 수입이나 부수입을 목적으로 도박한다.

---

1) 이상은 릴리 펜로즈(Lily Penrose)의 *The Gambling Addiction Recovery Book*(2016)에서 번역한 것이다. 캐나다 온타리오의 책임도박위원회도 23개 항목에 걸친 도박문제 증세를 열거하고 있는데, 한국어로도 안전도박요령, 성인 및 청소년용 안내서를 홈페이지에 등재하여 서비스하고 있다(http://www. responsiblegambling. org/get -help/for-people-who-gamble).

2) 호주 빅토리아주 거주 노름꾼 100명을 대상으로 한 문제도박과 관련한 편향된 인식조사 연구에서 게임기(EGM)에서 돈을 잃고 ATM을 왔다 갔다 하는 노름꾼을 조롱하는 의미에서 치욕의 발걸음(*walk of shame*)이라고 말한다고 증언했다(Miller, H. E. & Thomas, S., 2017, "The 'Walk of Shame': A qualitative study of the influence of negative stereotyping of problem gambling on gambling attitudes and behaviours", *International Journal of Mental Health Addiction 15*(6)).

④ 계속하여 도박할 수 있는 곳에서 휴일을 보낸다.

⑤ 다른 활동 대신에 도박을 선택한다.

⑥ 학업, 직장, 다른 업무를 방기한다.

⑦ 식사, 수면, 대소변 등 개인적 욕구를 무시한다.

C. 금전 관리(*money signs*)

① 돈을 빌리거나 가진 것들을 내다 판다.

② 빚이 늘고 신용대출도 증가한다.

③ 설명되지 않는 돈이나 물건이 생긴다.

④ 문제도박자들과 함께 살며, 돈이나 값나가는 물건들이 쥐도 새도 모르게 사라진다.

⑤ 공과금을 늦게 납부하거나 납부하지 않는다.

⑥ 가족이나 친구에게서, 또는 직장에서 돈이나 값나가는 물건을 훔친다.

D. 대인관계(*interpersonal signs*)

① 친구나 가족들에 대한 책임을 무시해 버린다.

② 친구나 가족들과 시간 보내는 데 관심을 잃어버린다.

③ 도박한 시간과 돈과 관련해 거짓말을 하거나 숨긴다.

④ 돈을 딴 얘기만 하고 잃은 얘기는 절대 하지 않는다.

⑤ 계속해서 도박 얘기만 한다.

⑥ 정상적이거나 일상 활동을 할 때 더 쉽게 화를 내고 잘 참지 못한다.

⑦ 도박할 때 통제 불능의 문제가 있음을 부정하고 계속 변명한다.

E. 도박장애 증상들(*symptoms*)

① 계속 더 많은 도박 밑천을 마련하려는 등 도박에 집착한다.

② 같은 정도의 스릴을 느끼기 위해 더 많은 돈으로 도박한다.

③ 도박을 절제, 중지, 중단하려고 하나 성공하지 못한다.

④ 도박을 줄이려 하면 붕 뜨는 느낌이 들거나 과민해진다.

⑤ 문제를 회피하려거나 무력감, 죄책감, 불안, 우울에서 벗어나기 위해 도박한다.

⑥ 도박을 해서 잃은 돈을 만회하려 한다.

⑦ 도박 정도와 규모를 숨기기 위해 가족과 타인에게 거짓말한다.

⑧ 도박 때문에 중요한 인간관계, 직업, 학교 또는 근로 기회를 위태롭게 하거나 상실한다.

⑨ 도박 밑천을 마련하기 위해 강도나 사기 행각을 벌인다.

⑩ 도박으로 돈을 탕진하여 다른 사람에게 재정적 어려움을 해결해 달라고 부탁한다.

한편 호주 빅토리아주 크라운 카지노 책임도박 행동강령에 적시된 문제도박 행동징후들(*observable signs*)은 다음과 같다. 3)

〈문제도박 행동징후들〉

① 스스로 문제도박자라고 밝히거나 자진퇴출을 신청한다.

② 개인의 도박행동이 염려스러워 가족이나 친구가 도움을 요청한다.

---

3) Crown Melbourne Casino, 2016, "Responsible Gambling Code of Conduct".

③ 도박하는 동안 아이들을 방치한다.

④ 도박하는 동안 화를 내거나 도박하는 중 또는 한 후에 침통해 한다.

⑤ 자주 쉬지 않고 오랫동안 도박을 한다.

⑥ 도박하기 위해 돈을 빌린다.

⑦ 용모를 현저히 신경 쓰지 않는다.

⑧ 도박 때문에 가족이나 친구들과 다투는 것을 목격한다.

⑨ 도박에 대해 가당치 않은 말을 한다.

⑩ 돈을 잃고 직원에게 불만을 표출하거나 카지노나 게임 자체가 돈을 잃도록 되어 있다고 비난한다.

⑪ 카지노에 있다는 것을 비밀에 부치거나 그 사실이 알려졌을 때 당황스러워하고 친구나 가족이 떠나도 계속해서 도박한다.

⑫ 주변에서 무엇이 일어나는지 아랑곳하지 않고 도박을 하거나 다른 사람과의 접촉이나 대화를 기피한다.

⑬ 현금자동인출기를 자주 왕래한다.

한편 도박중독의 진행과 회복과정을 표시하면 〈그림 5-1〉과 같다. [4]

---

4) 한국도박문제관리센터, 2017, 〈가족교육 기초 프로그램(참여자용 워크북)〉, p. 11 에서 인용(설명 중 일부 중첩항목은 삭제).

〈그림 5-1〉 도박중독의 진행과 회복과정

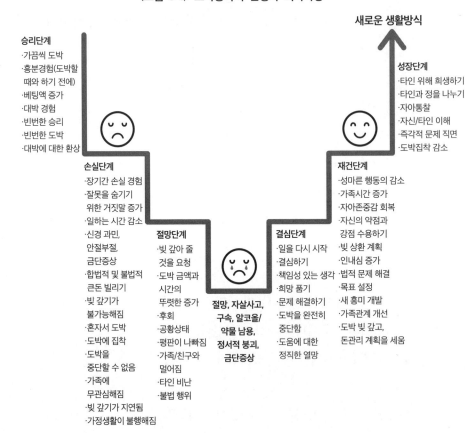

새로운 생활방식

승리단계
·가끔씩 도박
·흥분경험(도박할
  때와 하기 전에)
·베팅액 증가
·대박 경험
·빈번한 승리
·빈번한 도박
·대박에 대한 환상

성장단계
·타인 위해 희생하기
·타인과 정을 나누기
·자아통찰
·자신/타인 이해
·즉각적 문제 직면
·도박집착 감소

손실단계
·장기간 손실 경험
·잘못을 숨기기
  위한 거짓말 증가
·일하는 시간 감소
·신경 과민,
  안절부절,
  금단증상
·합법적 및 불법적
  큰돈 빌리기
·빚 갚기가
  불가능해짐
·혼자서 도박
·도박에 집착
·도박을
  중단할 수 없음
·가족에
  무관심해짐
·빚 갚기가 지연됨
·가정생활이 불행해짐

재건단계
·성마른 행동의 감소
·가족시간 증가
·자아존중감 회복
·자신의 약점과
  강점 수용하기
·빚 상환 계획
·인내심 증가
·법적 문제 해결
·목표 설정
·새 흥미 개발
·가족관계 개선
·도박 빚 갚고,
  돈관리 계획을 세움

절망단계
·빚 갚아 줄
  것을 요청
·도박 금액과
  시간의
  뚜렷한 증가
·후회
·공황상태
·평판이 나빠짐
·가족/친구와
  멀어짐
·타인 비난
·불법 행위

결심단계
·일을 다시 시작
·결심하기
·책임성 있는 생각
·희망 품기
·문제 해결하기
·도박을 완전히
  중단함
·도움에 대한
  정직한 열망

**절망, 자살사고,
구속, 알코올/
약물 남용,
정서적 붕괴,
금단증상**

80

2. 문제도박에 대한 편향된 인식5)

행위중독은 물질중독에 비해 성격적 결함이나 개인의 책임성과 더 연관되어 있다고 여겨진다. 도박문제가 있는 사람들은 나태하고, 어리석고, 탐욕스러움 등 개인의 책임성이나 자제력, 수양이 부족하다고 여기면서 도박을 개인적 일탈로 보는 경향이 크다. 한 연구에서는 도박문제는 개인의 충동성 때문이라는 응답이 26%, 조심성 부족 때문이라는 응답이 11%로 나타났고, 노름꾼 스스로도 무책임한 행동의 결과로 생각하는 것으로 나타났다.

이런 바탕에는 문제도박, 특히 유해하거나 병적인 문제도박은 극히 일부분이라는 사행업계나 정부의 인식과, 미디어 보도 중 3분의 1이 개인의 책임이란 내용을 담고 있는 등 문제도박을 개인의 책임문제로 돌리는 정부나 업계, 미디어 담론이 있다고 연구결과는 제시한다.6) 즉, 도박상품이나 도박기계의 문제라기보다는 도박하는 사람의 선택과 책

---

5) 빅토리아주 책임도박재단 홈페이지에 등재된 "The stigma of problem gambling: Causes, characteristics and consequences"와, "Development and effectiveness of anti-stigma initiatives"를 요약한 것이다. 'stigma'를 영한사전에서 찾아보면 "오명, 낙인" 등으로 번역되어 있으나, 옥스퍼드 영영사전은 "feelings of disapproval that people have about particular illnesses or ways of behaving"으로 해설하여, '편향된 인식'으로 번역하였다.

6) 빅토리아주 거주 노름꾼 100명을 대상으로 한 문제도박과 관련한 편향된 인식조사 연구(Miller, H. E. & Thomas, S. 앞의 논문)에서도 편향된 인식을 줄이는 출발점은 개인의 책임을 강조하는 정부나 업계의 담론 변화라고 보았다. 수치스러움과 당황스러움과 같은 감정 때문에 스스로 문제를 해결하겠다는 생각을 갖게 되고, 이것이 외부에 도움을 요청하는 데 장애요인이 된다고 한다.

임에 초점을 맞추기 때문이라는 것이다.

　호주 빅토리아주 책임도박재단은 주민 2천 명과 문제도박자 203명을 대상으로 문제도박에 대해 어떤 인식을 가지고 있으며, 이런 인식이 치유와 회복에 어떤 영향을 미치는지에 대한 조사를 진행한 바 있다. 이에 따르면, 사람들은 문제도박이 회복될 수 있는 것이기는 하지만 긴장된 생활로 인해 눈에 잘 뜨이고 생활에 지장을 초래하는 것으로 믿고 있었다. 따라서 문제의 근원을 충동성, 무책임성, 탐욕, 비합리성, 반사회성, 신뢰상실, 비생산성, 어리석음 등 개인의 성향 때문이라고 단정하고 있었다. 또한 응답자의 95.6%라는 대다수가 문제도박을 중독이며 진단할 수 있는 질병이라고 생각했다. 사람들은 도박문제가 있는 사람들과 어쩔 수 없이 어울려야 하지만 그들과 지속적으로 인간관계를 형성하는 것을 주저하며, 고용 측면에서 그들을 평가절하하거나 차별하였다. 25% 미만의 사람들은 도박문제가 있는 사람들이 다른 사람에게 폭력적이라고 여겼으며, 40% 이상의 사람들은 도박문제가 있는 사람들이 자신들에게도 해를 끼친다고 여기는 등 편향된 인식을 가진 것으로 나타났다.

　편향된 인식의 성격 및 강도와 관련한 결과는 다음과 같았다. 먼저, 그들 자신에 대한 절망감, 수치스러움, 당혹감, 죄의식, 어리석음, 허약함, 부족함 등이 도박문제자들의 가장 보편적인 인식편향이었다. 도박문제자들은 주민들이 그들을 향해 화를 내거나 두려워 할 것이라고 생각했지만, 주민들은 대체적으로 도박문제가 있는 사람들을 안타깝게 여겼으며, 소수의 사람들만이 도박문제자를 짜증스럽다거나 걱정스럽고, 불안하며 불편하다고 생각했다. 문제도박과 관련된 지역사회의 편향된 인식은 준임상적(무증상) 고통(sub-clinical distress)이나 보통도박보다는 높지만, 알코올 사용장애나 정신분열증(schizophrenia, 조현병)보다는 낮은 것으로 조사되었다.

편향된 인식에 대한 관념 및 경험에 대해서 사람들은 다음과 같은 결과를 보였다. 최근(recent)에 문제도박자가 된 사람들은 알코올중독, 비만, 정신분열증, 우울증, 암, 파산, 사교도박보다 편향된 인식이 더 공개적이고, 실제보다 더 크게 알려져 있다고 믿고 있었다. 또 문제도박자가 된 지 얼마 안 되는(most recent) 사람들은 여러 가지 연유로 자신들의 도박문제를 알리기 어려워 직접적으로 모욕적이거나 차별적인 행동이 없음에도 불구하고 다른 사람들로부터 부정적인 평가를 받았다. 문제도박자들은 이로 인해서 문제도박 사실을 알리거나 도움을 청하는 데 지장을 초래하는 것으로 조사되었다.

편향된 인식은 치유와 개입에 장애요인으로 작용한다. 80% 이상의 응답자가 배제의 명분이 되거나 고정관념 또는 차별의 근거가 되는 비밀주의(secrecy)가 편향된 인식의 가장 주된 원인이라고 여겼다. 가족과 친구들이 도박을 문제로 여기기 때문에 오히려 도박문제가 있다는 것을 공개하는 데 두려움이 따르게 되어 혼자 해결하려는 자조(self-help)가 가장 보편적인 도박문제 해결책으로 드러났고, 그다음이 가족과 친구의 지원이었다. 문제도박자로 알려졌을 때 겪게 될 부끄러움과 두려움 중 가장 큰 것은 사행업체 종업원에게 알려져 영업장에서 퇴출되는 것이었다. 재발되었다는 얘기는 수치심과 자기혐오를 가져다주는 것으로, 자기편향 의식을 약화시켰으며 재발된 사람들은 그렇지 않은 사람들보다 훨씬 더 편향되어 있었다.

연구에 따르면 문제도박에 대한 편향된 인식으로 인해 많은 사람들은 문제도박을 중독으로 생각하지만 정신건강문제로 생각하지는 않으며, 문제도박은 재발되는 것이 보통임에도 대부분이 회복가능하다고 믿었다. 문제도박자들은 실제보다 더 편향된 인식으로 받아들여져, 그들이 기대하는 것보다 더 현실적인 동정심을 제공하는 것이 회복에 도움이 된다. 편향된 인식은 문제도박자들이나 상담자들이 서비스를 제공하는 데 중요한 장애가 되는 만큼 편향된 인식을 최소화하는 것이 자진퇴출 프로그램을 이용하도록 하는 데 중요하다.

책임도박재단의 이 연구는 문제도박은 개인의 책임이라는 잘못된 관념이 편향된 인식을 심화시키므로, 업계, 정부, 지역사회가 나서서 문제도박이 정신건강문제처럼 다양한 요인에 기인한 것이라는 점을 강조해야 한다고 주장한다.[7] 연구는 이를 위해서 대중매체를 이용하는 방법, 특정계층을 대상으로 한 접촉, 교육전략, 지지자, 소비자, 전문가들이 공동으로 문제도박을 건강문제로 다루는 옹호전략 등도 제시한다.

---

7) Miller, H. E. & Thomas, S., 앞의 논문.

3. 문제도박의 치유방안과 실제[8]

1) 심리치료

문제도박은 앞에서 살펴본 바와 같이 다양한 증세와 증상들이 나타나 병적도박 또는 도박장애란 명칭하에 질병으로 정의된다. 그렇다면 문제도박은 어떤 방식으로 치유할 수 있으며 가장 효과적인 방법은 무엇인가?

문제도박은 다른 신체적 질병이나 감염병과 달리 기본적으로 마음의 병, 정신의 병이기 때문에 그 치유방법 역시 다르다. 병든 마음을 치유하는 학문인 임상심리학(*clinical psychology*)에서는 이를 심리치료 또는 정신치료라고 하는데, 정신분석이나 상담 등 환자와의 소통을 통해 증상의 개선을 도모하는 방식이다. 물론 불안이나 우울 등 다른 공존질환이 있는 경우에는 약물치료를 병행하기도 하지만 생각이나 마음을 바꾸거나 다른 곳으로 돌려 도박에 대한 관념과 도박행위를 멀어지게 하는 것이 주된 치유법이다. 이 치유법은 관념과 행동을 바꾸는 것이므로 본인의 의지가 무엇보다도 중요하다. 또 문제도박은 치료가 오래 걸리는 만성질환이고 온 가족이 함께 치료를 받아야 하는 가족질환이며, 자칫하다가는 다시 원점으로 회귀하는 것이 자주 반복되는, 재발 위험이 아주 높은 질환이다.

---

8) 이 글은 와다 히데키의 《아들러와 프로이트의 대결》(2017)을 읽고, 한국도박문제관리센터의 상담사례를 회기별, 주제별로 정리한 것이다.

지그문트 프로이트(Sigmund Freud)는 마음속 갈등이나 본인이 자란 환경, 그에 따라 형성된 가치관 중에서 나쁜 것을 찾아내 치유하는 방식을 주창했다. 알프레드 아들러(Alfred W. Adler)는 열등감이 심하면 신경증에 걸리기 쉬우며 마음의 병은 대인관계의 병이므로 환자가 처한 사회에 관심을 두어야 한다면서 사회적 영향에 관심을 기울일 것을 강조하였다. 프로이트가 문제행동의 원인을 과거에서 찾고자 했다면 아들러는 바꿀 수 없는 과거의 원인보다는 바꿀 수 있는 현재의 행동에 초점을 맞추는 것이 보다 효과적이란 입장에서 환자의 치료를 주장한 것이다. 프로이트는 외과의처럼 객관적으로 환자를 관찰하고 해석하여 치유하는 것이 정신분석가의 일이라고 했는데, 이후에 다른 많은 심리학자들은 환자의 마음에 공감하고 애정으로 치료해야 한다고 주장하는 사람들이 주류를 이루게 되었다. 즉, 환자의 자아를 단련하거나 환자에게 애정을 쏟아 정상적인 자기발달의 활성화를 시도하는 것으로 바뀌어, 환자와의 공감을 통해 자기애를 충족하도록 하여 정신 상태를 바꾸는 것이 당연시되었다.

오늘날에는 바꿀 수 있는 것을 바꾼다는 것이 심리치료의 표준으로 자리 잡았다. 마음의 상태를 바꾸기 위해 사물에 대한 사고방식과 수용방식을 바꿔 가는 인지치료, 행동을 바꿈으로써 마음의 상태를 변화시키는 행동치료, 행동을 바꾸면 인지도 바뀐다는 인지행동치료 등이 보편적이다.

사람의 마음을 치료하는 데에는 정답이 없으며, 모든 마음의 병을 치료할 수 있는 만능치유법은 있을 수 없다. 현대 사회의 수많은 심리치료는 개별 증상에 주목하기보다 특정한 사안에 대한 생각의 집착을 풀어 유연한 사고를 가능하도록 하며, 치료자와의 감정적인 교류를 통해 대인관계를 맺는 능력을 개선하고, 인지를 바로잡도록 하여 감정을 제어할 수 있도록 돕는 것에 주안점을 두고 있다.

소아과 의사로 어린이병원에 오래 근무하였던 영국의 정신분석치료 전문가 위니캇(D. W. Winnicott)은 심리치료는 "환자와 치료자의 놀이가 중첩되고 함께할 때에만 가능하며, 놀이가 불가능할 때 치료자가 해야 할 일은 환자를 놀 수 있는 상태로 이끌어 주는 것임은 당연하다"며 환자와 치료자 간 상호교감의 중요성을 강조한다.[9] 다양한 심리치료법은 다양한 도구가 있다는 것을 의미한다. 그리고 다양한 치료법을 알고 있다는 것은 결국 환자에게 맞는 적절한 치료를 시도해 볼 수 있다는 의미이기도 하므로 도박중독자의 치유에도 같은 원리가 적용될 수 있을 것이다.

중독자는 생물학적(유전적), 심리적, 사회문화적, 영적 측면에서 문제가 있기 때문에 상담자는 중독자의 취약성을 파악하여 대응하여야 한다. 상담자는 면담 초기에 신뢰와 친근감으로 내담자와 인간관계를 맺는 라포(rapport)를 형성하고,[10] 중독자의 강점이나 건강한 면, 취약점을 발견하여 치료동맹을 맺도록 해야 한다. 라포 형성에는 무엇보다 내담자에 대한 지지, 격려, 존중, 공감을 통해서 자존감이나 자기효능감

---

9) Winnicott, D. W., 2005, *Playing and Reality*, p. 51.
10) 상담과정에서 도덕적 훈계를 하는 것은 라포 형성에 도움이 되지 않으며, 너무 모범적으로 보이기보다는 편안하게 대할 수 있도록 자세를 취하고, 중독자가 좋아하고 즐길 수 있는 것을 알아보고 찾아 주는 노력을 기울여야 변화의 동기를 유발할 수 있다(박상규, 2016, 《중독과 마음챙김》, p. 85).

을 높여 주는 것이 중요하다. 라포를 형성한 다음에는 중독자가 중독문제를 올바르게 인식할 수 있도록 도와주고, 변화 동기를 이끌어 내도록 개입하여야 한다. 그리고 중독자가 회복하면 지금보다 더 행복해질 수 있다는 희망을 갖게 해야 한다. 회복과정에서는 의사소통 기술을 가르치고 자조모임에 참석하여 회복에 도움을 주고받도록 하는 것이 회복을 유지하고 재발을 방지하는 데 큰 도움이 된다.

2) 온라인 상담서비스

정신건강 서비스에서 전통적으로 제공하는 면대면(face-to face) 상담이나 치료와 구분하여 전화나 문자를 기반으로 제공되는 서비스를 온라인 상담(치료)이라고 한다. 그중에서도 문자로 제공되는 서비스가 주가 된다. 미국의 상담사자격위원회(National Board for Certified Counsellors)는 1997년 온라인 상담 혹은 인터넷 치료(e-therapy)를 "내담자와 상담자가 떨어져 있거나 원거리에서 인터넷이라는 전자통신수단을 이용하여 직업적인 상담을 수행하고 정보를 전달하는 것"으로 정의했다. [11] 면대면 상담이나 온라인 상담의 효과와 관련하여서는 의미 있는 차이가 없다는 많은 연구결과들이 있으며, [12] 불안, 외상 후 스트레스장애, 섭식

---

11) Mishna, F. et al., 2015, "Cyber counselling: Illuminating benefits and challenges", *Clinical Social Work Journal* 43(2). 사이버 공간에서의 온라인 상담은 장소와 시간에 구애 받지 않고 적시에 서비스를 제공할 수 있는 이점이 있으나, 익명성 때문에 상담관계와 상담회기 지속을 어렵게 하는 측면도 있다(양미진 외, 2015, "사이버상담 성과에 관한 개념도 연구", 〈청소년상담연구〉, 23(1)).

장애, 공황장애, 광장장애 등에 긍정적인 효과가 있음도 보고되었다.

온라인 상담은 온라인 치료, 인터넷 치료, 인터넷 상담 등 다양한 용어로 불리는데, 상담자와 고객이 실시간(synchronous) 대화하는 채팅과 다른 시간(asynchronous)에 교신하는 이메일을 이용한 방법으로 구분할 수 있다. 온라인 상담은 대면 상담과 동일한 이론과 방법에 근거하여 실시된다. 미국의 상담사이자 '메타노이아'[13]라는 상담 사이트를 운영하는 마사 에인스워스(Martha Ainsworth)는 1972년 10월 컴퓨터 커뮤니케이션 국제회의(ICCC)에서 스탠포드대학과 UCLA가 컴퓨터를 이용해 심리치료 관련 세션에서 시연한 것을 인터넷 치료의 시초로 본다. 최초의 인터넷 상담서비스로는 1986년 코넬대학에서 대학설립자인 에즈라 코넬(Ezra Cornell)의 이름을 따 "Ask Uncle Ezra"(에즈라 삼촌에게 물어보세요)라 명명한 대학 사이트에서 학생들에게 무료로 정신건강 상담서비스를 제공한 것을 들었다. 한편 1995년부터 인터넷 기술을 이용하여 300여 명 이상과 이메일, 실시간 채팅, 영상 통화를 통해 온라인 상담을

---

12) Murphy, L. et al., 2009, "Client satisfaction and outcome comparisons of online and face-to-face counselling methods", *The British Journal of Social Work 39*(4) ; Cook, J. E. & Doyle, C., 2002, "Working alliance in online therapy as compared to face-to-face therapy: Preliminary results", *Cyber Psychology & Behavior 5*(2) ; 양미진 외, 앞의 논문; Barak, A. et al., 2008, "A comprehensive review and a meta-analysis of the effectiveness of Internet-based psychotherapeutic interventions", *Jounal of Technology in Human Services 26*(2/4) ; Mishna, F. et al., 앞의 논문; Gainsbury, S. & Blaszczynski, A., 2010, "A systematic review of Internet-based therapy for the treatment of addiction", *Clinical Psychology Review 31*(3).

13) 메타노이아 홈페이지 https://www.metanoia.org/

실시한 데이비드 소머즈(David Sommers) 박사를 인터넷 치료의 개척자로 보았다. 14)

1997년 정신건강 분야 전문가들이 상호이해를 증진하고 온라인 커뮤니케이션 기술을 정신건강 분야에 활용하고 개발할 목적으로 정신건강 온라인 국제학회(ISMHO : International Society for Mental Health On-line)를 창립한 것은 인터넷 치유의 전기(*milestone*)가 되었다. 또 1997년에 APA가 인터넷 서비스에 관한 기술서를, 1999년에는 미국상담학회가 인터넷 온라인 상담 윤리기준(Ethical Standards for Internet Online Counseling)을, 2001년에는 영국의 상담심리치료학회가 온라인 상담 가이드라인을 각각 발표, 개발, 제정한 바 있다. 이후 캐나다와 호주에서도 가이드라인이 제정되었다. 《온라인 상담 핸드북》(*Online Counseling: A handbook for mental health professionals*), 《상담·심리치료 기술서》(*Technology in Counselling and Psychotherapy*), 우울이나 불안과 관련된 온라인 자조 소프트웨어인 'MoodGYM', 'Beating the Blues', 'Panic Online', 'The Panic Center' 등도 개발되었다. 15)

상담기관은 대부분 하루 24시간 1년 내내 운영되지 않으며, 내담자 역시 시간적, 신체적(장애, 질병, 노령 등)으로 면담이 어렵거나 지리적으로 접근이 어려울 수도 있다. 신분을 노출하고 싶지 않은 경우16)에

---

14) "ABC's of Internet Theraphy"(메타노이아 홈페이지 https://www.metanoia.org/imhs/history.htm).

15) Chester, A., Glass, C. A., 2006, "Online counselling : A descriptive analysis of therapy services on the Internet", *British Journal of Guideline & Counselling* 34(2).

는 인터넷을 통해 더 솔직하고 친밀하게 자신을 노출할 수도 있고, 외로움이나 불안을 느끼는 사람의 경우에도 인터넷이 안전한 탈출구가 될 수 있기 때문에 인터넷은 사회와의 연계를 강화하는 통로로서의 역할도 할 수 있다.

일반적으로 치료자와의 유대관계는 3회기 이내에 형성된다고 한다. 인터넷을 기반으로 한 문자 방식의 상담이나 치료는 상담자가 치료자에게 더 솔직하고 개방적으로 임해, 면대면 상담이나 치료에서와 같은 스트레스로부터 벗어날 수 있게 되고 억눌렸던 감정에서 벗어나는 효과(탈억제효과, *disinhibition effect*)를 가져다준다는 것이 가장 큰 장점으로 꼽힌다.[17] 또 상담자는 문자를 송신하기 전에 다시 한번 검토할 기회도 있고, 반대로 치료자의 메시지를 다시 읽어 볼 수도 있다. 언어 방식보다는 문자 방식이 애매모호함을 줄이고 인지 과정에 더 큰 영향을 미쳐 소통 방식이 어떻든 상담자와 치료자 간에 감정이 서로 통하는 관계가 강력하게 형성된다는 것이다. 뿐만 아니라 정보들이 문자화되어 있어 데이터 수집이 더 용이하다.

인터넷 치료는 이용 가능성, 편리성과 접근 가능성, 비용효과성

---

16) 청소년의 경우에는 '정신건강문제'라는 생소한 문제로 상담하기 어려운 점도 있어 공식적인 도움을 받는 대신 또래나 가족 등 비공식적 조력에 의존하는 것을 선호한다. 또한 전화상담의 경우에는 왠지 겁을 내거나 가족이나 옆 사람에게 알려질까 두려워 혼자 있는 시간까지 기다리는 경우도 있다(King, R. et al., 2006, "Online counselling: The motives and experiences of young people who choose the Internet instead of face to face or telephone counselling", *Counselling and Psychotherapy Research* 6(3)).

17) Mishna, F. et al., 앞의 논문.

(cost-effectiveness), 익명성과 프라이버시 등 여러 측면에서 이점이 있어 중독문제로 도움을 받으려는 사람들에게 더 적절할 수 있다. 평가회기(assessment session)를 갖지 못하였거나 치료 중 탈락한 사람들에게도 또 다른 치료방안이 될 수 있다. [18] 기술발전에 따라 가능해진 웹캠을 이용한 온라인 상담의 경우에는 면대면 상담의 경우처럼 치료자와 상담자가 상대를 응시하면서 상담이 진행되기 때문에 익명성이나 프라이버시 보호의 이점은 없다.

단, 온라인 문자상담의 경우에는 대화 상담보다 더 오랜 시간이 소요되고, [19] 상담 대기 기간이 길거나 원하는 만큼 충분한 시간 동안 상담을 받을 수 없다는 단점이 있다. [20] 이런 경우에는 전화 상담이나 채팅룸 이용 또는 다시 한번 온라인 상담을 받는 것을 권유하기도 한다. 청소년은 자신의 감정을 문자로 제대로 전달하지 못할 수도 있다. 온라인 상담의 경우 소통이 깊게 들어가거나 부드러울 수는 있으나, 성공적인 상담에는 치료동맹(therapeutic alliance) 형성이 결정적이고 이를 위해서는 치료자와 내담자 사이에 열린 마음, 존경심, 끈끈한 유대가 필요한데, [21] 성공적 상담이란 측면에서 온라인 상담은 아무래도 면대면 상담만큼 만족스러울 수는 없을 것이다. 따라서 온라인 상담은 면대면 상담

---

18) Gainsbury, S. & Blaszczynski, A., 앞의 논문.
19) 온라인 문자상담은 비슷한 시간 동안 면대면 상담의 3분의 1 정도의 내용만 상담할 수 있다. 면대면 상담의 경우 보다 시급히 해결해야 할 사안의 상담에 초점을 둔다(Chester, A. & Glass, C. A., 앞의 논문).
20) 정신건강 온라인 국제학회는 자살과 같은 심각한 병적상태나 위험한 행동에는 온라인 상담기법이 금기시된다고 밝힌 바 있다(Chester, A. & Glass, C. A., 앞의 논문).
21) Murphy, L. et al., 앞의 논문.

왼쪽: 호주 도박상담 연구기관 Turning Point 간부들과 저자.
오른쪽: 저자와 Turning Point 연구본부장 댄 럽맨(Dan Lubman) 교수.

보다 상담자와 치료자의 초기 관계 형성에 더 적합하고 도움이 되는 개인 상담 방식으로 인정되고 있다. 청소년을 대상으로 온라인 상담을 하는 경우에는 성급하게 다루거나 차별대우한다는 인상을 주지 않으면서 핵심 주제에 초점을 맞추는 상담 기술이 필요하다.

　면대면 상담의 경우 방문, 주차, 안내자와의 대화, 대기 등 불편함이 있을 수 있고, 온라인 상담의 경우 로그인 절차를 거쳐야 하며 컴퓨터와 친숙해야 하는 등 양 방식은 서로 다른 과정이 필요하다. 하지만 이용자들은 이런 차이를 큰 변수로 생각하지 않는다.[22] 온라인 상담(인터넷 치료)의 경우 대면 상담에 비해 치료자의 시간을 50~80% 줄이는 효과가 있었다. 그러나 내담자의 치유 시간은 줄어들지 않았으며 과제 수행이나 변화 상황 보고 등으로 더 많은 시간을 치유에 쓴 것으로 나타나 오히려 내담자의 자기 효능감 증진이나 행동을 바꿀 수 있다는 믿음을 증가

---

22) Murphy, L. et al., 앞의 논문.

시킬 수도 있다. [23]

세계에서 최초로 온라인 상담을 도입한 곳은 캐나다에서 종업원과 가족을 대상으로 1995년부터 상담서비스를 제공한 Therapy Online 사로, 창립자는 로렌스 머피(Lawrence Murphy)이다. 그는 온라인 치료 연구소(Therapy Online's Research Institute)도 운영하고 있으며 윌프리드 로리에대학과 토론토대학에서 강의하고 있다. [24]

호주의 경우 도박문제가 있는 사람들의 10% 미만이 대면 상담서비스를 신청하는 것으로 추정된다. 이렇게 낮은 비율을 보이게 하는 장애요인은 죄의식 또는 다른 사람들이 알면 낙인이 찍히므로 혼자 해결하고 싶다는 개인적인 사유가 보편적이다. 상담기관의 업무시간, 지리적 위치, 대기기간, 교통수단이나 육아 등 당면 문제도 상담 요청의 구조적 장애요인으로 작용한다. [25]

문제도박자 235명(남자 57.4%, 30세 미만 30.6%)을 대상으로 온라인 상담 이용 동기를 조사했다. 조사 결과, 비밀이나 사생활 보호 등 익명성 27.0%, 이용의 용이성(시간제한 없이 간편하게 이용할 수 있는 유연성, 편리성, 접근성) 50.9%, 서비스 시스템 자체의 접근성(대기자가 없고, 광고나 검색을 통해 이용하거나 불만족스런 상담사와의 응답·소통 없이 이용

23) Gainsbury, S. & Blaszczynski, A., 앞의 논문.

24) 미국, 캐나다, 호주 등 국토가 넓은 국가에는 유료로 온라인 상담서비스를 제공하는 Talkspace, 7 cups of tea, BetterHelp 등 많은 회사들이 있다. 이런 곳에서는 AI(*artificial intelligence-powered robots*)를 등장시켜 상담하기도 한다.

25) Rodda, S. & Lubman, D., 2012, "Ready to change: A scheduled telephone counselling programme for problem gambling", *Australasian Psyciatry* 20(4).

할 수 있음 등) 34.2%, 치유수단의 적합성(대화를 통한 면대면 또는 전화 상담보다 감정 표현이 쉽고 솔직하며, 상담기록을 검토하거나 저장할 수 있음 등) 26.6%[26] 순으로 나타났다.

온라인 치료는 분노와 스트레스 치유에 효과가 있고, 효과가 오래 지속되며, 대면 상담 개입만큼 효과적이다. 개인 상담과 집단 상담, 포럼, 웹캠 방식과 채팅, 이메일 중에서 어떤 방법이 더 효과적이고 즉각적인 소통이 일어나는지에 대해서는 의미 있는 차이가 없다는 연구결과들이 있다.[27]

3) 문제도박 치유서비스의 실제

한국도박문제관리센터는 문제도박자를 대상으로 다음과 같은 절차에 따라 치유서비스를 제공하며, 개인 대상 정규상담의 경우 대체로 〈그림 5-2〉처럼 상담이 진행된다. 등록한 후 퇴록하지 않은 사람까지 포함하여 센터가 관리하는 문제도박자는 2018년 5월 30일 현재 모두 6,088명(본인 3,806명, 가족 등 2,282명)이다.

한국도박문제관리센터는 개인별 상담의 경우 상담치료 과정에서 내

---

26) Rodda, S. et al., 2013, "Web-based counselling for problem gambling: Exploring motivations and recommendations", *Journal of Medical Internet Research* 15(5).

27) Australian Institute of Family Studies(호주 가족문제연구원)에서 발간하는 CFCA (Child Family Community Australia) 보고서 참조(CFCA 홈페이지 https://aifs. gov.au/cfca/).

담자중심치료, 동기강화치료, 인지행동치료, 해결중심치료 등 여러 가지 치료법을 절충하여 적용하는데, 치료 초기에는 변화 동기를 강화하고 신뢰감을 형성하기 위해 동기강화치료 비율이 가장 높다. 내담자중심치료는 지속적으로 30% 이상의 비중을 차지하였으며, 12단계치료는 7회기 이후에 적용했다. 인지행동치료는 치료 초반에 20% 정도 비중으로 시작했지만 중·후반기에는 30% 내외의 비중을 차지하게 됐다.

상담치료를 주제별로 나눠보면 도박문제와 관련된 내용이 약 70%를 차지한다. 초기에는 그 비중이 85%로 아주 높았으나 상담회기가 지날

<그림 5-2> 개인 대상 정규상담 진행과정

<표 5-1> 상담회기별 치료유형

치료법	회기											
	1	2	3	4	5	6	7	8	9	10	11	12
인지행동치료	21.2	26.5	28.0	29.1	30.2	31.2	29.5	29.7	28.9	28.7	27.9	29.0
동기강화치료	37.7	32.4	29.5	27.0	25.7	24.3	23.5	22.5	22.1	23.1	21.1	21.1
12단계치료	0.1	0.2	0.4	0.3	0.5	0.6	1.4	1.8	2.3	2.2	3.4	0.9
해결중심치료	5.7	7.6	8.2	9.2	9.4	9.2	9.5	9.8	11.0	9.6	9.6	10.6
내담자중심치료	32.1	29.8	29.9	30.7	29.8	30.1	31.6	31.0	30.8	31.0	32.6	32.9
현실치료	0.8	1.6	1.8	1.6	2.0	1.5	2.0	2.2	2.0	2.3	2.0	2.7
부부가족치료	0.2	0.2	0.4	0.3	0.4	0.2	0.5	0.5	0.7	0.4	0.4	0.6
기타	2.1	1.7	1.9	1.8	2.2	2.8	2.2	2.6	2.3	2.6	3.1	2.3

* 다중 응답으로 비중을 %로 구분.
** 2016년 1~12월, 한국도박문제관리센터 내부자료.

수록 낮아지며, 가족, 학업, 교우관계 등 개인의 욕구와 관련된 내용, 빚이나 돈과 관련된 재정문제, 직업이나 직장에서의 문제 등은 상담회기 중반에 비중이 높아졌다가 12회기에 가까울수록 안정을 되찾아 점차 낮아짐을 볼 수 있다.

중독상담의 경우에는 개별적인 상담뿐만 아니라 중독자들을 한자리에 모아 집단으로 상담을 진행하는 경우도 있는데, 이는 같은 문제를 가진 동료들의 지지, 고립감 해소, 회복 중인 사람들의 경험담 청취, 정보교환, 회복을 위한 훈련이나 학습, 감정정화 등의 장점이 있으며, '자신만의 문제가 아니라는 한 인간으로서의 안전감(relief)을 느끼게' 하는 효과도 있다고 한다.[28] 집단의 크기,[29] 상담시간, 상담방식 등과 관련하여서는 다루고자 하는 주제, 구성원의 성숙도, 상담의 목적 등에 따라 각각 다르게 구성, 운영되어야 함은 당연하다. 집단의 장점을 살리면서 자기성찰을 할 수 있고 병리적인 습성도 교정되어 회복의 과정에 도움이 되도록 운용하는 것이 중요하다.

한국에서 도박중독 예방치유서비스가 본격적으로 개시된 것은 2013년 한국도박문제관리센터가 개원한 이후인 2014년부터다. 이제 겨우 만 4년 정도에 불과한 후발국이지만 예방치유사업 재원의 안정적 확보(매출액의 0.35% 납부 의무화), 치유 관련 개인정보의 집중관리(도박문제 예방치유 재활정보시스템, GPIS), 지역센터, 민간 상담기관, 민간 의

---

28) 사행산업통합감독위원회, 〈도박중독 전문가 기초과정 - 중독의 이해〉, pp. 84~85.
29) 집단의 크기와 관련해서는 7~10명(앞의 책, p. 88)이나 5~20명(유영달, 2017, 《상담의 이론과 실제》, p. 26)을 제시하고 있는데, 구성원 수가 많으면 개인적인 문제를 다룰 시간이 줄어 제대로 된 상담이 이루어질 수 없다.

료기관 등과의 치유협력체계 구축 등의 측면에서는 선발국인 영국, 캐나다, 호주 등과 비교하여 잘 운용되는 것으로 판단된다. 하지만 선발국에서 오래전부터 제공하는 서비스 중 온라인 상담서비스와 거주치유서비스는 아직까지 제공하지 못하고 있다.

IT 강국인 한국은 호주나 영국보다도 훨씬 더 발전된 온라인 시스템을 구축할 수 있다. 특히, 학업이나 직장 때문에 치유재활에 시간을 할애하기 어렵고 낙인효과를 우려하는 문제도박자들을 위해 한시라도 빨리 온라인 상담시스템을 구축하는 것이 필요한데, 2018년 구축에 착수하여 2019년부터는 시범적으로 서비스를 제공할 수 있게 되었다.

거주치유시설은 꼭 필요한 시설이다. 알코올 거주치유시설 운영에

〈표 5-2〉 회기별 치료주제

	도박상담	개인욕구 기반주제	평가상담	재정상담	직업상담	기타	법률상담	위기상담
1회기	85.1	2.7	8.7	1.6	0.3	0.9	0.2	0.4
2회기	60.8	6.3	27.2	3.5	0.5	1.1	0.4	0.3
3회기	68.3	8.9	13.9	5.3	1.4	1.5	0.5	0.2
4회기	71.6	9.7	8.6	5.5	2.4	1.8	0.3	0.1
5회기	69.7	13.5	4.4	7.3	2.7	1.6	0.8	0.0
6회기	71.8	14.1	2.2	6.3	3.3	1.9	0.5	0.0
7회기	71.0	13.9	2.9	6.1	3.2	2.2	0.7	0.0
8회기	71.3	14.4	2.0	5.9	2.6	3.2	0.7	0.0
9회기	68.4	15.4	1.8	5.6	4.6	3.1	0.7	0.3
10회기	68.7	15.9	2.2	6.1	3.7	2.7	0.3	0.5
11회기	69.1	14.6	3.1	5.5	3.5	3.5	0.5	0.2
12회기	62.0	11.2	17.4	4.0	2.0	3.3	0.2	0.0
평균	69.8	11.7	7.8	5.2	2.5	2.2	0.5	0.2

* 다중 응답으로, 비중을 %로 구분.
** 2016년 1~12월, 한국도박문제관리센터 내부자료.

상당한 재원이 투입된다는 사실을 알고 있는 전문가들에게는 운영비용이 문제가 되지 않는다. 하지만 거주치유 서비스의 경우 비용효과, 형평성 측면에서 일반인이나 지원기관 입장에서는 선뜻 동의하기 어려운 측면도 있을 수 있다. 영국의 고든 무디(Gordon Moody)는 1개의 시설에 1년에 3회기(1회기는 평가 2주, 거주치유 12주를 더한 총 14주) 정도의 서비스를, 제한된 인원(정원 9인)을 대상으로 제공함에도 2개 시설 운영에 약 120만 파운드(약 18억 원)가 소요되어(연간 54명), 1인당 연

〈표 5-3〉 다양한 치료방법 개관

구분	내용
인지행동치료	도박과 관련된 왜곡된 신념과 인지 패턴을 수정. 인지적 재구조화, 문제 해결기술 훈련, 사회기술 및 적응기술 훈련.
동기화면담	치료 동기를 향상시키는 전략적 접근. 치료에 대한 저항을 해결하고, 내적 동기에 의한 치료 촉진, 치료 동기에 부합하는 차별된 개입을 강조.
12단계치료	12단계의 영적인 요소들이 중독자 삶의 문제를 다루게 함으로 영적 성장, 즉 삶의 변화를 유도하여 단도박과 더불어 삶을 회복할 수 있다. 경험적 치료, 영성과 삶의 변화, 실용주의, 통합적 치료, 지속인 개입, 집단치료와 상호작용의 역동성으로 문제를 해결함.
해결중심치료	내담자의 문제 원인을 규명하거나 내담자가 호소하는 어려움이나 문제를 다루기보다는, 그들이 가진 자원(감정, 성공경험, 예외상황)이나 삶에서 잘해 온 부분을 활용하여 문제보다는 해결에 중점을 둠.
내담자중심치료	'상담자가 내담자에 대한 솔직한 태도, 인간적인 존중, 공감적 이해를 전달하여 신뢰하고 허용적인 분위기가 조성될 때, 내담자의 성장 잠재력이 발현된다'는 전제하에 상담관계의 수용적인 분위기 속에서 내담자 스스로 자신을 개방하고 자신을 수용하며, 문제의 해결점을 찾아가고 더 나아가 충분히 기능하는 인간으로 성장하도록 도와주는 과정.
현실치료	내담자의 '행동'과 '지금', 그리고 '책임'을 강조하는 행동수정의 한 형태로서, 내담자의 현재 행동에 초점을 맞춤. 내담자가 자신의 현재 행동에 대해 가치 있는 평가를 하도록 하는 것과 그들의 삶을 효율적으로 통제하도록 이끌 책임 있는 행동변화의 건설적인 계획을 결정하도록 돕는 것.
게슈탈트치료 (Gestalt therapy)	상담자와 내담자가 진술한 접촉에 근거한 관계 형성, 내담자로 하여금 현재 무엇이 어떻게 진행되는가를 자각하도록 촉진하고 내담자의 삶을 불편하게 하는 심리적 문제를 실험과 기법을 통해 경험하도록 함으로써 통합하여 균형을 이룰 수 있도록 함. 알아차림(자각)의 치료.

〈표 5-4〉 도박상담 회기별 상담내용

회기	구성 내용	필수 구비서류 (사정평가도구 및 치료도구)
1회기	주 호소(呼訴) 및 내담 사유 파악 센터 서비스 제공 안내 및 등록 여부 파악 등록자에 한해 각종 이용 동의서 작성 마무리(상담참여 소감) 도박문제 종합평가(등록) 실시 상담기록	개인정보 수집 · 이용 동의서 상담서비스 이용 동의서 면담사정지 도박문제 종합평가(등록) 상담기록지
2회기	효과성평가 나누기 도박욕구 점검 도박문제 종합평가(등록) 해석상담 면담사정(도박력, 정신건강) 중독에 대한 이해(심리교육)	평가결과지 활용 면담사정도구 작성 개별 서비스 계획 (ISP: Individual Service Plan) 작성
3회기	효과성평가 나누기 도박욕구 점검 면담사정(개인력, 가계도, 생태도 등) 재정 및 법률 정보 제공	
4회기	효과성평가 나누기 도박욕구 점검 상담목표 설정 개별 서비스 계획수립(ISP)	
5회기	도박문제 다루기: 도박충동 -고위험 상황 대처방법 배우기 -충동대처일지 작성하기	상담기록지 치료계획지 활용 치유매뉴얼 사용
6회기	도박문제 다루기: 인지 재구성 -자동적 사고 찾기	
7회기	도박문제 다루기: 인지 재구성 -자동적 사고 찾기	
8회기	도박문제 다루기: 재정관리	
9회기	재발방지: 관계 회복하기	
10회기	재발방지: 실수와 재발 대안활동 찾기	
11회기	종결회기(목표 점검 등) 도박문제 종합평가(종결) 실시	도박문제 종합평가(종결)
12회기	종결회기(목표 점검 등) 도박문제 종합평가(종결) 해석 종결(추후관리 계획)	추후관리 계획지 작성 지역센터 연계 프로그램 소개 GA, GAM-ANON 소개

〈표 5-5〉 상담기록지

(예시: 매 회기 상담 후 상담사가 입력)

날짜	2018년 1월 23일 (화요일)	회기/시간	2회(10:00~11:00)	내담자명	OOO
방법	□전화 ■내소 □인터넷 □방문	구분	□일반상담 ■등록상담	상담자명	OOO

접근방법 (중복응답 가능)

□ 1. 인지행동치료	■ 2. 동기강화치료	□ 3. 12단계치료
□ 4. 해결중심치료	■ 5. 내담자중심치료	□ 6. 현실치료
□ 7. 게슈탈트치료	□ 8. 부부/가족 상담	□ 9. 기타

상담 요약

상담내용: 예시

1. 남편 도박문제
   - 남편 도박문제(카지노/오프라인/합법, 2년, 총 손실액 1억 5천)
   - 남편은 스스로가 운이 좋다는 생각을 하고 있음. 그럴 만함. 남편은 살면서
     돈이 부족한 상황을 경험해 본 적이 없고 돈을 아끼거나 저축해 본 적도 없음.
     뿐만 아니라, 돈 자체가 삶의 목표이고 돈이 곧 파워라고 생각함.
   - 시댁 분위기가 그러함. 시부모는 자수성가한 사람들이라 돈을 중요시하며,
     특히 시어머니는 돈을 못 쓰면 안 되는 소비성 짙은 사람임.

2. 성격문제 및 정서문제
   - 결혼 후 8년간 루틴한 일상생활을 보내고 아줌마로서 생활하면서 특별한 삶의 의미나
     재미가 없었음.
   - Q. 심리학 공부를 시작한 계기, 동기는 무엇인가?
     • 사람. 사람과의 만남을 원래 좋아하는 성격이었음.
     • 남편의 도박문제와 남편과의 관계문제가 이 공부를 시작하게 된 핵심적인 이유였던
       것 같음. 어떻게든 스스로 이 문제를 이해하고 해결해 보고자 하는 생각이 있었음.
     • 하지만 가족은 치료가 안 되는 것 같고, 특히 도박문제는 전혀 모르겠음.
       심리 공부를 시작했지만, 남편과의 관계는 더 나빠졌음. 이것이 도박문제 때문인지,
       원래 성격 차이 때문인지 모르겠음.

3. 여가생활
   - 상담사가 좋아하는 활동을 하라고 해서 동네 아줌마들 모임에 같이 참여했음.
     원래 내키지 않아 참석하지 않고 있었음. 하지만 참여해 보니 예전에 베트남에 있을 때
     지인들과의 만남처럼 모임에서 힐링이 됐고 위안이 됐음.
   - 오늘도 아는 언니 만나기로 했고 드라마 보는 것으로도 시간을 보냈음.

4. 개입
   - 적극적인 여가활동에 대한 격려
   - 도박상담
     • 가족의 나 돌보기: 남편 도박문제의 원인은 알 수 없고 그것을 아는 것이 핵심이 아님.
       가족의 가장 중요한 역할은 스스로의 일상생활에서 에너지를 얻고 공동 의존에서
       벗어나는 것임.
   - 종합평가(등록) 실시

소견 및 계획	3회기: 종합평가 결과 해석을 통한 변화 동기 증진, 주 호소문제 및 상담목표 탐색
회기 예약	2018년 1월 30일 화요일 16:00

간 3,300만 원 정도를 투입하고 있다.

한국도박문제관리센터는 도박문제 예방치유 재활정보시스템(GPIS)을 구축하여 2015년부터 본격적으로 내담자 정보를 축적해 왔다. 효과적인 예방치유사업 수행을 위해서는 근거에 기반을 둔 사업이 추진되어야 하는바, 축적된 자료를 바탕으로 한 공인된 연구가 많이 발표되고 상담에 활용될 수 있어야 효과적인 예방치유사업이 진행될 수 있을 것이다. 우선 상담자들의 인구사회학적 특성, 공존질환, 도박행태, 탈락율과 원인 등 관련된 연구결과들이 많이 발표될 수 있도록 상담윤리에 저촉되지 않는 범위 내에서 센터의 자료를 제한적으로 연구에 활용토록 하는 조치가 필요하다.

외국의 경우에는 알츠하이머나 인지증(*dementia*, 치매)과 관련된 연구들이 보고되고 있는데, 연구결과에 따르면 두뇌의 움직임 저하를 예방하기 위해서는 머리를 사용하고 운동해야 하며, 야채나 생선이 풍부한 식사를 하는 것과 아울러 여가 활동을 하는 것이 중요하다.[30] 집 안에만 머물지 않고 적극적으로 외출하고 능동적으로 여가활동을 하는 것이 알츠하이머 예방에 기여한다는 연구결과도 있다. 또 일본의 한 연구는 카지노 게임, 파친코나 슬롯머신, 마작을 하는 것이 고령자의 인지기능 저하 예방에 역할을 한다고 밝혔다.

도박은 두뇌를 사용하는 활동이고, 도박을 하기 위해 외출하고 만나고 모이는 사회활동 자체가 뇌기능 개선에 도움이 되는 측면도 있다.

---

30) 篠原菊紀, "麻雀, カジノゲーム, パチンコ, パチスロの介護予防利用について"
("마작, 카지노 게임, 파친코, 파치 슬로의 개호 예방 이용에 대해").

〈표 5-6〉 한국도박문제관리센터의 최근 3년간 치유실적[31]

상담방법		개인상담				집단 프로그램	계	비율(%)
		전화	내방	방문	인터넷			
2015	본인	1,875	16,812	177	6	7,612	26,482	59.2
	가족·지인	2,681	8,371	36	8	6,917	18,013	40.2
	기타	29	11	0	0	239	279	0.6
	합계	4,585	25,194	213	14	14,768	44,774	100.0
	(비율)	10.2	56.3	0.5	0.0	33.0	100.0	
2016	본인	2,317	20,818	165	33	10,282	33,615	58.9
	가족·지인	4,063	11,046	16	12	7,931	23,068	40.4
	기타	39	6	0	0	336	381	0.7
	합계	6,419	31,870	181	45	18,549	57,064	100.0
	(비율)	11.2	55.8	0.3	0.1	32.5	100.0	
2017	본인	2,817	24,344	158	13	10,847	38,179	61.6
	가족·지인	4,570	10,788	11	2	8,099	23,470	37.9
	기타	61	32	2	0	215	310	0.5
	합계	7,448	35,164	171	15	19,161	61,959	100.0
	(비율)	12.0	56.8	0.3	0.0	30.9	100.0	

* 내방에는 민간 상담기관 상담실적 포함. 전화상담은 불가피한 사정으로 내담하지 못하는 경우 10분 이상 상담을 한 사례임.

〈표 5-7〉 집단 프로그램 실적

(회/명)

연도	집단 프로그램				
	집단상담	재정/법률	대안 프로그램	기타	합계
2015	1,133/7,596	171/1,172	238/2,309	229/3,691	1,771/14,768
2016	1,519/9,926	141/1,294	294/2,301	451/5,028	2,405/18,549
2017	1594/10,171	130/932	280/2,111	534/5,947	2,538/19,161

* 대안 프로그램에는 숲 치유, 문화예술 치유 프로그램, 템플스테이, 문화체험, 명상, 웃음치료 등 포함. 기타에는 도박중독자 및 가족 캠프, 단도박 지지격려 프로그램, 체육대회 등 포함.

---

31) 《도박문제관리백서》 2015~2017년도 재구성.

한국도박문제관리센터 입구에 설치된 김성복 교수의 〈도깨비의 꿈〉.
내담자들에게 회복의 아이콘 기능을 해주기를 기원하는 의미를
담고 있다. 2018.3.26. 설치.

우리나라에서도 도박활동이 가져오는 경제, 사회적 영향뿐 아니라 신체적, 정신적 영향에 대한 연구도 촉진시킬 필요가 있는 만큼 다학제적인 연구가 활성화될 수 있도록 중심적 역할을 하는 기관이 필요하다. 앞으로 한국도박문제관리센터의 역할이 기대된다.

4. 치유방안에 대한 견해들

1) 도박중독의 성공적인 개입과 회복의 5단계

어릴 때부터 도박과 주식에 빠져 회복된 후 회복활동에 헌신하고 있는 아니 웩슬러(Arnie Wexler)[32]는 도박중독 분야의 살아 있는 전설이다. 그는 그의 아내 등과 공동으로 저술한 자전적 회복서 *All Bets are Off*(2015)에서 "많은 사람들은 도박하는 사람들을 도움이 필요한 중독자가 아니라 악한(*bad people*)으로 여기며, 대부분의 미국인들은 도박중독이 침묵의 살인자와 같다는 사실을 모른다"고 하면서, 도박중독이라는 지하 감옥에서 벗어나기 위한 노력을 "고양이가 대리석 바닥에 구멍을 파려고 미친 듯 날뛰는 것"에 비유했다(pp. xvii~xxi). 회복은 그만큼 지난한 과정이자 과제라는 것이다.

자연치유 전문가로 도박중독 치유 관련 저서 *The Gambling Addiction*

---

32) 아니 웩슬러는 강박도박 상담 전문가로 뉴저지 강박도박위원회 전무를 역임하였으며, 아내 실라(Sheila Wexler)와 함께 도박중독 상담 및 치유 전문기관을 설립 운영하고 있다. 웩슬러는 그의 책에서(pp. 140~141) 제45대 미국 대통령 도널드 트럼프(Donald Trump)와의 인연도 소개한다. 도박중독 헬프라인(1-800-GAMBLER)과 치유센터를 운영하면서 카지노 업계 사람들을 대상으로 도박중독과 책임도박에 대해 연설하고 다닐 당시, 뉴저지 애틀랜틱시티에서 Trump Hotels and Casino Resorts를 경영하고 있던 트럼프는 그를 '카지노의 적'으로 생각했다. 1997년 디트로이트에서 트럼프가 카지노 면허를 신청할 때 책임도박 프로그램 부분의 작성을 도와줄 것을 요청하였음에도 웩슬러는 카지노 회사 측을 위해 일할 수 없다고 거절하였으며, 이후에 트럼프 카지노 종업원 3천 명을 대상으로 훈련 프로그램을 진행하였다고 기술하였다.

Recovery Book(2016)의 저자이기도 한 릴리 펜로즈는 도박중독자를 세 부류로 나눈다. 첫 번째는 '통상적 문제도박자'로, 자주 도박을 하다 돈을 잃어 본전 생각에서 도박을 계속하다 중독된 경우다. 두 번째는 어린 시절의 트라우마로 인한 고통을 감추거나 잊기 위해, 혹은 분노나 우울 같은 감정에서 벗어나기 위한 기분전환 수단으로 도박을 하다 중독자가 된 '감정적 문제도박자'이다. 세 번째는 신경생리학적으로 권태를 잘 이기지 못하고 자극적인 것을 추구하다 도박중독에 빠진 '생물학적 도박취약자'이다. 33)

강박도박자 가족들은 일반인에 비해 생애에 병적도박자로 발전할 가능성이 8배나 높다는 연구결과도 있다. 34) 도박자들의 승리에 대한 근거 없는 자신감, 장외발매소나 인터넷 등 도박에 대한 손쉬운 접근, 낮은 소득 또는 급전 필요성 등 경제적 상황, 충동적 성격 혹은 어려움을 회피하기 위한 개인적 특성, 어린 시절 도박 경험, 가족들의 약물·알코올 등 다른 중독이나 정신병력, 어린 시절의 트라우마, 이혼·사별·은퇴 등 주요한 생활여건 변화 경험 등은 도박중독에 빠지기 쉽도록 하는 여러 위험요소들이다. 35)

도박중독자는 감정이 격앙되어 있어 가족이나 친한 친구라 하더라도 섣부른 개입은 갈등을 유발하거나 도박중독자의 분노를 사게 된다. 따라서 개입에 앞서 가족이나 친구들은 정신의학, 상담, 사회복지 등 전문가들과 상의하여 개입계획을 세우고 중독자에 관한 정보와 문제점들

---

33) Penrose, L., 2016, *The Gambling Addiction Recovery Book*, pp. 97~99.
34) Wexler, A. et al., *All bets are off*, p. 70.
35) Penrose, L., 앞의 책, pp. 107~108.

을 파악한 후 4~6명으로 지원그룹[36]을 만들어 개입이나 치유를 거부할 경우 어떻게 대처할 것인지를 포함하여 각자 역할을 분담해야 한다. 그 이후에 중독자를 만나 치유계획을 설명해야 하는데, 여기에는 도박이란 파멸적인 행동을 회피하기 위해 일상생활을 어떻게 바꿀 것이며, 상담을 어떻게 받고 재발되었을 경우 무엇을 어떻게 할 것인지 등에 관한 사항이 포함된다. 중독자가 심각한 정신병력, 폭력성, 자살 시도나 언급, 기분장애 등이 있는 경우에는 개입계획 수립에 반드시 전문가를 참여시켜야 한다. 중독자가 싫어하는 사람이나 대화 시에 통제가 잘 안 되는 사람은 포함시키지 않는 것이 좋다.

성공적인 개입이 되기 위해서는 계획이 대충대충 만들어져서도 안 되지만 실행하기 어려울 정도로 너무 정교해서도 안 된다. 시간계획이 포함되어야 하고, 지원그룹은 중독증상을 소상히 파악, 숙지하고 행동이나 정서 변화뿐만 아니라 재정문제 대응요령까지 공유해야 한다. 또한 중독자와 접촉할 한 사람을 연락관으로 지정해서 중독자와의 접촉결과나 반응 등을 지원그룹과 공유하고, 매번 개입행동을 할 때마다 무슨 말을 누가 언제 할지를 정하며, 개입 시에 실수하지 않도록 사전 리허설을 진행해야 한다. 예상되는 반발에는 침착하고 합리적으로 대응하고 아이들 돌보기 등 중독자의 불편한 점도 배려할 수 있어야 한다.

도박중독자와의 갈등은 최대한 피하고, 그들에게 분노나 적대감을 갖지 말고 사랑과 존경, 지원하고 배려한다는 입장으로 대해야 하며,

---

36) 웩슬러 등은 이를 'pressure relief group'으로 명명하고 있다. Wexler, A. et al., 앞의 책, p.100.

계획을 바꾸지 말고 시종여일하게 개입하되 대화가 단절되지 않도록 조용하게 대하는 것도 중요하다. 마지막으로, 도박중독자가 치유계획에 동의한 경우엔 머뭇거리지 말고 즉시 치유를 시작하고, 만일 도움을 거절할 경우엔 아이들과 함께 그런 상황에서 떨어져 있도록 하며 다른 사람에게 도움을 요청해야 한다. 37)

도박중독자가 도박에 몰입하게 되면 돈을 따고 잃는지에 무감각해질 뿐만 아니라 주변에서 무엇이 일어나는지, 시간이 어떻게 가는지 인지하지 못한다. 심지어는 생존에 필요한 식사나 물 마시는 것과 관련된 뇌의 기능마저도 빼앗겨 버린다. 일그러진 인지능력으로 인해서 도박중독자는 당연히 우연적인 도박결과를 실력으로 통제할 수 있다는 환상에 빠져들고, 이기고 지는 것은 지금까지의 결과와는 독립적이며 상호관련성이 없음에도 이젠 이길 때가 되었다고 믿는 오류에 빠지게 된다. 인지행동치료(CBT: Cognitive Behavioral Therapy)는 바로 이러한 왜곡된 믿음을 극복하여 도박중독으로부터 벗어나도록 하는 치유방법의 하나다.

스트라텐(C. W. V. Straaten)은 그의 도박중독 회복담을 기술한 책에서 자신의 회복경험을 5단계 과정으로 나누고, 각 단계에서 염두에 두어야 할 사항을 다음과 같이 정리하였다. 38)

스트라텐은 도박중독을 정복하겠다고 결심한 첫 번째 단계에서 먼저 도박과 관련한 비밀을 친구에게 털어놓았는데, 혹시 친구가 없으면 단

37) Penrose, L., 앞의 책, pp. 53~55.
38) Straaten, C. W. V., 2016, *The Gambling Addiction Recovery Workbook*, pp. 11~38.

도박모임(GA) 회원이나 치료사에게라도 털어놓을 것을 권장한다. 그리고 은행구좌나 신용카드를 친구가 맡아 관리하도록 하면서 용돈을 타서 쓰는 것을 6개월 또는 1년 동안 지속하도록 조언한다. 그는 도박사이트나 카지노 등에 접속과 출입제한을 요청하고, 'betfilter'나 'gamblock' 같은 소프트웨어를 컴퓨터에 설치하며, 생활비 지출이나 부채 청산 계획 등을 가족이나 전문가들과 상의하여 확정하라고 조언하면서, 도박중단을 약속한 것 자체가 용기 있는 일인 만큼 너무 자책하지 말 것을 강조한다.

두 번째 단계에서는 도박충동을 억제하는 것은 매우 어려운 일이며 재발은 다반사이므로 너무 조급한 생각을 갖지 말고 명상이나 마음챙김(mindfulness)을 행하기를 제안한다. 도박에 허비했던 시간에 다른 활동을 즐기거나, 가족이나 친구들과 시간을 보내거나, 죄책감을 느끼지 않는 TV 시청 등으로 시간을 보내는 것도 좋은 방법이다. 과거를 회상하기보다 앞으로의 꿈과 희망 등을 위해 무엇이 유용할지 자문자답해 보거나 하루에 짧은 다짐 하나라도 마음속에 담아 두는 연습도 할 수 있다. 또, 부정적인 생각이나 도박충동을 멀리하고 자존감을 높이는 일을 찾아보는 것도 효과적일 것이라고 조언한다.

세 번째 단계는 도박중독에 정면 대응하는 단계이다. 어떤 성격적 특성 때문에 도박중독자가 되었는지, 파멸적인 행위의 원인이 무엇인지를 살펴보고, 정신과 의사나 상담사와 상의하여 문제의 근원이 따분함, 권태, 무의미한 삶, 현실적인 제약, 자포자기 등 어느 것에 기인하는지 파악하는 것이 필요하다고 한다. 스트라텐은 소망을 성취하지 못한 것은 노력을 하지 않고 도박을 대체재나 진통제로 여겼기 때문인 만큼,

도박이 다시는 본인의 인생을 통제할 수 없을 것이라는 자신감을 가져야 한다고 강조한다.

네 번째 단계는 당초 마음먹은 대로 인생에 매진하는 단계로, 3단계를 거치는 동안 도박중독자로서는 상상할 수 없었던 돌파구를 마련한 만큼, 시간이 걸리겠지만 진정한 변화를 향해 가는 시간이다. 비통한 감정, 제한된 신념, 지체, 어려운 상황 등을 떨쳐 버리고, 때때로 후퇴하거나 불행이 닥쳐오는 것이 인생사라는 생각을 갖고 자기개발에 매진하면 좋다. 그는 과거에 대한 후회는 그만하고 꿈을 성취하기 위해 지금 당장 할 수 있는 행동 10가지를 생각해 보고 그것들을 하나하나 행동에 옮기라고 조언한다.

마지막 단계는 다시금 스스로의 인생을 다잡는 단계로, 도박할 때는 생각할 수도 없었던 잠재적 능력을 최대한 개발하는 과정이다. 하루에 30분씩이라도 글쓰기, 책 읽기, 사람 사귀기 등 잠재능력 개발에 시간과 에너지를 투입한다면 진정으로 자신의 재간을 활용할 수 있을 것이다. 그럴 때에 스트레스가 최소화되고 타인을 위해 기여하게 될 것이라는 격려로 스트라텐은 자신의 회복경험을 통한 조언을 마무리한다.

2) 도박자의 회복 증세와 특성

1980년 강박도박을 APA의 DSM-III에 질병으로 포함시킨 도박중독 분야의 원조 로버트 커스터(Robert L. Custer)가 제시한 도박중독자의 건강한 회복 증세와 특성에는 다음과 같은 것들이 있다. 39)

① 도박문제가 있고 병들어 있다는 것을 인정한다. 도박하는 것은 빚을 갚기 위한 돈이 필요해서가 아니고 오히려 다른 문제들이 도박의 원인이라고 생각하며 그런 상황에서 벗어나고 싶어 한다.

② 자신의 잘못된 정서적 특성이나 행동을 이해하기 시작하며 그런 요인들이 어떻게 도박문제를 지속시키는지 알게 된다.

③ 일자리를 찾기 위해 도움을 요청하고 빨리 업무에 복귀한다.

④ 상세하고 장기적인 금전관리 계획을 세우며, 구체적인 빚 상환계획을 수립한다.

⑤ 적극적으로 12단계 회복 프로그램에 참여하며, 같은 문제가 있는 다른 사람들을 도우려고 노력한다.

⑥ 가족의 욕구에 진지한 관심을 보이며, 확실한 행동을 통해 그의 관심을 보여 준다.

⑦ 특정한 문제로부터 벗어나기 위한 기량을 쌓으면서 그것을 처리할 계획을 수립하고, 그 문제를 해결하기 위한 필요한 조치를 취한다.

⑧ 문제가 적어지고 인생의 고비를 맞게 된다.

⑨ 건전한 결정을 내리게 된다.

⑩ 무엇을 하든지, 어디에 가든지 자신감을 갖게 된다.

⑪ 가족들과의 관계가 개선되며, 의미 있는 시간을 더 많이 갖는다.

⑫ 스스로 더 현실적이 되고, 과장되거나 망설임 없이 자신의 강점과 약점을 받아들인다.

⑬ 도박문제가 덜 등장하며 도박에 대한 관심도 줄어든다.

---

39) Wexler, A. et al., 앞의 책, pp. 112~113.

3) 12단계 회복 프로그램[40)]

12단계 회복 프로그램은 롤런드(Rowland Hazard III), 빌(Bill G. Wilson), 에비(Ebby Thacher), 밥〔Robert H. (Dr. Bob) Smith〕 등 미국의 알코올중독자들이 정신적, 영적 수양을 통해 치유될 수 있음을 체험하고, 익명의 알코올중독자모임(AA: Alcoholics Anonymous)을 결성한 후 자신들의 회복의 원리를 12단계로 정리하여 발표한 것이다.

이 프로그램의 치유효과성이 인정되자, 알코올중독뿐만 아니라 도박중독, 성중독 등 다른 중독 분야에서의 회복에서도 활용되고 있으며, 인지행동치료, 동기강화치료 등 다른 중독치유 프로그램들과 함께 전 세계에서 적용하고 있다. 1~3단계는 중독의 고통 앞에 무력함을 인정하는 과정이고, 4~7단계는 자신의 도덕적 단점을 수긍하여 변화를 도모하는 과정이다. 8~9단계는 다른 사람들과의 관계에서의 잘못을 수정하는 과정이고, 10~12단계는 영적인 힘을 바탕으로 봉사하고 성숙을 도모하는 과정이다. AA의 회복 원리 12단계는 다음과 같다.

① 우리는 도박에 관해 무력하며 정상적으로 생활할 수 없었음을 시인했습니다.
② 우리보다 위대한 힘(power)이 우리를 정상적인 생각과 생활로 돌아오게 해주실 수 있다는 것을 믿게 되었습니다.

---

40) 회복자모임(GA)이나 회복자 가족모임(Gam-Anon)에서 활용되고 있다. Wexler, A. et al., 앞의 책, pp. 102~103.

③ 우리 자신만이 알고 있는 위대한 힘(power)의 보살핌에 우리의 의지와 삶을 맡기기로 결심했습니다.

④ 우리는 철저하고 두려움 없이 자신의 도덕적, 재정적 목록을 작성했습니다.

⑤ 우리 잘못의 본질을 본인과 다른 사람들에게 시인했습니다.

⑥ 우리는 자신의 성격상의 결점을 없앨 완전한 준비가 되었습니다.

⑦ 우리는 겸손한 마음으로 (우리가 알고 있는) 위대한 힘(God)에게 우리의 결점을 없애 주시도록 간청했습니다.

⑧ 우리가 피해를 준 모든 사람들의 명단을 작성하여 그들에게 기꺼이 보상할 용의를 갖게 되었습니다.

⑨ 우리가 직접 보상하는 것이 그들이나 다른 사람들에게 상처를 주지 않을 때에는 어디서나 직접 보상했습니다.

⑩ 계속해서 개인적인 목록을 작성하였고 잘못이 있을 때는 즉시 시인했습니다.

⑪ 우리는 기도와 명상을 통하여 우리가 알고 있는 위대한 힘(God)과 의식적으로 더욱 가까워지도록 노력하였고, 우리에 대한 위대한 힘의 뜻을 깨달아 그 뜻을 실행할 힘(power)을 주시도록 기도했습니다.

⑫ 우리 생활의 모든 일상사에서 이 원칙들을 실천하려고 노력하였고, 다른 도박중독자들과 함께 회복 프로그램의 메시지를 나누려고 했습니다.

4) 도박의 해악과 도박중단 10대 실천요강

2009년 경제전문지 〈포브스〉(Forbes)가 세계에서 가장 영향력 있는 경제 전문가로 선정한 나심 탈레브(Nassim N. Taleb)은 그의 저서 《행운에 속지 마라》에서 삶이나 업무수행에 있어 당연히 확률을 고려해야 함에도, 지성인마저도 생각하는 것 이상으로 무작위성(randomness), 우연(chance), 행운(luck)에 훨씬 더 많이 기댄다고 주장한다. 그리고 "도박이란 확률이 유리하건 불리하건 무작위 결과를 맞이할 때 흥분을 느끼는 활동"이라고 정의하고 "확률이 분명히 불리한 경우에도 도박꾼은 운명이 자기편이라고 믿으면서 확률을 거슬러 돈을 건다. 세계적인 확률 전문가도 이런 도박습관에 빠져 탁월한 지식을 몽땅 무용지물로 만들어 버린다"고 지적하였다. 41)

펜로즈는 도박에 대한 열망이 마음속에 자리하면 술이나 아편 같은 물질처럼 끊기 어려울 뿐만 아니라 심한 경우에는 다른 모든 관심사를 제쳐 놓고 여러 가지 나쁜 일에 빠져 버려 국가적 해악이 된다고 한다. 베팅을 할 때에는 이성, 의지, 양심, 성정에 따라 행동하는 것이 아니라 본성의 한 부분인 감정에 따르게 되기 때문이다.

도박에서 돈을 딸 방법은 오직 행운밖에 없으며, 도박에서 한 번 행운이 찾아올 수는 있지만 그것이 계속될 수는 없다. 도박과 관련된 습성이 많을수록 돈을 더 빨리 잃게 되며, 돈을 딸 확률은 결코 전에 돈을 몇 번 잃었느냐의 횟수에 달려 있지 않다. 도박을 할 때도 충동적으로

---

41) 나심 니콜라스 탈레브 지음, 이건 옮김, 2016, 《행운에 속지 마라》, p. 284.

할 것이 아니라 다른 일을 할 때처럼 신중히 베팅해야 한다.

〈도박을 중단하기 위한 10가지 실천요강〉[42]

① 잠시라도 도박을 하지 않는 시간을 가져라.

② 도박을 대체할 활동을 찾아보라.

③ 돈을 잃을 경우 낙담할 것을 생각해 보라.

④ 도박중독이 얼마나 무서운지 공부하라.

⑤ 도움을 주는 자료를 구해 보라.

⑥ 지원그룹을 찾아보라.

⑦ 돈 관리를 가족에게 맡겨라.

⑧ 도박할 때의 나쁜 점과 그만뒀을 경우의 좋은 점을 적어 보라.

⑨ 도박 빚 해결방안을 마련하라.

⑩ 도박중독 전문 상담자를 찾아보라.

5) 인지행동치료에 대한 견해

2015년 5월 한국도박문제관리센터 주최 도박문제포럼에서 호주 퀸즈랜드대학 심리학 및 인지행동치료 연구소장인 티안 포 위(Tian Po Oei) 교수는 "문제도박자들의 인지행동치료: 면대면, 인터넷, 자조 프로그램을 중심으로"라는 주제발표를 하였다. [43]

---

42) Penrose, L. , 앞의 책, pp. 85~87.

43) 저자 블로그 중 "문제도박자들의 인지행동치료"에서 인용. 티안 포 위는 행위중독 및

그는 2004년에 도박에 대한 기대(*gambling expectancies*), 도박을 통제할 수 있다는 착각(*illusion of control*), 도박결과의 통제(*predictive control*), 도박중단 불능(*inability to stop*), 도박결과에 대한 자의적인 해석(*interpretive bias*) 등 도박중독에 이르는 발전과정과 심리적 특성들 23개 항목으로 구성된 도박인지척도(GRCS: Gambling Related Cognitions Scale)를 개발하고, 백인과 중국계를 대상으로 타당성을 검증했다. 그는 도박인지척도가 이탈리아, 독일, 프랑스 등에서 많이 이용되고 있다고 소개하였으며, 도박을 하고 싶다는 갈망을 탐색하고 확정하기까지의 요인을 분석한 도박갈망척도(GUS: Gambling Urge Scale)도 개발하여 인종별로 타당성을 검증하는 연구도 수행하였다.

병적도박자를 대상으로 인지행동 치료 프로그램의 효과성을 검증하기 위해서는 개별 또는 집단 치료 프로그램을 매회 2시간씩 6주간 실시하기도 했다. 그 결과를 토대로 발간된 책이 *A Cognitive Behavioural Therapy Manual for Problem Gamblers*(2010)이다. 그는 "매뉴얼은 매뉴얼이고 가이드일 뿐, 적절하게 변형하여 활용하여야 한다"고 강조하였다. 그에 따르면 호주는 국토가 넓고 인구가 산재해 있어 면대면 치료 프로그램을 도입하기가 어려워 인터넷 사이트를 이용하여 치료를 받을 수

불안정서장애에 있어서의 인지행동치료와 관련한 많은 연구논문을 발표하였으며, 각종 학술지에 1,133회(2010년 이후 708회) 인용된 바 있다. 공저 논문 "Role of culture in gambling and problem gambling"(2004, *Clinical Psychology Review 23*(8))은 255회, "Gambling among the Chinese: A comprehensive review"(2008, *Clinical Psychology Review 28*(7))는 122회나 인용될 정도로 해당 분야 학계에서는 잘 알려져 있는 인사다.

있도록 하는 프로그램을 병행하여 실시하고 있다. 인지행동 치료방법은 문제도박을 치유하는 데 효과적이긴 하나 그 효과가 장기적으로 지속되지는 않으며, 치료를 중단하는 사람의 비율이 문헌상으로는 31% 또는 45%로 아주 높다. 면대면과 인터넷 치료 프로그램의 효과는 동일한 반면 인터넷을 이용하는 것이 비용은 적게 들기 때문에 그는 앞으로 언제 어디서든 이용할 수 있도록 모바일 어플리케이션을 개발하는 것을 목표로 하고 있다. 티안 포 위 자신은 IT에 익숙하지 않다며 IT 선진국인 한국에서 도와주었으면 좋겠다고 첨언하기도 했다.

그는 가장 효과적인 도박중독 치료는 결국 자조 프로그램이라고 한다. 그런데 인터넷을 이용한 자조 프로그램의 경우 실행과 유지에 대한 (체크가 불가능해) 성과측정이 어려운 면이 있다. 전화기술 발전에 따라 인터넷보다 전화기술을 이용한 자조 프로그램의 실행이 장래에는 더 좋을 수도 있지만 아직 충분한 이론이 개발되어 있지 않은 만큼 기본으로 돌아가 연구할 필요가 있다는 점도 강조하였다. 특히, 아시아의 경우에는 급속한 경제성장과 도박 합법화로 병적도박문제가 긴급한 현안이 되고 있는데, 치유보다는 예방에 초점을 두어야 하며, 예방이 유일한 해결책이라고 주장했다.

한때 정신분석치료(*psychoanalysis*), 칼 로저스(Carl R. Rogers)의 내담자중심치료, 앨버트 엘리스(Albert Ellis)의 합리적·정서적 치료 등이 효과적인 도박중독 치료법으로 각광을 받았다. 그러나 현재는 1974년에 등장한 인지행동치료법(CBT)이 가장 영향력 있다. 티안 포 위는 약 700년간 지속된 대영제국의 영향력이 사라졌고 100년간 지속된 미국의 영향력이 줄어들 듯이 언젠가 CBT 역시 사라지고 새로운 치료법이 등장할 것이라고 예측한다.

CBT는 개인의 생각과 행동을 바꾸는 치료법으로, 한 가지로 정의하기는 어려우며 CBT의 목적이나 활동과 관련된 여러 연구가 있다. 상처 부위에 반창고를 붙이는 식의 붕대모델, 문제를 발견하면 진단·처방하는 밴드웨건(bandwagon) 모델, 문제를 발견·진단하고 처리방향을 정한 다음 치료를 하는 B 플러스 실행모델, 처리방향을 정하고 치료계획을 만든 다음 실행에 옮기는 베스트 실행모델이 있다. 이 중 붕대모델이 최하위 모델이다.

미국에서는 해충이지만 중국에서는 애완동물, 태국에서는 식용으로 이용되는 곤충처럼, CBT를 실행하는 과정에서도 문화적인 요소를 고려하는 것이 매우 중요하다. 많은 연구결과와 임상 전문가들의 견해, 환자의 특성과 가치관이나 치료의 목적 등을 종합적으로 검토함은 물론, 비용이나 효과, 선택할 수 있는 자원 등을 고려하여 치료 프로그램을 최종적으로 실행하여야 한다. 문제도박자를 모두 감옥에 가둬 두고 치료 전문가를 데려다가 치료하도록 하는 것이 현실적인 방법이 될 수 없듯이, 여러 가지 사항을 고려하여 치료방법을 택해야 한다.

CBT를 실행함에 있어서도 1년 이상 인지행동치료를 연마한 사람이 심리학을 기반으로 한, 단계적 치료방법에 따라 단계를 건너뜀이 없이 순차적으로 개인별 특성을 고려하면서 차례차례로 실행해야 하는 것이다. 치료 후 결과가 신통치 않다면 공존질환, 환자의 부정적인 생각, 제대로 실행되지 않은 치료, 취약한 사회경제적 여건 등이 원인일 수 있다.

빙산의 일부분만 수면 위에 보이듯이 개인의 신념도 잘 나타나지 않는데, '다른 사람을 실망시키면 나는 나쁜 사람이다'라는 믿음은 치료결과에 더욱 나쁜 영향을 미친다. 치료는 우선 도박으로 인한 문제를 보다 잘 인식하고 대처하도록 하여 도박에서 오랫동안 손 떼도록 하고, 다음에 재발하더라도 덜 심각하게, 또 빠른 시간 안에 제자리로 돌아올 수 있도록 하는 것이 중요하다. 이 과정에서는 환자의 긍정적 사고가 무엇보다도 결정적이며, 환자와 치료결과에 대한 기대를 상호 소통한 후 치료를 시작하는 것이 바람직하다. CBT에서는 개인의 인지에 개인의 철학, 사회, 지역사회, 가족, 자신, 특정 사안에 대한 인식 등 여러 층의 인식이 존재한다는 것을 인정하고 치유를 시작해야 한다. 자신이 노력이나 행동의 주체라는 것을 명확히 인식하여야 성과를 낼 수 있기 때문이다. 치유라는 단어의 의미를 증상이 사라지고 다시는 발생하지 않는다는 뜻으로 받아들이는 것은 아주 위험한 생각이다. 그러한 생각을 가지고 있다면 시간이 지날수록 개선의 효과가 줄어들거나 100% 치료가 안 되면 실패한 것으로 받아들이게 된다.

사람의 인지행동 방식에는 문제적 사고방식(problem thinking mode)과 해결적 사고방식(solution thinking mode) 두 가지가 있다. 환자들은 항상 답을 얻기 위해 질문하지만, 미리 답을 가르쳐 주는 것(해결적 사고방식)은 가장 나쁜 치료방법이며 미리 자신의 치료법이나 해결책을 말하지 않는 것이 좋다. 환자와 치유자는 서로 문제점을 상의, 논의하되 치유자가 곧바로 답을 주는 것은 피해야 한다. 환자가 스스로의 생각을 바꾸고 행동을 변화시키며 육체적 운동을 하는 등의 노력을 실행하지 않으면, 날지 못하는 도도새처럼 인지행동치료는 결코 성공할 수 없다. 일관성 있고 끊임없이 실행 노력을 기울이고 생활방식의 변화를 통해 육체적, 정신적 건강을 유지시키는 것이 재발을 방지하는 길이다.

제 5 장

폐해 최소화를 위한 개선대책

1. 문제도박에 대한 책임한계와 정부의 태도[1]

문제도박이란 주요한 일상생활에 있어서 심리적, 육체적, 사회적, 직업적인 지장을 초래하는 도박행동으로, 도박자 자신뿐만 아니라 가족, 지인, 친구, 동료 또는 타인에게 해로움을 끼친다. 돈이 없어 생활비나 필수 경비를 충당하지 못하는 재정적 어려움, 스트레스·우울·분노·자존감 상실 등 정신적 또는 감정적 문제, 도박으로 인한 근로 또는 학업시간 손실, 가족 또는 타인과의 인간관계 곤란, 수면부족·흡연·음주 등 건강문제, 법적인 문제 등 모든 면에서 부정적인 결과를 가져다준다.

대부분의 성인 도박자들은 책임 있는 자세로 도박에 임하고 있으나

---

1) 이 글은 *Regulating Land-Based Casinos*(Cabot, A. 지음, Pindell, N. 편, 2014) 중 "Addressing problem gambling"(Catania, F., Ehrlich, G., pp. 255~277)을 요약, 번역한 것임.

그렇지 못한 문제도박자들도 상당수에 이르는바, 이를 도박유병률 (*prevalence of gambling*)로 측정하고 있다. 전체 인구 중 위험도박자 (*at-risk gamblers*) 비율은 낮으나 도박자들 중 위험도박자 비율은 상당히 높은 것으로 조사되었다.[2]

　문제도박 행동을 방지하기 위해서는 도박을 합법화하고 이익을 추구하는 정부와 규제기관, 그리고 사행사업자가 폐해를 최소화하고 취약계층을 보호하기 위한 적절한 조치를 취해야 하는 것이 당연하다. 하지만 도박행동은 개인이 최종적으로 결심한다는 측면에서 어떻게 개인이 도박과 관련된 정보를 잘 이용하는지도 관련된다. 즉, 3자 모두가 책임 있게 움직일 때에 도박으로 인한 폐해가 최소화될 수 있는데, 개인이 문제도박자 내지 도박장애자가 되는 경우에는 정부와 사업자가 책임을 지는 수밖에 없다.

　책임도박과 관련, 정부가 어느 정도 책임도박 조치 도입과 시행에 적극적이냐에 따라 개인의 책임이며 문제도박이 없다는 부인단계, 도박문제를 알고 있으며 유감이고 무엇이 최선인지 방안을 찾아보겠다고 하는 립서비스단계, 도박문제는 정부의 정당성 문제와도 관련 있고 시장수요를 통제해서라도 책임을 다하겠다는 중간단계, 문제도박을 최소화하는 것이 정부의 역할이며 비용이 들더라도 바로잡겠다는 약속실행단계 등 4단계로 구분할 수 있다. 미국은 립서비스단계에서 중간단계로 넘어가고 있고, 네덜란드와 캐나다는 중간단계를 넘어 약속실행단계에

---

[2] 2016년 조사에 따르면 한국의 유병률은 5.1%(중위험 3.8 + 문제성 1.3)이다(사행산업통합감독위원회, 〈2016 사행산업 이용실태조사〉).

이르고 있다.

약속실행의 구체적 내용과 관련해서, 윌리엄 에딩턴(W. Eadington) 은 사회적 책임과 폐해 최소화가 이익추구에 우선하며, 모든 도박정책 에서 예방원칙이 우선적이라고 했다. 그리고 사행사업자는 고객이 무 지막지한 도박을 하지 않도록 도박참가자가 게임 전에 게임의 승률, 하 우스 이점, 도박결과 등을 알 수 있도록 하는 등의 의무를 진다고 주장 했다. 에딩턴은 또한 치유를 지원하고 무모한 도박이나 유혹을 중단하 도록 돕는 활동을 한다는 것 등을 약속실행 방안으로 제시했다.

문제도박을 방지하기 위한 대책으로는 다음의 항목 같은 것들이 있 는데, 대부분 정부나 사행사업자에 의한 정책결정 사항들이다. 그러나 실제로는 문제도박자들이 아닌 일반도박자들이 불편함을 느끼지 않고 사업자들의 매출이 줄지 않도록 하면서 시행하고 있어, 문제도박 예방 측면에서 실효성이 의문시되고 있다.

① 사행사업자에게 문제도박자 방지를 위한 법적 의무 부과.
② 사업자 및 사업자단체의 책임도박 실천요강 제정 시행.
③ 도박의 최종행위자인 도박자가 도박 실상(승률, 이점, 미신, 책임 도박, 문제도박 회피 방법 등)을 정확히 알 수 있도록 계도.
④ 도박도구(특히 슬롯머신)의 설계, 작동 프로그램 규제(큰 상금이 당 첨되는 간격을 늘임, 지폐 또는 고액코인 사용 제한, 1회 작동 속도 조 절, 아슬아슬한 순간 표출 횟수 제한, 최대 상금액 제한, 기계 표출 메시 지·음향 제한, 의자 설치 제한 등).
⑤ 도박한도 사전약정제 도입(시간, 횟수, 액수)과 콤프제도 변경(게

임금액이 아닌 책임도박 이행에 대한 보상 성격).

⑥ 신용제공 제한과 현금자동인출기 설치 제한.

⑦ 광고, 마케팅 제한.

⑧ 종업원 훈련과 상시영업장 배치 및 문제도박자 선별과 대응 조치.

⑨ 주류서비스와 미성년자 등 취약계층 출입 제한.

⑩ 도박 및 문제도박에 대한 교육과 정보 제공.

⑪ 정부와 사행사업자에 의한 치유서비스 제공.

⑫ 퇴출제도 시행(강제 또는 임의 퇴출, 전 업장 또는 1개 영업장 퇴출, 영구 또는 일정 기간, 출입 위반 또는 재출입 허용 등).

⑬ 문제도박 연구 지원과 실천요강 준수 여부의 외부평가 시행.

자동차를 이용하려면 운전면허를 취득하고 안전벨트를 해야 하며, 속도제한을 준수해야 한다. 음주운전은 금지되고 허용된 장소에서만 음주가 허용된다. 이처럼 문제도박자들뿐만 아니라 일반도박자들도 불편함을 느끼고 사행업자들의 수입마저 감소하는 상황까지 각오하고 문제도박 예방제도를 시행해야만 실효성을 확보할 수 있다.

한국의 문제도박 대응자세는 부인단계, 립서비스단계, 중간단계, 약속실행단계 가운데 어느 수준에 와 있을까? 아마 도박산업에 일부 문제가 있으므로 대책이 필요하다는 립서비스단계 정도가 아닐까 하는 생각이 든다.

2. 책임도박이란?3)

책임도박(*responsible gambling*)은 도박을 함에 있어서 잠재적인 폐해를 예방하고 줄일 수 있도록 고객과 종업원, 업계가 함께 책임 있게 행동하는 것을 의미한다. 이는 공급자의 책임 있는 서비스 제공과 수요자인 도박자들의 책임 있는 도박행동을 포괄한다. 책임도박이라는 용어는 1980년대 미국의 카지노 재벌 시저스 엔터테인먼트(Caesars Entertain-ment)4)의 활동에서 사용되기 시작했다. 시저스 엔터테인먼트는 강박도박에 대한 이해를 높이는 데 힘쓰며, 문제도박자를 돕거나 그들에게 신용을 제공하지 않았다. 또한 도박마케팅을 중지하고('Operation Bet Smart'), 게임 미성년자인 21세 미만의 도박행동의 문제점을 종업원, 청소년, 학부모 등에게 교육했다('Project 21'). 카지노 시설 내에 어린이를 방치하지 않도록 계도하고, 발견했을 경우에는 관련 기관에 연락, 인계하는 활동('Unattended Children Policy')을 펼치기도 했다.

이후 시저스 카지노는 강박도박자는 더 이상 받지 않겠다는 방침을 정하고 홍보물이나 광고 등에 강박도박자 지원기관을 안내했다. 동시에 이용제한을 희망하는 고객에게는 회사 차원에서 일체의 마케팅 활동

---

3) 책임도박이라는 용어 자체가 노름꾼들의 책임을 강조하는 의미로 받아들여지고 있어 빅토리아 책임도박재단은 저위험도박(*low-risk gambling*) 또는 안전도박(*safe gambling*)이란 개념으로 설명한다.
4) 시저스 엔터테인먼트는 2010년 11월 23일 하라스 엔터테인먼트(Harrah's Enter-tainment)에서 현재의 이름으로 바꾸었다. 본 글에서는 시저스 엔터테인먼트로 통일하여 사용하였다.

을 하지 않고 , 신용도 제공하지 않으며, 게임을 할 수 없도록 하는 자율제한제도를 도입했다. 이것이 오늘날 자기퇴출제도의 원형이다.

1990년대에 들어와 전미책임도박센터(National Center for Responsible Gaming)가 설치되고, 카지노 업계와 정부기관들은 도박폐해에 대한 조사연구와 도박폐해 최소화를 위한 조치들에 관심을 갖고 지원했다. 이에 따라 책임도박이란 용어가 보편화되고 다양한 폐해예방책이 제시되고 있다. 도박의 위험성과 폐해를 알리는 세계 각국의 다양한 교육 프로그램과 문제도박자들에게 치유방안과 지원기관을 알리는 인식주간 행사 등이 진행된다. 도박사업자 입장에서도 고객들이 돈의 가치를 알 수 있도록 하고, 고객에 대한 서비스 질을 향상시키며, 공정하고 안전한 게임 여건을 제공하는 책임도박 조치들이 결과적으로는 업계의 지속가능한 성장에 도움이 된다는 인식이 확산된 결과이다.

캐나다 온타리오주 토론토에 본부를 둔 책임도박위원회(Responsible Gambling Council)에서는 카지노, 경마장, 인터넷 사이트 등 도박장별로 책임도박 체크리스트 충족 여부를 3년마다 심사하여 인증하는 제도를 2011년부터 도입, 시행하고 있다. 그중 대부분이 캐나다 영업장이며, PokerStars.com과 싱가포르의 리조트 월드 센토사 카지노(Resorts World Sentosa Casino)가 인증을 받았다. 도박장이 인증을 받기 위해서는 책임도박 정책(20%), 종업원 훈련(15%), 자기퇴출제(15%), 문제고객 지원(20%), 정보제공(10%), 광고홍보(5%), 금전지출(10%), 영업장이나 게임환경(5%) 등 8개 분야 47개 항목에 대한 서류심사와 현장실사를 거쳐, 각 분야에서 50% 이상, 전체적으로는 70% 이상을 득점하여야 한다.

(주)나눔로또 주관 2017 해외 선진 복권 기관의 건전화 전략 교육 시, 앨리슨 가드너[Alison Gardner, 왼쪽에서 네 번째. 세계복권협회 건전화그룹 의장, 영국 복권운영사 카멜롯(Camelot) 사회공헌책임자]와 함께.

도박을 함에 있어서 '안전한 놀이'(*safer play*) 수준을 지킨다는 것이 마음대로 되는 것은 아닐 테다. RGC는 안전한 놀이 수준의 도박을 위해서 다양한 조언을 제시한다. 예를 들면, 도박을 돈벌이 수단으로 여기지 말 것, 도박을 할 때는 언제나 잃어도 괜찮을 정도의 액수만 할 것, 잃은 돈에 연연하지 말 것, 도박할 돈의 한도를 정할 것, 도박할 시간한도를 정할 것, 우울하거나 기분이 나쁠 때는 도박하지 말 것, 다른 활동과 도박활동의 균형을 유지할 것(도박에만 몰입하지 말고 다른 활동도 할 것), 도박할 때 술 마시지 말 것(도박과 음주는 좋은 궁합이 아님) 등이 그것이다. 5)

문제도박의 소지가 가장 적다고 하는 복권의 경우에도 세계복권협회

---

5) RGC의 'Safer Play' 페이지 http://www.responsiblegambling.org/safer-play

에서는 7개의 책임도박 관련 원칙(The Seven Responsible Gaming Principles)을 정하고, 사업자들이 10개 분야(조사연구, 종업원 교육, 판매점 대책, 복권 판매전략, 온라인 판매계획, 광고마케팅, 고객 응대방안, 치유 연계방안, 책임도박 이행방안, 정보공개 및 이행평가)에서 책임도박을 이행하는 정도에 따라 4단계로 구분한 책임도박 이행 평가제도(Responsible Gaming Framework)를 도입하였다. 우리나라에서 시행 중인 구매상한과 관련하여, 영국 복권판매 회사 카멜롯은 판매점에서는 실효성 문제로 시행하고 있지 않으나 온라인 구매의 경우에는 주당 350파운드, 1일당 75파운드 이상 구매할 수 없도록 제한하고 있다.

3. 사업자와 도박자들의 책임도박

호주 빅토리아주 책임도박가이드는 도박문제가 있는 사람은 5~10명에게 영향을 끼치고 있으며, 문제도박자의 10% 미만만이 전문적인 도움을 받고 있고, 문제도박자의 25%는 부끄럽고 황당하여 도움을 요청하지 못하였다고 말한다고 기술한다. 또 다양한 신종 도박의 등장, 스포츠베팅 광고 증가와 이로 인한 새로운 취약계층 탄생, 인터넷과 스마트폰을 이용한 도박 확산, 시간과 공간을 초월한 도박접근성 확대 등 도박환경의 변화를 지적한다.

특히, 온라인 베팅은 일 년 내내 전 세계 모든 경기를 대상으로 하고, 게임에 빠져 시간 가는 줄도 모르게 몰입하기 때문에 더 빨리 중독위험에 빠질 수 있다. 무료 게임 기회를 제공하거나 레슨을 빙자하여 잘못된 생각을 심어 주기도 하고, 혼자서 도박을 하다 보니 도움을 받을 수 없는 것도 문제다. 온라인 베팅은 또한 고객의 도박습성을 파악, 맞춤형 광고를 통해 도박을 조장하기도 하고, 빨리 환급해 주어 더 많이 도박하도록 부추기는 결과를 가져오며, 구좌를 통해 돈이 오고 가 현찰보다 베팅 속도가 더 빨라 특별히 더 위험하다고 한다.

빅토리아주에는 환급률 87%, 1분에 28회전 하는 포키(Pokie)라는 슬롯머신 2만여 대가 곳곳에 설치되어 있는데, 중독자의 80%가 이 전자 게임기 때문에 베팅에 중독되었다고 지적하였다. 또한 스포츠베팅의 대부분이 온라인으로 진행되기 때문에 사업자는 온라인 고객들의 도박 패턴을 알고 있어 고객들이 잘 모르는 경기나 익숙하지 않은 방식, 경기 중에 빠르게 내기를 걸도록 하는 방식을 쓴다고 한다. 즉, 스포츠지식을 무력화하는 방식으로 고객을 유인하고 있다는 것이다.

책임도박재단의 책임도박가이드에서 제시하는 '도박에 임하는 10가지 행동지침'은 다음과 같다.

① 도박을 돈벌이가 아닌 오락으로 생각하라.
② 여윳돈만으로 도박하라.
③ 사전에 한도를 정하고 모두 잃으면 떠나라.
④ 사전에 도박할 시간한도를 정하라.
⑤ 계속 도박하면 시간관념이 없어져 도박중독에 빠질 위험이 있으므로 규칙적으로 휴식을 취하라.
⑥ 우울하거나 기분이 좋지 않을 때는 도박하지 마라.
⑦ 도박에만 매달리지 말고 다른 활동도 병행하라.

⑧ 절대로 잃은 돈에 연연하지 마라.

⑨ 현금인출카드를 소지하지 마라.

⑩ 판단에 영향을 미치거나 자제력을 잃을 수 있으므로 도박할 땐 술을 마시거나 약을 복용하지 마라.

　캐나다의 RGC도 앞서 살펴본 책임도박가이드의 10가지 행동지침과 비슷한 내용의 8개 항목을 제시하였다(책임도박가이드 항목 중 ⑤, ⑨에 해당하는 내용이 빠져 있다).

　빅토리아 책임도박재단은 도박 폐해의 15%만이 문제도박자의 도박 행위에 기인한 것이고, 85%는 위험도가 낮거나 보통수준의 도박자의 도박에 기인한 것이라는 조사결과를 인용하면서 도박 폐해 최소화를 위한 방안을 제시했다. 이 방안은 캐나다 연구결과를 참조한 것으로, 한 달에 3회 이상 도박하지 말 것, 연간 1천 달러(주당 20달러, 2018년 3월 21일 기준 환율로 약 825,560원) 이상 도박에 쓰지 말 것, 총소득의 1% 미만만 쓸 것 등의 내용이다.

　현재 시저스 전체 카지노 영업장과 싱가포르 카지노(마리나 베이 샌즈, 리조트 월드 센토사)에는 책임도박 대사(*responsible gaming · gambling ambassador*)란 직책을 가진 직원들이 문제도박자들을 격려하거나 치유를 안내하는 업무를 수행하고 있다. 호주 빅토리아주는 카지노에 자진퇴출업무 전담 직원(SEO: Self Exclusion Officer)을 두도록 하여 도박을 더 이상 하지 않도록 안내하는 업무를 수행하는 등 사업자들도 고객들의 도박중독 예방을 위해 나름대로 노력하고 있다.

　공급자 측면의 책임도박 기준으로는 RGC가 정한 책임도박 지표가

있는데, 여기서는 사업자가 지켜야 할 기준으로 8개 항목 47개 사항을
제시한다.

〈책임도박 지표〉

① 책임도박 정책

- 문제도박 인식과 책임도박에 대한 기업의 확고한 정책의지 표명.
- 책임도박 목표와 행동 구체화.
- 책임도박 담당 임원 임명.
- 기업의 모든 업무에 책임도박 업무 반영.
- 전체 종업원에게 정기적으로 책임도박 업무 주지.

② 종업원 훈련

- 책임도박 관련 실천요강, 자진퇴출 절차나 규정 관련 종업원 교육.
- 문제도박과 영향에 대한 학습.
- 잘못된 지식이나 신념에 대한 학습.
- 모든 직원 채용 시 교육 및 정기적 보수교육.
- 종업원 교육훈련 평가.
- 최신 및 공인된 방법의 훈련, 평가 프로그램 채택.

③ 자진퇴출

- 명문화된 퇴출정책 도입.
- 퇴출 프로그램의 적극적 홍보.
- 숙련된 직원에 의한 등록업무 수행.

- 다양한 출입금지 기간과 고객의 선택 가능성.
- 금지자에게 홍보물 전달을 철저히 차단.
- 금지사유와 위반 시 조치내용의 명확한 문서화된 설명.
- 효과적인 입장배제와 시행을 위한 적절한 정보수집.
- 금지자의 철저한 식별과 퇴거 강력 시행.
- 재입장(*reinstatement*) 절차 명문화.
- 문서 또는 인터넷을 통한 금지기간 연장제도 도입.

④ 문제도박자 지원
- 문제도박고객의 평가와 대처방안·대책 명문화.
- 상담전화, 자진퇴출, 지역 내 책임도박 및 치유기관 정보 등을 모든 종업원이 숙지.
- 근심걱정으로 갈피 못 잡는 고객에게 적절한 응대.
- 도박중독 증세가 있는 고객에 대한 선제적 상담과 응대.

⑤ 고객의 도박행위 결정 관련 정확한 정보 제공
- 도박에 도움 되는 다양한 관련 정보 제공.
- 고객지원 정보 제공.
- 자신의 개인정보에 대한 접근 허용.

⑥ 광고와 홍보
- 문제도박자, 취약계층 등이 오인하지 않도록 광고 제작.
- 광고가 책임도박 정책에 부합하는지 확인하는 철저한 심의과정.

- 정확한 승률과 도박결과를 제공하는 광고 제작.
- 도박문제가 있는 사람을 겨냥하거나 묘사하지 않는 광고 제작.
- 문제도박자에 대한 고객우대 프로그램 제한.

⑦ 금전 확보
- 영업장 내 현금자동인출기를 사용한 과다지출 지양.
- 신용공여는 금지 또는 제한.
- 수표교환은 금지 또는 제한.
- 게임진행 중 고객이 직접 기계나 테이블에서 전자이체 금지.

⑧ 영업장, 기계 설계
- 고객이 충분히 시간이 흐르는 것을 알 수 있도록 설계.
- 24시간 영업장 개방 금지.
- 술은 선별하여 제공하고, 무료 술 제공은 금지.
- 슬롯머신은 사용액을 현찰로 표시.
- 기계에 책임도박 메시지를 표시하고, 표시중지 버튼 작동 제한.
- 새로운 게임은 도박문제가 발생할 수 있는지 평가.
- 고객들이 영업장 내 도박행위, 도박과정에서 근거가 없거나 잘못된 생각을 갖지 않도록 유의.

빅토리아 책임도박재단 역시 책임도박과 관련된 정보, 고객과 종업원 간의 소통, 영업장의 고객지원 프로그램, 고객의 불만 처리, 현금인출기 등 도박편의 제공, 도박한도 사전설정 제도나 우대고객 프로그램 등과 관련된 31개 항목으로 된 사업자의 《책임도박 실천요강》(*The Responsible Gambling Code of Conduct: Doing it well*) 을 만들어 시행하고 있다. 이외에도 《영업장 책임도박 실행 안내서》(*Venue Best Practice Guide*) 를 발행해서, 아이들에게 무료로 음식을 제공하여 영업장 방문을 부추기지 않도록 할 것, 고리대출을 방지하는 대책을 수립할 것, 1천 달러 이상 딴 돈을 수표로 지불토록 할 것 등의 내용을 각 사행사업자들이 참조하여 실행하게 했다.

빅토리아 책임도박재단은 수요자 측면에서의 책임도박과 관련해서 도박자들이 어떻게 행동하는 것이 위험을 낮출 수 있고 안전한가 하는 지표들을 정하기 위해 센트럴퀸즈랜드대학 도박연구소(Experimental Gambling Research Laboratory) 등에 연구를 의뢰하여 "책임도박 행동지표"(*Behavioural Indicators of Responsible Gambling Consumption*) 라는 연구보고서를 2016년 10월에 공표했다. 연구진은 문헌조사를 통해 책임도박 구현을 위해 사업자가 행해야 할 8개 항목 55개 실행방안, 도박자가 지켜야 할 9개 항목 57개 행동을 추출했다. 또 30개(6개 정부 기관, 10개 업계, 14개 서비스 기관) 웹사이트를 분석하여 88개 행동을 추가로 발굴, 도합 145개 항목에 대해 전문가 107명의 자문을 받아 그중 과반이 동의한 51개 지표를 7개 항목으로 구분, 정리했다. 전문가들은 기존의 책임도박 가이드라인이 이해도가 낮고 부적절하며 효과가 있다는 증거가 부족하고, 정부나 업계의 책임도박 홍보도 모든 도박에 적용하는데 무리가 있다고 판단했다. 특히, 슬롯머신(EGM), 스포츠나 경주베팅에는 불충분한 내용이 많다고 보았다.

〈책임도박 행동지표〉

① 도박지출을 감당할 수 있을 것

- 공과금, 임대료, 식비 등 필수경비지출에 소요되는 것이 아닌 돈으로 도박한다.
- 도박을 하기 위해 돈을 빌리거나 신용대출(카드대출 포함)을 받지 않는다.
- 잃어도 괜찮을 돈으로 도박한다.
- 도박에 써도 괜찮을 돈의 한도를 정한다.
- 인터넷 도박 시 예치금 한도를 정한다.
- 매일 지출한도 내에서 온라인 도박사이트를 이용한다.

② 도박과 다른 행동 간에 균형을 취할 것

- 다른 사람에게 해를 끼치거나 문제를 일으키지 않는 한도에서 도박한다.
- 다른 여가활동을 못 할 정도로 도박하지 않는다.
- 도박하지 않을 때 도박 생각이 머릿속을 온통 채우지 않도록 한다.
- 도박 이외에 다른 레저, 취미활동, 관심사에 관심을 둔다.
- 가족, 친구, 일, 공부 등 자신의 책임에 우선순위를 둔다.

③ 도박을 지속해서 하지 않도록 할 것

- 잃은 돈에 연연하지 않는다.
- 잃고 있을 때 베팅금액을 높이지 않는다.
- 도박할 때 얼마나 쓸 것인지 한도를 정하고 지킨다.

- 이기고 있을 때 베팅금액을 높이지 않는다.
- 모든 게임·경기에 베팅하지 않는다.
- 온라인 도박을 위해 복수로 구좌를 개설하지 않는다.
- 최대 베팅금액을 정하고 지킨다.
- 얼마나 자주 도박할 것인지 한도를 정하고 지킨다.
- 딴 돈을 전부 또는 일부 현금화하되 그 돈으로는 도박하지 않는다.
- 얼마나 오래 도박할지 한도를 정하고 지킨다.
- 자주 휴식을 취한다.

④ 도박에 대한 이해
- 도박의 결과는 우연이며 숙련도가 승률을 보장하는 것이 아니다.
- 오래 도박해도 승률에는 차이가 없다.
- 기분이 좋다고 승률에 차이가 있는 것이 아니다.
- 도박하면 돈을 잃는다.
- 장기적으로는 도박으로 돈을 딸 수 없다.
- 자신의 숙련도를 과대평가하지 말라.
- 도박하기 전에 승률이 어떤지 알아보라.
- 도박하기 전에 재정문제, 인간관계, 고민사항 등 도박의 부정적 결과를 생각한다.
- 도박하기 전에 깨끗한 홍보물을 읽어 본다.
- 도박하는 돈을 저축하려면 얼마나 걸릴지 생각해 본다.
- 돈을 잃었을 때 기분이 어떨지 생각해 본다.
- 도박하는 돈을 다른 곳에 사용했을 때를 생각해 본다.

⑤ 도박하는 동기가 긍정적일 것

- 공과금 낼 돈으로 도박하지 않는다.

- 돈 벌 욕심으로 도박하지 않는다.

- 오락·재미·즐기기 위해서만 도박한다.

- 우울하거나 기분이 좋지 않을 때는 도박하지 않는다.

- 도박을 너무 심각하게 여기지 말고 그저 게임이라고 여긴다.

- 다른 사람에게 인상을 심어주거나 도전하기 위해 도박하지 않는다.

- 무료함을 달래기 위해 도박하지 않는다.

⑥ 도박에 대한 사전 대비

- 술이나 스포츠음료를 마신 이후에는 도박하지 않는다.

- 동료들에게 도박하라고 압박하지 않는다.

- 노름에 미친 사람과는 함께 노름하지 않는다.

- 격정적인 순간에는 노름하지 않는다.

- 광고나 홍보에 현혹되어 도박하지 않는다.

⑦ 도움을 받을 수 있는 곳을 이용하라

- 필요시 전문적인 도움을 받는다.

- 필요시 자진퇴출제도를 이용한다.

- 필요시 온라인 도박사이트를 차단한다.

- 도박문제를 허심탄회하게 상의할 수 있는 사람을 몇 명 둔다.

- 지원받을 수 있는 네트워크를 구축해 둔다.

4. 미국 대형 카지노의 책임도박 사례6)

어느 나라 카지노든 큰손(whale, high roller)들에게는 황제 대접을 하는 데, 최고급 식당 이용, 최고의 객실서비스, 때로는 성 접대까지 하면서 어떻게든 주머니 털 궁리를 한다. 공항 영접은 기본이고 전세기까지 대절하기도 한다. 한국 카지노도 일본 큰손들을 모셔 오기 위해 1억 원(일본 돈으로 1천만 엔)을 들여 전세기를 운항한다고 한다.

현재 네바다주 라스베이거스를 포함, 미국 13개 주와 5개국에서 47개 카지노를 운영하는 시저스 엔터테인먼트는 2007년 미국의 한 사업가와 거액의 도박 빚 환수소동에 연루되어 사행사업자와 도박자 사이의 책임한계와 관련하여 미국에서 화제가 되었다. 그 사건이 표면화되자 이전에 라스베이거스의 또 다른 카지노인 윈(Wynn)의 최고경영자 스티브 윈(Steve Wynn)이 고액도박자인 그를 직접 면담하고 도박중독자로 판정한 후 출입을 금지시킨 사실이 소송과정에서 알려져, 두 카지노 회사의 서로 다른 대응이 주목을 끈 바 있다. 여기서 두 기업의 책임도박 노력의 차이를 발견할 수 있는데, 경쟁이 치열한 미국의 도박사업에서 법령이 정한 대로 금도를 지키는 기업과 그렇지 않은 기업의 모습을 볼 수 있다. 또 법제도를 활용해 어떻게 해서든 해당 기업의 이미지 실추를 최소화하려고 행위지(라스베이거스)가 아닌 곳(뉴저지)에서 제재

---

6) 다음 기사들을 참조할 것. Guill, J., "Poker's greatest all-time whales: Terrance Watanabe", *Poker Listings*, 2013. 9. 27. ; Lamare, A., "Meet the man who lost $200 million gambling In Vegas … IN ONE YEAR!", *Celebrity Net Worth*, 2017. 3. 16.

를 감수하는 기업의 생리를 엿볼 수도 있다.

네브래스카주 오마하에 본사를 둔 오리엔탈 트레이딩(Oriental Trading)이라는 파티용품 회사는 1932년에 일본계 미국인 해리 와타나베(Harry Watanabe)에 의해 창립됐다. 일본 전통에 따라 1977년 장남인 테런스 와타나베(Terrance Watanabe)가 경영책임을 맡게 되었고, 이후 미국 중서부지역을 중심으로 17개 매장을 가진 동종업계 세계 최대 회사로 성장했다. 연간 매출액이 3억 달러(약 3,250억 원)에 이르렀으며, 자선사업에도 상당히 많은 기부를 했다. '재미없는 일은 할 가치가 없다'는 생각을 한 테런스는 2000년 그의 지분을 전량 매각(액수 미상)한 후 2003년부터는 인근 아이오와주 카운실 블러프스(Council Bluffs)에 있는 시저스 엔터테인먼트 카지노에 출입하게 되었으며, 2005년에는 라스베이거스에 진출하여 왕처럼 대접을 받게 된다. 2006년에는 윈 카지노에서 도박에 빠져들게 되었지만 카지노 소유주인 스티브 윈은 테런스를 면담한 후 그가 도박중독자이자 알코올중독자라는 이유로 출입을 금지시켰다(그때까지 잃은 돈은 2,100만 달러, 약 227억 원이었다).

2007년 라스베이거스의 시저스 엔터테인먼트 카지노(Caesars Palace, Rio Casinos)는 그에게 월 12,500달러의 항공료와 공연관람료, 50만 달러의 상품권, 50만 달러 이상 잃을 경우 15%의 커미션(*cash back*) 제공을 인센티브로 제시했다. 하지만 그곳에서 그는 모두 2억 400만 달러(약 2,190억 원)를 잃게 된다. 처음에 그는 카지노에 많은 이익을 안겨주는 승률이 낮은 룰렛과 슬롯머신 도박, 이른바 하우스 플레이어(*house player*)로서 시간을 보냈다. 나중에는 한 번 베팅에 5만 달러를 거는 블랙잭에 세 사람 몫(*hand*)으로 도전하여 하루에 500만 달러를 잃는 일

왼쪽: 라스베이거스 윈 카지노 내에 설치된 공연장.
오른쪽: 윈 카지노의 수중곡예쇼 〈Le Reve〉(꿈) 장면.

이 발생했다. 그의 외상노름 한도는 1,700만 달러에 이르기도 하였다. 그는 또한 카지노가 제공하는 주류, 독한 수입산 보드카나 의사 처방전이 필요한 진통제 복용으로 중독증상을 보이거나 자제력을 잃는 경우도 있었다. 네바다 카지노 법령에서는 카지노 측은 이런 고객들을 즉시 영업장에서 퇴거하도록 규정하고 있다.

2007년 중반 그가 잃은 돈이 5천만 달러를 넘기고 1억 달러에 이르자 와타나베 측 변호사는 카지노를 상대로 1억 2,700만 달러의 도박 빚 무효소송을 제기하고(전체 손실액은 2억 400만 달러로 시저스 라스베이거스 2007년 매출액의 5.6%), 네바다 카지노감독국에도 카지노 측이 규칙을 준수했는지의 조사를 의뢰했다. 그의 도박중독 사실을 알게 된 가족들은 그를 네브래스카로 데려가 일단 거주치유시설에 입소시킨 후, 2008년 집을 판 돈 266만 달러를 합하여 도박 빚 중 1억 1,200만 달러를 카지노에 변제하고 샌프란시스코로 이주했다. 나머지 도박 빚 1,475만 달러를 받지 못한 카지노 측은 2009년 네바다주 검찰에 고발장을 제출, 와타나베는 절도와 사기죄로 기소됐다.

2010년 양측의 고소고발 사건은 중재합의로 모두 취하되었는데, 시저스 측은 이 건으로 행위가 발생한 네바다주가 아닌 시저스 사가 운영하는 다른 카지노가 있는 애틀랜틱시티가 소재한 뉴저지주 카지노통제국으로부터, 와타나베의 영업장 내에서의 처방전이 필요한 약물 복용과 여성종업원을 이용한 성 접대 주장에 대해 시저스 사가 적절히 대응하지 못하였다는 사유로 22만 5천 달러의 벌금을 부과받았으며, 와타나베는 카지노 측에 10만 달러를 추가 지불한 것으로 알려졌다. 1년 동안 1억 2,700만 달러의 도박 빚 소동은 개인 도박사건으로는 최대 손실액으로, 그는 라스베이거스의 가장 큰 '고래'가 되었다. 보통 카지노 매출의 80%는 큰손 고객들로부터 발생하며, 와타나베가 시저스 카지노 2개소에서 베팅한 액수는 모두 8억 2,500만 달러라고 한다.

5. 영국의 소비자 보호제도

1) 원격도박 안전성 확보를 위한 가이드라인

2015년 전 세계 도박산업 시장규모는 3,510억 유로(지상도박 3,170억 유로, 쌍방향도박 340억 유로)로 추정되며, 지역별 비중은 미국 40.2%, 아시아태평양 43.4%, 캐나다 3.4%, 남미 3.1%, 기타 지역 10%로 추산된다. 인터넷 도박 매출액 중에는 각종 경기에 내기를 하는 베팅 비중이 가장 높고, 그다음은 카지노, 포커, 복권 순이다. 게임에 참가하는 사람들의 지역별 지출액은 유럽, 아시아·중동, 북미 순이다.

유럽 각국은 불법도박 사이트 공지나 ISP 차단, 금융거래 차단이나 광고제한, 불법도박 관련자들에 대한 입국규제나 체포 등의 공권력 행사로 불법 인터넷 도박을 없애려는 노력을 경주하고 있다. 그러나 대개 효과적이거나 성공적이지 못한데, 사업자나 플레이어들이 마음만 먹으면 도박을 할 수 있는 상황에서는 어떠한 차단정책도 무용지물이며, '규제된 여건'하에서만 유용할 뿐이기 때문이다. 국경을 넘나드는 인터넷 도박의 특성상 불법사업자를 근절할 수 있는 기술은 없으며, 실효적인 처벌도 어렵다. 세계 어느 곳에든 불법도박시장이 있고 얼마나 강력히 금지하느냐에 따라 시장규모만 다를 뿐이다. 프랑스, 스페인, 이탈리아 등에서는 인터넷 도박을 금지하고 있음에도 불구하고 성행하고 있으며, 금지정책은 청소년이나 취약계층 보호라는 명분으로 '반창고'를 붙이는 정도에 불과하다. 7)

4천여 개에 이르는 인터넷 도박사업자들은 국경을 넘나드는 통신의 특성을 이용하여 사업을 영위하는데, 8) 일부는 특정 국가로부터 합법적으로 면허를 받아 사업을 영위하지만 그렇지 않은 사업자들도 많다.

---

7) 2014년 5월 12일 사행산업통합감독위원회가 주관하고 한국도박문제관리센터가 주최한 '2014 사행산업 건전화 국제포럼'에서 영국 자치령인 올더니(Alderney)의 도박통제위원회 사무총장 앙드레 빌세나흐(André Wilsenach) 씨가 발표한 '불법 온라인 도박문제와 정책적 대응'이란 자료를 참조하였다.

8) Online Casino City가 자체 조사한 바에 따르면, 전 세계 온라인 카지노 및 도박사이트는 3,963개이다. 예를 들어, 일본에서 한국어로 서비스하며 일본 엔으로 결제하는 게임사이트는 28개, 라오스와 캄보디아에서 한국어로 서비스하며 미화로 결제하는 게임사이트는 각각 107개, 109개다. 전 세계에서 한국어로 서비스하는 게임사이트(결제 통화 불문)는 146개로 표시되어 있다(Online Casino City 홈페이지 http://online.casinocity.com/).

또한 특정 국가에서는 합법적이지만 다른 국가에서는 불법인 경우도 있다. 영국에서는 다수의 사업자들이 합법적으로 영국인을 대상으로 사업을 해왔지만, 2014년 5월 이른바 원격도박(remote gambling)을 규율하는 내용이 포함된 도박법을 개정했다. 그해 11월부터 영국 내에 거주하는 사람들을 대상으로 도박사업을 하기 위해서는 영국도박위원회로부터 별도 면허를 받도록 하는 새로운 제도가 도입된 것이다. 다시 말하면 지브롤터, 맨 섬, 올더니 섬 등 영국 자치령이나 다른 EU 국가의 면허가 있는 경우에도 원격도박법이 정한 바에 따라 모두 면허를 받아야 하는데, 이는 영국 내의 소비자를 보호하기 위한 조치이다.

영국도박위원회는 개정된 법 시행을 계기로 위원회의 슬로건인 '공정하고 안전한 도박'을 위한 가이드를 공표하였는데, 주요 내용을 요약하면 다음과 같다.

모든 사업자는 면허사업자 명부에 주소, 인터넷 주소, 회사명, 면허종류 등이 등록되어 있어야 하며, 안전하게 도박을 하는 정보, 불만처리 절차, 청소년과 취약계층을 보호하기 위한 방법 등을 정해 시행해야 한다. 연령제한의 경우 복권은 16세 이상, 다른 도박은 18세 이상이어야 참가할 수 있다. 모든 도박사이트는 연령미달자의 참가를 방지하기 위한 정책과 절차, 미달자의 참가는 위법임을 경고하는 내용, 연령확인 조치에 필요한 사항 등을 정해야 한다. 도박문제 지원기관인 Internet Matters, GambleAware 등은 컴퓨터와 모바일을 통한 도박사이트 접속을 차단하는 방법이나 소프트웨어에 관한 정보를 제공한다. 모든 사업자들은 도박참가자들을 보호하기 위해 별도 구좌로 고객보호기금을 설정하고 사용조건과 용도 등에 관한 사항을 명백하게 밝혀야 한다(다만

'게임 과몰입을 바라보는 다양한 시각 국제심포지엄'에서 영국 노팅엄트렌트대학 마크 그리피스 교수와 함께. 2017.11.2.

이 기금은 사업자 파산 시 손해배상을 보증하는 것은 아니며, 도박사업자에게 도박을 위해 예탁한 돈이나 베팅액은 은행구좌에 예치한 개인 돈처럼 보호되지 않는다).

모든 참가자는 도박 시작 전에 사이트에서 게임이 어떻게 이루어지는지, 상금은 무엇이고 승률은 어떤지에 관한 정보를 이해해야 한다. 읽은 후에도 이해가 되지 않을 때에는 그 사이트에서는 도박을 하면 안 된다. 게임 소프트웨어는 국가나 회사마다 각각 상이한 기준에 따라 정하고 있으므로 해당 사이트의 운영자나 규제당국에 문의하는 것이 최선의 방법이다. 인터넷 도박을 할 때에는 인터넷으로 상품을 구매할 때처럼 똑같은 주의를 기울여야 한다.

정상적으로 면허를 받은 사업자인지 교차 점검할 필요도 있는데, 유럽의 경우 각 게임 종류별로 각각 다른 국가나 규제기관으로부터 면허를 받았을 수도 있는 만큼 그 내용을 상세히 점검할 필요가 있다(예를 들어, 스포츠베팅은 영국에서, 카지노 게임은 다른 국가에서 면허 발급). 도박에 참가하기 전에는 반드시 어디서 면허를 받았고, 연락처는 어디인지, 불만은 어디에 신고할 것인지 등 회사의 기본적인 정보를 파악하고 있어야 한다. 돈을 받고 댓글을 다는 경우도 있지만 다른 사람들의 댓글이나 평도 참고할 필요가 있다. 또 최소 게임 요구조건이나 보너스 제공 등과 관련된 조건 등도 면밀히 검토할 필요가 있으며, 개인정보를 어떻게 처리하고 보호하는지도 파악해 두어야 한다.

모든 슬롯머신에는 환급률이나 승률이 분명하게 표시되지만 그 비율은 1만 번 내지 10만 번 이상 게임을 했을 때의 비율임을 명심해야 한다. 안내서는 불확실한 점이 있는 도박사이트에서의 도박은 심각하게 고민하라는 조언으로 끝맺는다.

2) 자진퇴출자 정보의 사행업계 공동이용

영국의 경우 자진퇴출자 정보 공동이용 시스템(MOSES: Multi-Operator Self-Exclusion Scheme)이 제대로 구축되어 있지는 않으나 전 업종에서 공동으로 이용하고 있는데, 문제도박자의 경우에는 여러 종류의 도박장이나 영업장에서 더 이상 도박을 할 수 없도록 차단하는 것이 바람직하다. 따라서 사행산업통합감독위원회 차원에서 자진퇴출자 정보를 관리하고 각 사행사업자나 영업장에서 활용할 수 있도록 하는 시스템을 마련할 필요가 있을 것이다.

현재 강원랜드의 경우에는 매월 15일씩 2개월 연속 또는 2분기 연속 30일 초과 출입할 수 없도록 제한하는 등 출입제한 조치를 시행하고

《슬픔이여 안녕》으로 잘 알려진 프랑수아즈 사강이 프랑스에서 도박을 할 수 없게 되자 런던으로 건너가 인세로 노름을 하였다는 클러몬트 클럽(Clermont Club).[9]

자진 및 가족신청 퇴출제도를 도입, 시행 중이다. 경마, 경정, 경륜, 소싸움 등 각종 경주도박은 1주에 4일 이상 경주가 진행되지 않아 일수제한은 의미가 없지만 경주장이나 장외발매소를 통틀어 보면 월, 화를 제외한 모든 요일에 베팅이 진행된다. 노름꾼이 얼마든지 장소를 옮겨 가며 베팅할 수 있는 환경인 것이다. 문제도박자들이 더 이상 도박으로 고통받지 않도록 하기 위해서는 영국처럼 문제가 있는 이용자들이 카지노뿐만 아니라 경주장이나 장외발매소도 이용할 수 없도록 하는 조치가 필요하다.

---

9) 마권판매업자 애스피널(John V. Aspinall)이 1962년에 개장했다. 유명한 건축가 윌리엄 켄트(William Kent)가 설계하고 버클리 스퀘어에 위치한(44 Berkeley Square) 주택을 소유했던 유명한 노름꾼 클러몬트 경의 이름을 땄다.

3) 온라인 베팅 관련 조건과 절차 개정

우리나라의 공정거래위원회와 동일한 성격의 영국 경쟁시장청(CMA: Competition and Markets Authority)은 도박위원회와 함께 온라인 도박 면허 사업자인 Ladbrokes, William Hill, PT Entertainment(온라인 사이트 titanbet. co. uk, winner. co. uk 운영) 3개사의 온라인 도박 판촉 관련 약관 내용이 소비자보호법에 위반되지 않는지 조사했다. 그 결과 판촉기간 중 무료나 보너스 베팅을 허용하면서 고객이 예치한 돈이나 예치한 돈으로 딴 상금을 인출하지 못하도록 하거나, 보너스 게임을 하는 도중 게임규칙을 변경하는 등 불공정한 행위를 하고 있는 것으로 나타났다. 이에 따라 2018년 2월 1일 자로 3개사가 관련된 약관들을 개선하기로 하였다. 경쟁시장청은 여타 온라인 도박 회사들도 동일한 조치를 취해 줄 것을 요청하는 보도자료를 배포하였다.

이런 조치로 자신이 예치한 돈을 인출하기 전에 보너스 게임을 일정 횟수 이상 하여야 한다거나, 게임 도중에 베팅 액수를 변경할 수 없도록 하는 등의 제한을 가할 때에는 조건을 명확하게 해서 애매한 조건으로 고객 돈을 몰수할 수 없도록 했다. 또한 도박자는 보너스 게임에 관련된 회사 홍보에 참가하지 않아도 되게 하였다. 앞으로 도박회사는 고객이 자신의 돈으로 하는 게임과 보너스로 하는 게임을 명확히 구분하여 자신의 돈은 언제든지 인출할 수 있도록 하여야 하고, 제한은 보너스 게임에 한해 부과하되 명확하고 공정해야 하며, 보너스 베팅도 일단 시작한 후에는 내용을 바꿀 수 없다.

한편 영국에는 온라인 도박 회사에 개설된 구좌가 약 2,800만 개 이상 있으며, 2017년 9월 4주간 900만 명이 온라인 도박을 한 것으로 조사되었다.

4) 슬롯머신의 1회 베팅한도 축소

한국이나 마카오 등과 달리 미국이나 영국 등에는 슬롯머신을 이용하는 노름꾼들이 많다. 미국 코네티컷주의 인디언 카지노 모히간 썬(Mohegan Sun)에는 5천 대 이상, 폭스우드 리조트 카지노(Foxwoods Resort Casino)에도 4,800대의 슬롯머신이 있어 그만큼 많은 사람들이 게임기를 이용한 도박을 즐기고 있다.

  영국에서는 베팅 액수와 상금에 따라 게임기를 A(법에서 규정은 하였지만 허용하지 않고 있음), B, C, D 모두 4종으로 구분하고, 이를 다시 A, B1, B2, B3, B3A, B4, C, D(파친코, 뽑기, 현금, 현금과 상품 - 동전 이외 투입, 현금과 상품 - 동전 투입) 등 11종으로 구분하고 있다. 영국 전역의 게임기 18만여 대 중 3분의 2인 12만 대는 베팅 액수가 적고 상금도 적은 C, D형 기계여서 어린이도 출입할 수 있는 가족오락센터에 설치되어 있다. 반면에 베팅액과 상금이 높은 B2 기계는 주로 베팅 숍에 설치되고 1회 베팅액이 100파운드, 1분에 300파운드까지 잃을 수 있도록 되어 있어 사행성이 높아 도박중독 기계(*toxic machines*)로 불리기까지 한다. 10) 이는 도박에서의 급성마약(*crack cocaine*)과 같아11) 사

---

10) Walker, P., "Gambling: Ministers urged to be bold with curbs on FOBTs", *The Guardian*, 2018. 1. 21.
11) Sandle, P., "Britain to limit gambling terminal stakes to two pounds - Sunday

행성을 낮추어야 한다는 의견이 대두되며, 2017년 6월 치러진 총선에서 보수당과 노동당 모두 한도 하향조정을 공약하게 된다. 1회 베팅 상한액을 2파운드, 10파운드, 20파운드, 30파운드, 50파운드 중 어느 정도로 낮출지에 대한 의견수렴은 2018년 1월 23일 완료됐다.

베팅사업자협회(Association of British Bookmakers) 등 업계 단체와 개별 회사들은 되도록 상한선을 덜 낮추려 하고 있는데, 중견사업자인 Paddy Power Betfair에서는 10파운드까지 낮추는 것을 수용할 수 있다고 발표했다. 그러자 업계에서는 이들을 기회주의자, 배신자라고 격렬하게 비난하고 있다. 의견수렴 기간이 끝나자 베팅사업 운영사업자들의 주가가 일제히 급락하여, William Hill은 14.5%, Ladbrokes는 12.3%, Paddy Power Betfair는 1.8%가 떨어졌다. 1회 베팅 상한액이 얼마로 결정되느냐에 따라 도박산업 시장에 상당한 반향을 일으킬 것으로 보이는데, 로이터통신은 1월 22일 전후로 게임기 베팅 상한액 조정으로 인한 업계 동향 기사를 여러 건 송고한 바 있다. 2016~2017년 회계연도에 Fobtees(*Fixed-odds betting terminals*)라고 불리는 B2 게임기 앞에 한 번 앉아 1천 파운드 이상 잃은 경우는 모두 23만 3,071회이고, 베팅 숍의 B2 기계 매출액은 총 18억 파운드에 이르는 것으로 조사되었다.

베팅 숍에 주로 설치, 운영되는 B2 게임기의 베팅한도 축소와 관련해서 GambleAware는 2018년 1월 22일 문화부(DCMS)에 건의서를 제출했다. 이 건의서에서는 1회당 베팅 액수를 낮추는 것도 중요하지만

Times", *Reuters*, 2018. 1. 22.

슬롯머신이 돌아가는 속도와 아슬아슬하게 빗나가도록 설계된 프로그램도 문제도박과 연관된다고 지적했다. 또한 적은 액수와 큰 액수의 상금이 번갈아 나오도록 설계하여 노름꾼을 격하게 하는 프로그램, 베팅이나 이벤트의 빈도나 복잡성, 딴 것처럼 기만한 손실 등 기계에 내장된 프로그램이나 특성 등이 위험하거나 해로운 도박행동과 관련된다는 점도 함께 고려해야 한다고 강조했다. 뿐만 아니라 온라인 도박에서의 베팅액과 상금, 접근성, 상품의 특성, 외상놀음, 즉석예치 등 예방책도 함께 검토해 줄 것을 요청하였다. 로이터통신은 베팅한도액 축소안이 확정되면, 2005년 도박법 개정 이후 가장 큰 규제변화가 될 것이라고 설명했다.

6. 호주, 캐나다에서의 책임도박

1) 호주의 책임도박 관련 조치

멜버른에 위치한 크라운 멜버른 카지노(Crown Melbourne) [12]의 책임도박 행동강령(Responsible Gambling Code of Conduct)은 책임도박을 "개인, 지역사회, 업계, 정부가 도박과 관련한 지역사회의 우려에 부응하여 사회적으로 책임 있는 성과가 성취될 수 있도록 책임과 행동을 분담

---

[12] 사행사업장에서의 책임도박 관련 조치들은 법령이나 지침 또는 면허조건 등에 명시된 것들을 이행하는 것이므로 지역마다 다를 수 있으나, 대부분 유사한 내용들이기 때문에 영업장 규모가 크고 오래된 크라운 카지노 사례를 살펴본다.

크라운 멜버른 카지노 입구 전경.

하는 것"으로 정의했다. 이 강령은 회사 차원의 대책으로 책임도박 지원센터 설치와 책임도박 연락관 배치, 자진퇴출제도 시행, 책임도박 관련 정보 제공, 상담서비스 제공, 기도(chaplaincy) 지원서비스 제공, 외부 지원기관 연계, 외국어서비스 제공 등을 제시하였다.

　카지노 측은 책임도박과 관련하여 "절제하라"(Stay in Control) 는 문구를 게임기, 현금자동인출기, 게임테이블 등 곳곳에 붙여 놓거나 인쇄물, 광고 등에 활용하고, 법령에서 정한대로 2천 달러 이상의 상금 수표 지불, 호주인에 대한 신용 또는 대부 제공 제한, 시간·금액 사전 한도설정 기능을 갖춘 게임기 운용, 문제도박자 지원기관이나 관련 연구사업 지원, 불만접수 시 48시간 이내 우선 답변 또는 처리 등의 조치를 시행하고 있다. 잠재적 문제도박 행동이나 용인될 수 없는 행동을 하는 고객이 있을 때에는 차를 대접하거나 쉬는 곳으로 안내하는 등 도움을 주거나 전문가에게 알리고, 그 내용을 책임도박 일지에 기록하고 〈개인정보보호법〉에 따라 관리한다.

2) 캐나다 앨버타주 도박산업과 문제도박 예방치유 업무

앨버타주의 사행산업은 〈게임주류법〉(*Gaming and Liquor Act*) 과 〈게임
주류법시행령〉(*Gaming and Liquor Regulation*) 에 의거하여 앨버타 게임
주류위원회(Alberta Gaming and Liquor Commission) 가 관장하고 있다.
2017년 4월 기준으로 앨버타주에는 22개의 빙고 게임장(그중 15개소에
는 1,300대의 전자빙고 게임기 설치), 24개의 카지노(5개 캐나다 원주민 카
지노 포함, 13,286대의 전자 게임기 설치), 4개의 경주장(1,340대의 전자
게임기 설치), 2,744개의 복권판매소, 860개의 게임센터, 바, 펍이 있
다. 그리고 이 공간들에 총 6천 대의 게임기가 설치되어 있는 것으로 조
사되었다.

 빙고 게임, 카지노 게임, 복권발매기계, 경품추첨은 자선 목적으로
만 허용되며, 13,200개의 단체가 게임주류위원회로부터 면허를 받아
2015년 4월~2016년 3월 중 3억 5,200만 달러의 매출액을 기록하였다
(빙고 1,600만, 카지노 2억 5,800만, 복권기계 1,500만, 경품추첨 6,300
만). 주 도박(*provincial gaming*) 으로 분류되는 유형의 도박수입은 모두
앨버타복권기금(Alberta Lottery Fund) 에 귀속된다. 각각의 유형의 도
박매출액은 카지노 전자 게임기 8억 5,200만 달러, 바, 경주장, 펍 등
에 설치된 비디오복권판매기(VLT) 5억 3,100만 달러, 복권판매소 3억
5,200만 달러, 전자빙고 게임기 800만 달러 등이다. 이를 다 합하면 총
17억 4,000만 달러이며, 운영비로는 1억 9,000만 달러가 사용되었다.

게임주류위원회는 책임도박 이행을 위해 'Game Sense'라는 명칭으로 도박문제 예방 홍보와 사행사업장 종업원 교육을 시행하며, 24개 카지노와 2개 경주장에 홍보부스를 설치, 운영하고 있다. 또한 빙고 담당자 교육 프로그램 'A Good Call', VLT 담당 직원 교육 프로그램 'Reel Facts', 카지노, 경주장 직원 교육 프로그램 'Deal Us In'도 운영한다. 문제도박 예방, 교육, 치유 업무는 앨버타 보건국(Alberta Health Service)이 담당하며 앨버타복권기금에서 지원한다. 위원회가 보건부 등과 함께 수립한 책임도박 5개년 계획(Both sides of the coin, 2015~2020)은 앨버타주 인구(2016년 현재 406만 명)의 8~10%가 문제도박으로 인해 직간접적으로 영향을 받고 있으며, 문제도박자의 9% 미만이 도움을 받고 있다면서, 홍보와 교육, 개입 확대, 책임도박 여건 조성이라는 3가지 목표를 설정하고 다양한 사업을 펼칠 것을 선언했다.

앨버타주는 지역사회가 지지하지 않는 경우 사행사업 면허 발급을 거부할 수 있으며, 거부 결정 후 2년간은 해당 지역에서 면허를 발급하지 않는다는 명문규정을 두고 있다(시행령 제8조). 또 빙고, 카지노, 경품추첨 관리자나 시설 및 복권기계 관리자 등 모든 종업원은 게임종사자로 위원회에 등록하여야 하며(시행령 제25조, 제26조), 등록된 종사자들은 문제도박 행동과 관련된 온라인 교육을 의무적으로 받아야 한다. 자선 목적 복권발행기에는 1달러짜리 복권을 사면 어떤 상이 몇 매 있고, 상금으로는 얼마가 나가며, 이익은 얼마가 남는다는 내용이 표시되어 있다.

7. 아시아의 문제도박 해결책

1) 일본, 도박장 출입제한

일본의 경우 〈생활보호법〉에 따라 모든 국민들이 "건강하게 문화적인 생활수준을 유지할 수 있도록" 정부와 지방자치단체가 75 대 25로 부담하여 의료, 주택, 간병, 교육, 장례 등 복지시책을 펼치고 있다. 가족 수, 연령, 세대형태 등에 따라 최저생계비도 차등 지원한다. 지원하는 기관은 "생활향상이나 유지에 필요한 최소한의 범위 내에서 지도 또는 지시할 수 있고", 지원받는 사람은 "능력에 맞게 근로를 하거나 건강유지에 노력하고 지출을 절약하는 등 생활유지나 향상에 노력할 의무"를 지닌다. 2013년 지원대상자는 216만 명, 지원세대 수는 158만 세대에 이르는 것으로 조사되었다. [13]

이러한 법률규정에 따라 오이타(大分) 현의 벳푸(別府) 시, 나카쓰(中津) 시에서는 지원받는 사람들에게 지원을 개시할 때 법령규정을 준수하겠다는 서약서를 받고 있다. 관련 공무원들이 파친코점이나 경륜장 등에 현장조사를 나가 생활보호비 지급대상자가 있는지 확인한 후 적발되면 출입하지 말라는 문서 지시와 동시에 일정 기간(1~2개월) 생활보호비 지급을 정지하거나 감액 지원한다. 벳푸시의 경우 2014년에 6명, 2016년에 9명에게 지급을 정지한 바 있다. 생활보호비 지원대상자가 오이타현의 경우 1천 명당 17명인 것에 비하여 벳푸시는 1천 명당 32명

---

13) 위키피디아 재팬, "生活保護".

일본 내 카지노 도입 시 발생할 도박문제 예방, 치유대책 수립을 위한 실태파악차 방한, 센터를 방문한 일본 대표단. 왼쪽에서 두 번째가 일본 내각관방 특정복합 관광시설구역 정비추진본부 설립준비실장 모리시게 도시야(森重俊也). 2017.3.20.

으로 월등히 높아 이런 조치를 취하고 있다고 한다. 이런 감액지원 또는 지원 일시정지 조치와 관련하여 후생노동성이 법적 근거가 없다고 지적하자 양 시는 행정조치를 철회하였지만, 수급대상자의 부적절한 생활태도는 여전히 문제시되고 있다.

일본에서는 2016년 12월 카지노를 도입하기 위한 법률인 〈특정복합 관광시설(IR)의 정비 추진에 관한 법률〉이 제정되어 카지노 설립이 추진되고 있다. 일본 내에 3개소의 카지노를 설립하고 주 3회 입장을 허용하며, 6천 엔의 입장료를 징수하는 것으로 여당인 자민당과 연립여당인 공명당이 의견일치를 보았다는 기사가 게재된바, 정치권에서는 계속해서 출입제한을 통해 카지노 부작용을 줄이겠다는 의지를 표명하고 있다. 또 일본의 내각관방이나 지방자치단체에서 예방치유사업과 관련, 한국도박문제관리센터나 강원랜드를 수시로 방문하여 예방치유사업을 벤치마킹하려는 노력을 기울이는 중이다.

2) 홍콩자키클럽의 불법도박 근절 노력[14]

불법도박은 과거에는 한 장소에 모여 현금박치기로 진행되었으나 최근에는 유선전화, 인터넷, 모바일 등 통신기술 발전을 활용하여 장소적 제약 없이 전 세계로 확산되고 있다. 다수의 업체들은 이용자 친화적인 인터페이스를 구축하여 단속을 비웃으며 성업 중이다. 서버를 싱가포르, 필리핀, 대만 등으로 옮겨 가면서 한국인을 대상으로 수많은 경기·경주에 베팅하도록 하는 업자도 있으며(AAStar. net), 한국인 역시 필리핀, 베트남, 마카오 등지에서 불법도박 운영 혐의로 체포되고 있다. 또한 도박관광객 모객업자인 마카오의 정킷사업자(junket operator)들이 한국까지 발을 뻗치고 있다.

전 세계 합법도박시장 매출액은 미화 2,160억 달러인 데 반해, 불법도박시장 규모는 약 5천억 달러로 추정되고, 그중 70~80%가 아시아 지역에서 발생하는 것으로 추산된다. 중국 및 홍콩 정부 역시 불법도박으로 골머리를 앓고 있다. 이처럼 불법도박 업체들이 성업 중인 것은 환급률이 합법사업자보다 높고, 중개사업자·도박참가자들에게 리베이트를 제공하기 때문이다. 그들은 또한 외상도박을 할 수 있도록 신용

---

14) 이하 홍콩, 말레이시아, 한국의 사례는 국회 농림축산식품해양수산위원회 주관으로 개최된 '지하경제 양성화를 위한 불법도박 확산방지 국제심포지엄'(2015. 5. 22.)에서 발표된 내용을 정리한 것이다. 홍콩자키클럽(Honk Kong Jockey Club)의 윈프레드(WinFried Engelbrecht-Bresges) CEO, 마틴 퍼브릭(Martin Purbrick) 공정관리처장, 리차드 청(Richard Cheung) 마케팅본부장 등이 홍콩의 사례를 중심으로 문제점과 대응책을 소개하였다.

을 제공하고, 베팅할 수 있는 상품도 합법업체보다 훨씬 다양하다(홍콩 자키클럽의 경우 이용자가 많은 경기 등 9천 개 선택지를 대상으로 베팅을 운용하고 있으나, 불법사업자는 유럽, 아시아, 아프리카 등 전 세계 경기 5만 개 선택지를 대상으로 베팅할 수 있음).

뿐만 아니라 불법도박 업체들은 통신기술이 발전하여 서버를 이곳저 곳으로 옮기고, 일반적인 인터넷 주소를 이용하지 않고도 접속할 수 있 는 서버를 운영한다. 도박대금 결제는 가상계좌를 이용하고 인증절차 를 생략하며, 합법거래를 가장하는 등 온갖 교묘한 방법을 다 동원하여 금융거래 제한을 비웃듯이 피해 간다. 또 불법업자들이 운영하는 사이 트는 젊은 여성 딜러 출연, 달콤한 제안, 횡재 유혹 등 무책임한 광고로 고객들을 유인하는데, 홍콩 주민들 역시 연간 약 120억 홍콩달러를 불 법도박에 탕진하고 있다(축구 스포츠토토 75억 달러, 경마 25억 달러, 기타 20억 달러). 이는 1만 7천 채의 공공주택이나 100개의 초등학교 또는 300개의 노인보호 시설을 건설할 수 있는 금액이다.

불법도박은 마약밀매, 고리대금업, 금전강탈, 자금세탁, 경기 승부 조작 등 범죄행위와 연계되어 있고, 신용공여를 통한 외상도박은 과도 한 도박이나 병적도박이라는 부정적 영향과 직결되어 있다. 뿐만 아니 라 불법도박으로 인해 자선이나 공익 목적을 위한 유용한 기금 또는 조 세수입이 차단되는 악영향도 초래된다. 불법도박은 폭력조직과 연계되 기도 하고, 자살, 강도, 도박중독 등의 다양한 사회적·가정적 문제들 을 야기한다.

경마(130억 홍콩달러), 축구 스포츠토토 운영(80억 달러), 복권 발행 (10억 달러) 등을 독점적으로 시행하는 홍콩자키클럽은 자체적으로 책임도박 프로그램을 시행하고 있다. 동시에 불법도박을 방지하기 위해서, 즉 불법사업자 대비 경쟁력 확보 차원에서 경마에서는 2007년부터 불법사업자와 비슷한 방식으로 잃은 금액의 10%를 리베이트로 제공하여 매출액이 증가하는 성과를 보이고 있다. 축구 스포츠토토에서는 2010년부터 회사의 마진율을 낮추어(2010년 17.9%에서 2013년 15.7%로 변경) 매년 매출액 증가를 보고 있다. 또 불법업자들과 같이 고객관리제도(CRM)를 도입(고객을 Black, Gold, Silver, Red 등 4등급으로 구분하여 우대서비스 제공)하고, 참가자들의 선택 폭을 넓혀 주기 위해 경마일수·회수 확대, 생중계 확대, 스포츠토토 게임 수·베팅 방식·승식 다양화 등을 추진하고 있다.

불법사이트를 차단하는 것만으로는 효과가 없으므로 합법사업자 역시 디지털 기술 발전을 적극 수용하여 온라인, 모바일 등을 이용한 베팅이 가능하도록 대응할 필요가 있다. 홍콩의 경우 통신수단을 이용한 매출액이 2001년 14%에서 2013년에는 44%로 증가하였다. 홍콩자키클럽 단독으로는 불법도박에 대응할 수 없으므로 정부기관, 언론이나 여론지도층, 금융기관, 통신회사 등과의 정보공유, 협력체계 구축이 절실하다. 2014년 월드컵 때 홍콩 언론의 불법도박 근절 캠페인은 큰 효과가 있었다.

3) 불법도박에 점령당한 말레이시아[15]

말레이시아에서는 1953년 〈베팅법〉(*The Betting Act of 1953*) 규정에 따라 인터넷이나 전화를 이용한 경마나 스포츠베팅은 불법임에도 최근 조사결과에 따르면 불법도박(커피숍이나 식당 등의 간판을 걸고 영업) 매출은 79억 링깃(약 2조 4천억 원)에 이른다. 이는 합법적인 경마 매출액 약 7억 링깃(약 2,100억 원)의 11배를 상회하는 액수로, 말레이시아 경마는 '불법도박에 점령당했다'라고 표현할 만큼 심각하다. 도박사이트 서버는 도박운영자가 관리수수료만 징수하고 상금은 참가자들끼리 나눠 갖는 패리뮤추얼(*pari-mutuel*) 방식이 아니라, 운영자와 참가자 사이의 돈 놓고 돈 먹기인 고정배당률(*bookmaker*) 방식 베팅이 허용된 영미권 국가에 두거나 이리저리 옮겨 설치하고 있어 단속이 불가능하다.

또한 불법도박은 항상 부패와 연관되어 있는데, 말레이시아에서는 기수들이 경주 중에 합리적이거나 허용된 방법으로 경주에 최선을 다하지 않았다고 판명되면 1년간 출장정지 또는 25만 링깃(약 7,500만 원)의 벌금을 물게 되어 있다. 2015년 5월 22일 국회 농림축산식품해양수산위원회 주관 '지하경제 양성화를 위한 불법도박 확산방지 국제심포지엄' 발표자 스콧 매튜(Scott T. Matthews)가 수석재결위원 재임 중인 2013년 6월 15일 경마규칙이 개정되었다. 벌칙 강화는 기수가 외부 불법업자들과 모의, 결탁하는 불법경마를 감축하는 데 긍정적인 효과가 있었

---

15) 호주, 싱가포르, 말레이시아의 심판위원을 지냈고 한국마사회 외국심판위원으로 활동 중인 경마업계 경력 26년의 스콧 매튜의 발표내용이다.

다. 처벌받은 기수는 전 세계 경마장 출입이 금지된다. 경마규칙 개정은 공정한 경마 시행으로 경마 팬의 신뢰를 회복하는 계기가 되었으나 한편으로는 경마 관계자들이 불법조직들이나 폭력배들로부터 협박이나 보복을 받는 일이 발생하는 원인이 되기도 했다. 경마 관계자들은 신변 보호를 받거나 인사 이동되는 일이 있었다. 공정한 경마 시행을 위해 호주 빅토리아주에서는 경마 시행업체와 경찰 간에 범죄정보 교환을 위한 MOU를 체결하여 대응하고 있음을 참고할 필요가 있다.

4) 불법도박에 위협받는 한국시장[16]

강석구 연구위원은 2006년 '바다이야기'와 이후의 '황금성' 사태를 계기로 출범한 사행산업통합감독위원회의가 불법도박 때문에 탄생했지만 관련한 단속 관련 근거규정 미비로 "합법도박 통제기구로 전락"하였다고 했다. 더불어 ① 합법시장은 불법시장과의 경쟁에서 졌으며 불법도박 시장은 사감위 출범 이후 배로 커졌다, ② 아시아 합법도박 시장은 2배로 커졌는데 우리는 그대로여서 해외시장과의 경쟁에서도 지고 있다, ③ 합법사행산업이 망하면 그 돈은 불법시장이나 해외시장으로 방향을 틀어 우리 손에 들어오지 않는다는 사실 등을 인정하고 직시할 필요가 있다고 강조했다. 도박을 완전히 금지할 수 없다면 건전하게 운용토록 해야 한다는 관점으로 시각을 돌릴 필요가 있으며, 초심으로 돌아

---

16) 2015년 5월 22일 국회 농림축산식품해양수산위원회 주관 '지하경제 양성화를 위한 불법도박 확산방지 국제심포지엄'에서 한국형사정책연구원 강석구 연구위원이 발표한 내용이다.

가 합법만이 아닌 불법시장까지도 염두에 두고 정책적으로 대응하여야 한다는 것이다. 그에 따르면 불법시장이나 해외시장의 변화실태를 조사하고 불법을 합법시장이 흡수할 수 있는 제도나 정책을 도입하여, 불법에 합법을 양보할 것이 아니라 불법도박에 맞설 힘을 합법사행산업에 실어 주는 방향으로 나아가야 한다.

　강석구는 도박산업에 대한 관리감독 역할의 핵심은 역시 사행산업통합감독위원회가 맡아야 하고, 합법사행산업의 매출총량제가 아닌 사행산업 전체의 매출총량제가 되어야 하며, 불법을 합법 영역으로 끌어들여야 한다고 주장했다. 그리고 불법시장과의 경쟁에서 장애가 되는 합법사행산업의 낮은 환급률을 상향조정하고, 법률에서 정한 베팅방식을 하위규정에서 정하도록 하여 시장변화에 신속히 대응할 수 있도록 하는 등 불법시장, 해외시장과 경쟁할 수 있도록 하여야 한다고 강조했다. 또한 한국마사회, 국민체육진흥공단 등이 본래의 목적에 충실할 수 있도록 도박운영 파트를 위탁하든가 별도로 운용하고, 경마, 경륜, 경정 등에서의 온라인 베팅을 허용하며, 사행산업의 모바일 환경 구축과 시행 등 변화된 시장여건을 고려한 대응전략을 수립할 필요가 있다는 점도 지적했다. 마지막으로 실효성 있는 불법시장 단속(범정부적 단속기구 설치, 특별사법경찰권 부여 포함)과 이에 따른 엄중한 처벌, 불법도박 수익환수 등을 제안했다.

　패널들도 발표 내용에 대해 다양한 의견을 개진했다. 우선 감시센터 정도가 아닌 단속반을 구상 중에 있고(이미 출범한 관광경찰 모델), 유관기관 간 협조체제 구축을 위해 노력하고 있지만 불법사행산업의 규모 산정 곤란으로 합법·불법 총량제 도입은 어렵다는 이야기도 등장했다. 그리고 기구나 인원 등의 제약으로 단속에 한계가 있고, 불법시장은 합법시장이 넓어질 때 가장 효과적으로 감소하며, 사행사업자는 수익 중 일정액을 소비자 행태변화 교육이나 홍보 등에 투입하고 독점체제를 탈피, 경쟁체제를 도입할 필요가 있다고 주장했다. 악화가 양화를 구축한다는 말처럼 합법도박에 대한 규제가 불법도박을 확산하는 풍선효과가 우려되며, 출구전략 차원에서 불법도박을 합법화해야 한다는 주장도 제기됐다. 오프라인 도박사범 감소와 온라인 사범 증가, 전담검사 지정, 이익환수제 시행, 게임기 제조업자 단속, 유관기관과 연계 상담 및 교육 등의 현황도 발표됐다.

그 밖에도, 불법시장 규모가 합법시장 규모보다 크다고 하나 이용자 관점에서는 합법, 불법에 차이가 없으며 똑같이 즐기는 것이므로 대책을 수립할 때에는 인식전환이 필요하다며, 사용자의 인식에 초점을 맞춘 발언도 있었다. 또, 불법도박에서 연유하는 도박중독 폐해가 더 크며, 사행산업통합감독위원회가 예방활동을 하고 있으나 온라인 도박은 눈에 보이지 않아 재앙이 되고 있고 정부는 따라가지 못하고 있는 문제도 지적되었다. 불법시장과 경쟁할 수 없게 하는 베팅제한액 10만 원과 환급률을 상향 조정해야 한다, 〈사행산업통합감독위원회법〉 개정 시에는 수사처도 만들고 시민단체와 유관기관이 불법도박 방지에 협조해야 한다는 등의 의견도 개진되었다.

한국도박문제관리센터를 찾는 내담자들 중에서 도박자 본인이 내담하는 비율과 내담 사유가 불법도박이라고 응답하는 사람의 비율도 〈표 6-2〉에서 보는 바와 같이 매년 높아지고 있어 불법도박으로 인한 폐해가 확산되고 있음을 알 수 있다. 2014년에는 내담 이유가 불법도박이라고 응답한 사람들이 75.7%였으나, 2017년에는 그 비율이 84.5%로 높아졌다.

<표 6-1> 한국도박문제관리센터 상담의뢰인 현황

(단위: 명, %)

연도	관계 유형	본인	배우자	부모	자녀	형제 자매	친인척	지인	기관	기타	합계
2014	빈도	1,916	589	499	66	93	13	8	1	14	3,199
	비율	59.9	18.4	15.6	2.1	2.9	0.4	0.3	0.0	0.4	100
2015	빈도	2,945	818	955	68	164	15	19	1	-	4,985
	비율	59.1	16.4	19.2	1.4	3.3	0.3	0.4	0.0	0.0	100
2016	빈도	3,601	792	1,173	73	172	20	42	-	-	5,873
	비율	61.3	13.5	20.0	1.2	2.9	0.3	0.7	0.0	0.0	100
2017	빈도	3845	789	1095	64	151	11	31	-	-	5,986
	비율	64.2	13.2	18.3	1.1	2.5	0.2	0.5	0.0	0.0	100

<표 6-2> 내담 원인이 된 도박유형

(단위: 명, %)

연도	도박 유형	합법 사행산업							불법 사행행위, 주식 및 기타							합계
		카지노	경마	경륜	경정	복권 (로또)	체육 진흥 투표권	계	카드	화투	성인 오락실	투견 투계	온라인 도박	주식	기타	
2014	빈도	224	127	48	4	13	177	593	300	92	68	-	1151	166	72	2,442
	비율	9.2	5.2	2.0	0.2	0.5	7.2	24.3	12.3	3.8	2.8	0.0	47.1	6.8	2.9	100
2015	빈도	287	136	64	15	16	242	760	357	105	89	1	2442	192	121	4,067
	비율	7.1	3.3	1.6	0.4	0.4	6.0	18.7	8.8	2.6	2.2	0.0	60.0	4.7	3.0	100
2016	빈도	317	148	63	21	20	264	833	309	79	81	1	3348	205	136	4,993
	비율	6.3	3.0	1.3	0.4	0.4	5.3	16.7	6.2	1.6	1.6	0.0	67.1	4.1	2.7	100
2017	빈도	278	149	84	23	17	247	798	298	111	80	2	3507	230	137	5,163
	비율	5.4	2.9	1.6	0.4	0.3	4.8	15.5	5.8	2.1	1.5	0.0	67.9	4.5	2.7	100

* 중복 응답 허용. 누락 정보는 집계하지 않음. 소싸움은 응답자가 1명 또는 0명이어서 제외.
** 대상자의 도박유형은 최대 2개까지 표기.
*** 기타: 내기바둑, 내기골프, 내기윷놀이, 기타 오프라인 도박 등.

제6장

도박현안에 대한 대응방안

1. 신종 거래수단을 이용한 도박에 대한 입장

비트코인 광풍이 전 세계를 강타하고, 한국에서는 젊은 청년이 자살하는 지경에까지 이르렀다. 영국 도박위원회는 2016년 8월, 2017년 3월 두 차례에 걸쳐 가상화폐(*virtual currency*, *digital currency*, *crypto-currency*)와 관련된 입장을 공식적으로 발표했는데, 가상화폐는 '금전 또는 금전적 가치'가 인정되므로 가상화폐를 도박의 지불수단으로 이용하는 경우에는 면허를 받아야 한다고 밝힌 바 있다.[1] 가상화폐 사용은 카지노에서 칩을 이용하여 도박한 후 나중에 현금화하는 것, 게임에서 게임 아이템을 거래하는 것과 차이가 없다는 것이다. 그러나 동시에 익명성을 활용한 자금출처 은닉이 가능하고, 통제기관이 없어 등락이 심하며,

---

1) 영국 도박위원회, "Digital and virtual currencies".

해킹, 절도, 범죄에 이용된 적이 있는 등 가상화폐의 특징이 있기 때문에 이에 대한 관리가 필요하다고도 밝혔다.

저자의 영국 방문기간 중(2018년 1월 21일~27일) 〈타임스〉(*The Times*), 〈가디언〉(*The Guardian*) 등의 신문에 어느 화랑 주인이 그림 판매대금을 비트코인으로 받기로 했다는 기사와 비트코인 붐으로 암호화폐 관련 범죄가 증가하였다는 기사가 게재되었다. 기사 내용은 24시간 거래되고 가격 등락 폭에 제한이 없는 등 가상화폐 거래의 도박적 특성소개보다는 거래수단으로서 이용되거나 범죄와 연루되었다는 내용이 주를 이루었다.

국내에서는 가상화폐 거래소가 1주일 뒤의 가상화폐 시세를 예측하여 공매도 또는 공매수를 하는 마진거래를 중개하고, 매매 당사자들이 돈을 벌거나 잃도록 하여 도박개장 혐의(도박기회 제공)로 경찰의 수사를 받는 일도 있었다. 가상화폐 거래소는 이자를 받으면 〈자본시장과 금융투자업에 관한 법률〉에 위반(대부업 허가가 없으므로)되므로 회원들 사이의 거래를 단순 중개만 하고 있다. 2)

2. 신종도박 대응책

1) 판타지스포츠(DFS) 내기와 e-스포츠는 새로운 스포츠도박인가

영국의 2005년 〈도박법〉은 도박의 세 종류 중 하나인 베팅을 규정할 때, 경주·경쟁·이벤트의 결과 혹은 어떤 사안의 발생 여부, 어떤 사안의

---

2) 이영호, "도박개장 혐의 가상화폐 거래소 경찰 수사", 한국경제TV, 2018. 4. 2.

진실 여부에 내기를 하는 것으로 규정한다(제9조). 따라서 프로게이머들이 〈카운터 스트라이크: 글로벌 오펜시브〉(CS: GO), 〈도타 2〉(Dota 2), 〈리그 오브 레전드〉(League of Legends), 〈스타 크래프트 2〉(Star Craft 2), 〈하스스톤〉(Hearthstone) 등의 다양한 게임(주로 팀 게임)에서 리그전이나 토너먼트 등으로 승패를 겨루는 e-스포츠3)도 당연히 〈도박법〉상 규제 대상이다. 경기 도중 베팅(in-play betting, in-running betting)은 물론4) 미국에서 일부 허용되고 있는 판타지스포츠 베팅(fantasy sports betting, 실제 선수로 가상 팀을 구성하고 그 선수의 실제 실적들을 대입, 합산하여 승패를 결정짓는 베팅)도 역시 도박으로 분류된다. 이러한 e-스포츠 베팅들은 허용하되 관리한다는 방향에 따라 다른 도박과 같이 규제되고 있다.

(1) 판타지스포츠5)

운동경기의 승·무·패, 득점이나 실점, 우승자나 순위 또는 점수 등을 맞추는 스포츠 풀(sport pool)은 2001년 우리나라에도 체육진흥투표

---

3) e-스포츠(e-Sports)란 〈게임산업진흥에 관한 법률〉 제2조 제1호에 따른 게임물을 매개(媒介)로 하여 사람과 사람 간에 기록 또는 승부를 겨루는 경기 및 부대활동을 말한다.

4) 호주의 "Interactive Gambling Amendment Act 2017" 8A조 (3) (b)항과 10B조에서도 경기 도중에 베팅하는 것을 금지하고 있다.

5) 미국 내 판타지스포츠의 역사와 규제동향 등에 대해서는 다음의 논문을 참조. Edelman, M., 2017, "Regulating fantasy sports: A practical guide to state gambling laws, and a proposed framework for future state legislation", *Indiana Law Journal* 92(2).

권, 일명 스포츠토토라는 명칭으로 도입되어 시행되고 있다. 스포츠토토는 2016년 총매출액 4조 4,414억 원, 순매출액 1조 6,050억 원에 이를 정도로 성장했다.

이렇게 스포츠토토는 기존의 팀이나 선수가 실제 경기하는 결과를 맞추는 데 비하여, 요즈음 미국이나 영국에서 논란이 되고 있는 데일리 판타지스포츠(DFS: Daily Fantasy Sports), 즉 판타지스포츠 내기는 게임에 참가하는 자가 직접 선수를 선발하여 가상의 팀을 구성하고, 선발된 선수 개개인의 실제 경기 성적을 합산하여 순위를 매긴 후, 일정한 범위 안에 들 때에 배당금을 주는 게임이다. 예를 들어 게임 참가자가 농구 포지션별로 선수를 선발하여 팀을 구성한 이후 참가비를 내고 기다리다가, 실제 농구경기가 끝나면 자신이 선발한 선수 개개인의 성적을 합산하여 일정한 순위(예: 전체 참가자 중 5등 이내, 3,750등 이내, 5% 이내, 10% 이내, 50% 이내 등)에 들면 정해진 상금을 지불받거나, 운영관리비와 수익금인 수득금(rake-off revenue)을 제외한 금액을 배당금으로 나누어 (차등)지급받는 것이다.

판타지스포츠 내기에서 이겨서 받는 상금 또는 보상은 경기 전에 결정, 공표되며 그 액수는 참가자 숫자의 많고 적음 또는 참가비 금액에 따라 결정되는 것은 아니다. 내기에서 이기는 것은 참가자의 상대적 지식이나 숙련도, 혹은 선발된 선수의 여러 번에 걸친 축적된 실전 경험에 따라 결정된다. 다시 말해서 어느 한 팀의 경기결과나 선수 개인의 한 번의 경기에 따라 결정되는 것이 아니다.

팀을 구성할 때 참가자 모두를 상위권 선수들로 구성한다면 참가자들의 팀 간 변별력이 떨어져 흥미가 반감될 수 있다. 또 일정한 순위에

드는 경우에도 배당금이 적을 수 있다. 따라서 각 선수들의 과거 실제 경기에서의 성적을 고려해, 선수 개인별 가치를 금액으로 환산한 월봉 액수의 팀별 총액에 제한(salary cap)을 두는 방식으로 팀을 구성하도록 하고 있다. 게임참가자는 이와 같이 정해진 총액 한도 내에서 선호하는 선수를 선발하여 팀을 구성하게 되는데, 이때 참고할 수 있도록 선수들의 과거 및 진행 중인 경기기록들이 온라인상에서 실시간으로 전송되어 확인이 가능하다.

득점을 합산하는 방식은 판타지스포츠 운영회사마다 다소 차이가 있는데, 보통은 선수 개인의 다양한 기록을 포인트화하여 합산한다. 예를 들어 드래프트킹스(DraftKings)사의 농구경기 포인트는 3점 슛은 3.5포인트, 2점 슛은 2.0포인트, 리바운드는 1.25포인트, 블록은 2포인트, 턴오버는 0.5포인트 감점과 같이 정해진 룰에 따라 계산된다. 선발된 각 선수들이 획득한 점수의 합은 참가자 본인의 포인트가 된다.

과거에는 한 시즌이 끝나고 난 후 개인이나 팀 성적결과가 종합되었다. 그러나 요즈음은 한 주 또는 매일의 경기가 끝난 후 즉시 결과가 종합, 분석되며, 판타지스포츠 운영회사들은 그것을 토대로 내기를 할 수 있도록 IT 기술을 활용하고 있어 '매일'의 판타지스포츠(DFS)라는 명칭이 사용된다.

(2) 누가 얼마나 참여하고 있나?

이러한 판타지스포츠 내기에 참여하려면 기존의 스포츠토토에 참여할 때보다 경기규칙은 물론 개별 선수들의 과거 성적이나 장단점, 팀워크 등을 더 잘 파악하고 있어야 한다. 즉, 마니아가 되면 승률을 높일 수 있기 때문에 기존 방식보다 우연적인 요소가 훨씬 적고 숙련도에 영향을 많이 받는다.

판타지스포츠업자협회(FSTA: Fantasy Sports Trade Association)의 자료에 따르면, 내기참가자들은 비교적 젊고 교육수준이 높으며 고소득이고 정규직인 사람들로, 12세 이상의 미국인과 캐나다인 중 5,680만 명이 즐기는 것으로 조사되었다. 2015년 18세 이상 참가자의 1인당 연간 지출액은 465달러로, 그중 257달러가 DFS 참가비, 162달러가 전통적인 판타지스포츠 베팅비, 나머지 46달러가 관련 상품 구매비인 것으로 나타났다. 참가비는 25센트~1천 달러로, 2015년 1년간 참가비 총액은 26억 달러(약 3조 원)로 추산되며〔드래프트킹스사와 팬 듀얼(FanDuel)사가 90% 시장점유〕 2020년에는 144억 달러에 이를 것으로 전망한다. 그중 수득금 10%를 제외한 90%가 배당금으로 사용되었다(한국의 경우 각종 세금을 제외하고 경마는 11%, 경륜·경정은 12%가 수득금이며, 복권은 50% 내외, 스포츠토토는 30~50%가 각각 운영비와 수익금이다). 고정배당금을 지급하는 경우 참가자가 적으면 게임운영회사가 손해를 보게 되는데, 이를 고안이나 홍보에 성공하지 못한 '실패한 게임'(overlay)이라고 한다.

(3) 스포츠인가, 도박인가

미국의 사행산업계, 즉 도박산업계에서는 이런 판타지스포츠 내기가 도박인가에 관한 논란이 일고 있다. 연방법인 〈인터넷도박금지법〉(UIGEA)의 베팅 또는 내기 정의에 "판타지 또는 시뮬레이션 스포츠 게임에 참가하는 것은 포함되지 않는다"고 명문규정을 두고 있어 연방법 차원에서 판타지스포츠는 도박이 아니며, 따라서 내기 참가도 불법이 아니다. 각 주에서 이런 판타지스포츠를 어떻게 다루느냐에 따라 불법 또는 합법 여부가 결정되기 때문에 판타지스포츠 운영회사는 이 연방법 규정을 들어서 판타지스포츠 내기에 참여하는 것은 도박이 아닌 숙련도 게임이라고 광고하고 있다. 하지만 엄격히 말해 '합법적'인 사업은 아니며 각 주 법에 어떻게 정하느냐에 달려 있다.

플로리다, 미네소타, 미시간주에는 관련 법령이 없으며, 메릴랜드주는 2012년 주 〈형법〉(§12-114. (b))으로 판타지스포츠에 참가하는 것을 〈형법〉 적용대상에서 제외하였고, 네바다주에서는 이를 아예 도박으로 규정하고 면허를 받도록 하였다. 한편 일리노이, 뉴욕, 텍사스, 버몬트주는 불법으로 규정하였다. 판타지스포츠를 금지한 주에서 이에 참가하면 "5인 이상이 하루에 2천 달러 이상의 도박을 금지"한 연방 〈불법도박사업법〉(Illegal Gambling Business Act)에 저촉되어 조직범죄를 다루는 법으로 처벌된다.

뉴욕주에서는 미국의 양대 DFS 운영회사 중 하나이자 보스턴에 본사를 둔 드래프트킹스 종업원이 영국 에든버러에 본사를 둔 경쟁사 팬듀얼의 사이트에 접속하여 내부정보를 이용, 35만 달러를 딴 것이 발각되기도 했다. 뉴욕주 검찰은 이런 불상사, 불법도박사업 등을 이유로 양사에 고객을 대상으로 영업을 할 수 없도록 영업정지가처분신청을 하였다. 뉴욕지방법원은 이를 받아들였으나, 항소법원은 즉시 긴급구제명령을 발령하여 본안심리 때까지 영업을 계속할 수 있도록 하였다.

캘리포니아주에서는 〈인터넷판타지스포츠게임보호법〉(Internet Fantasy Sports Game Protection Act)이라는 명칭의 법률이 2016년에 제정되어, 판타지스포츠 베팅사업을 하려면 사업자는 적격심사를 거쳐 면허를 받고 매년 면허료를 납부해야 한다. 또한 게임참가자 역시 소비자보호 차원에서 사전에 회사에 등록하여야 하고, 회사는 이들을 보호하기 위해 판타지스포츠 펀드에 출연해야 한다. 6)

도박법 전문가인 넬슨 로즈(I. Nelson Rose) 교수는 "시즌을 통틀어 경기결과를 맞추는 데에는 우연의 요소가 적다고 할 수 있으나 매일매일의 경기에는 선수의 부상, 일기, 컨디션 등 우연적 요소가 개제될 가능성이 크다"면서 "최소한 2경기 이상의 실제 경기를 근거로 선수 개개인의 성적을 산정토록 해야 할 것"이라고 제안한다. 7)

한편 로즈 교수는 법원이 우연의 게임인지 숙련 게임인지 여부, 즉 도박 여부를 판단함에 있어 여러 요소를 고려할 것이라고 했다. 그는 숙련된 참가자가 비숙련 참가자보다 더 많이 이기는 경향, 경험이나 실제경기·판타지스포츠를 통한 숙련도 습득 가능 여부를 보면 숙련 게임 여부를 판단할 수 있다고 했다. 또 숙련 게임은 수학적 지식과 정신적 숙련도가 요구되고, 참가함으로써 결과가 바뀌는 특징이 있고, 법원의 판단에는 지역사회의 여론도 영향을 미칠 것이라고 밝혔다. 8)

스포츠베팅 운영사업자 입장에서 판타지스포츠 내기는 마케팅이나

---

6) Analysis of Amended Bill, 2015. 9. 10. , 2016. 1. 12. , "Internet Fantasy Sports games consumer protection act/licensed operators shall facilitate collection of personal income tax by FTB".

7) Rose, I. N. , 2015, "End game for Daily Fantasy Sports?", *Gaming Law Review and Economics* 19(9).

8) 넬슨 로즈 교수 블로그, "What should Daily Fantasy Sports do now?" (http://www. gamblingandthelaw. com/)

고객유지 측면에서 활용 여지가 있는데, Bet365같은 베팅사업자는 축구 판타지스포츠 게임과 경품 또는 포인트를 제공하여 실제 베팅으로 유도하기도 한다.

(4) 우리나라는?

한국 스포츠토토에서는 사행성이 높다는 이유로 특정 경기의 승·무·패만을 적중시키는 방식의 참가를 허용치 않고 있다. 대신 두 경기 이상의 결과를 동시에 예측하거나 한 경기의 전·후반을 나누어 결과를 예측하여 참가하도록 하고 있다.

판타지스포츠 내기 참가의 경우에는 팀 구성에서부터 자신의 판단력이 요구되므로 어느 정도의 숙련도가 필요한 만큼 단순한 경기결과 예측을 바탕으로 참가하는 스포츠토토보다 사행성이 높다고는 할 수 없다. 그런 면에서 스포츠 마니아층에게는 아주 좋은 새로운 게임이 될 것이다. 만일 이러한 내기가 도입된다면 스포츠도박의 블루오션으로 자리 잡을 가능성이 높으며, 스포츠토토 참가자들 중 젊은 층 상당수가 판타지스포츠 내기로 방향을 틀 것으로 예상된다.

미국의 경우 일부 주를 제외하고는 스포츠베팅을 금지하고 있어[9] 판

---

9) 2018년 5월 14일 미국 연방대법원은 "스포츠의 공정성을 보호한다"(*protect the integrity of sports*)는 명분으로 네바다, 몬태나, 오리건, 델라웨어 등 4개 주를 제외한 지역에서의 스포츠 경기에 기반을 둔 베팅, 내기, 도박을 금지한 〈연방스포츠보호법〉(PASPA: *Professional and Amateur Sports Protection Act of 1992*)이 위헌이라고 판결했다(대법관 6 대 3). 이에 따라 앞으로 각 주들은 법령을 통하여 스포츠도박 도입 여부를 결정할 것으로 예상된다(Barnes, R., "States are free to authorize sports betting, Supreme Court rules", *The Washington Post*, 2018. 5. 14.).

타지스포츠 내기가 스포츠베팅의 대체제로 활성화된 측면도 있을 것이 므로, 이미 스포츠토토가 뿌리를 내린 한국에서는 미국만큼 인기를 끌 수 없을 것이다.

2) 의사도박(pseudo play, game gambling)

2017년부터 신촌, 강남 등 서울과 부산, 광주, 대구 등지에 이른바 '카 지노 바'가 우후죽순 격으로 생겨 불법이냐 합법이냐 논란거리가 되기 도 했다. 10) 카지노 바는 펍에 블랙잭, 바카라, 룰렛 등 카지노 테이블 이나 빅휠 등 도박기구를 설치하여 영업하는 장소를 말한다.

카지노 바는 일단 술집이므로 〈식품위생법〉 제44조(영업자 등의 준 수사항) 제1항 8호와 〈식품위생법〉 시행규칙 제57조(식품접객영업자 등의 준수사항 등)의 별표 17 중 '7. 식품접객업자와 그 종업원의 준수사 항'에 따르게 된다. 준수사항 내용 중 '다'항에서는 "업소 안에서는 도박 이나 그 밖의 사행행위 또는 풍기문란행위를 방지하여야 하며, 배달판 매 등의 영업행위 중 종업원의 이러한 행위를 조장하거나 묵인하여서는 아니 된다"고 규정하였다.

따라서 카지노 바는 펍에서의 도박행위 방지 의무에 위반된다고 해 석될 수 있으며, 〈식품위생법〉 제75조(허가취소 등) 제1항 제13호의 규정에 의거, 허가가 취소되거나 영업장 폐쇄명령을 받을 수도 있고,

---

10) 김범수, "우후죽순 생기는 '카지노 바' … 아슬아슬한 줄타기", 〈세계일보〉, 2017. 2. 16.

직접 폐쇄조치를 취할 수도 있다(제 79조). 또한 제 82조(영업정지 등의 처분에 갈음하여 부과하는 과징금 처분) 규정에 따라 과징금 처분을 받을 수도 있다. 돈이 오가지 않았으므로 도박이 아니라고 주장할 수도 있으나, '카지노 연습장소' 기능을 하므로 사회적으로 바람직하지 않은 현상인 만큼 〈식품위생법〉으로 단속이 가능하도록 하여야 할 것이다.

경마를 본뜬 애니메이션 동화(動畫)를 이용한 경주 게임인 달팽이, 사다리타기, 홀짝 맞추기, 소셜 그래프 등 언필칭(言必稱) '사행성 게임'들은 승패결과가 길어야 5분 안에 결정되어 자투리 시간에도 얼마든지 이용할 수 있다. 이런 점 때문에 청소년들이 휴식시간이나 학원 이동시간 등에 휴대전화를 이용해 도박을 하고 있어 대응책을 마련하여야 하나 마땅한 방안이 없다.

게임은 원칙적으로 규칙이 있고 그 규칙에 따라 다음 동작이 행해져야 하는데, 이런 사행성 게임들은 완전히 우연에 따라 진행되므로 게임이라고 할 수 없음에도 게임으로 불린다. 이에 따라 〈게임산업진흥에 관한 법률〉에서 정한 진짜 게임까지 싸잡아 비판의 대상이 되고 있다. 실제로 게임물관리위원회는 이런 게임물들을 "전적으로 우연적인 방법으로 그 결과가 결정되고, 게임진행에 흥미나 성취감이 유발될 수 없으며, 점수 획득만이 관심의 대상인 것으로서, 〈사행행위 등 규제 및 처벌 특례법〉에 따른 사행성 유기기구로 판단"하여 등급분류를 거부하고 있다. 게임이 아닌 도박으로 간주하는 것이다. 11)

---

11) 여명숙(게임물관리위원회 위원장), "불법사행성 게임 현황과 대처방안", 〈불법도박·사행성 게임 퇴치방안 마련을 위한 토론회' 자료집〉, pp. 3~9. (장정숙 국회의

게임을 하는 과정에서 낮은 확률의 희귀한 아이템을 획득하여 이용하면 다음 단계로의 게임진행에 도움을 받을 수 있는 경우가 있다. 게임이용자들은 뽑기, 캡슐, 랜덤박스 등 확률형 아이템을 구매하기 위해 계속하여 돈을 지불하지 않으면 안 된다.[12] 일부 게임개발자나 업체는 유저들의 이런 심리를 이용하여 더 많은 돈을 지불하도록 확률형 아이템 구매를 유도하는 측면도 없다고 할 수 없다. 이런 사정을 이용하여 그런 아이템을 보유한 이용자들은 필요한 사람들에게 이를 판매하기도 한다. 법적으로는 게이머 간의 아이템 매매행위가 금지되어 있지만 실제로는 거래가 이루어지는 것이다.

물론 게임업계에서는 확률형 아이템 판매를 도박이라고 여기지 않는다. 그러나 더 많은 돈을 지불하도록 유도하는 측면에서는 도박성이 강하여 벨기에, 영국, 프랑스 등에서는 이를 도박으로 규제하려는 움직임도 있다.[13] 이런 부정적인 정서를 감안하여 우리나라 게임업계는 구매 전에 그런 아이템을 획득할 수 있는 확률이 얼마나 되는지 알 수 있도록 공개하거나, 일정한 기준에 도달한 이용자들에게 아이템을 보상으로 제공하거나, 게임 도중 당해 아이템의 실제 출현 횟수를 공개하는 등의 방법으로 자율규제안을 마련하고 있다.[14]

원 주최, 2018. 3. 23.)

12) 게임 과금 구조를 이런 방식으로 책정하여 비난의 표적이 되자 확률형 아이템을 줄이고 확정형 아이템을 판매하는 방식으로 바꾼 게임들도 출시되고 있다.

13) 박진형, "확률형 아이템의 사행성 논란, 세계적 흐름은?", 〈매일경제〉, 2018. 1. 14.

14) 공정위는 2018년 4월 1일 국내 게임사들이 확률형 아이템 판매 시 확률을 제대로 표시하지 않았다 하여 과태료와 과징금을 부과하였다. 다음의 기사들을 참조. 김시소, "게임업계, 개별아이템 확률 공개 의무화한다", 〈전자신문〉, 2018. 3. 14. ; 박상영,

수년 전부터는 외환거래 실전체험장이란 이름의 의사외환거래 도박장이 영업을 하고 있다. 외국환거래를 하려면 당연히 〈외국환거래법〉에 따라 기획재정부장관에게 등록 또는 신고하여야 한다. 그런데 이런 실전체험장들은 실제 외국환거래를 하는 것이 아니라 외국환 시세가 오를 것인지 내릴 것인지를 알아맞히는 내기를 하는 곳에 불과하다. 외국환거래라면 실제로 외환을 사고팔아 차익, 즉 환차익을 얻는 것인데, 시세의 오르내림을 맞추는 '도박'을 외환거래 실전체험장이라고 광고한 후 거액의 투자금을 유치하는 사기행각까지도 벌이고 있다. 이들은 뉴욕증권거래소 실시간 선물거래 화면을 국내증권사와 계약하여 전송받은 것을 '제휴'하였다고 광고하여 마치 합법적인 거래인 것처럼 호도하기도 한다. [15]

3) 재미로 하는 온라인 소셜 게임 규제문제

페이스북, 애플이나 구글 어플리케이션 등 소셜미디어에서는 다양한 종류의 게임을 제공하고 때로는 광고까지 하고 있어 이를 도박법으로 규제해야 하는지 문제가 제기되었다. 영국 도박위원회는 이에 대해서 금전 또는 금전적 가치가 있는 것을 상으로 주지 않아 도박법상 도박에 해당하지 않는다고 입장을 밝혔다. 도박위원회는 소셜 게임을 하는 사

"공정위-넥슨 등 게임업체, 법정공방 가나 … 확률형 아이템 제재에 업체 '발끈'", 〈뉴시스〉, 2018. 4. 2.

15) 이용주, "투자? 사행성 도박? … 환율 맞추는 '외환거래 체험장'"(MBC뉴스, 2018. 4. 25.).

람들이 많은 돈이나 시간을 투입하지 않을 뿐만 아니라 상당히 많은 시간과 돈을 쓰는 사람들의 숫자도 추가로 규제를 해야 할 만큼 많지 않다는 점, 소셜 게임 자체가 해로운 행동과 연계되어 있다는 것이 확실치 않아 추이를 지켜보겠다는 점도 추가로 지적했다. 16)

다만, 이런 소셜 게임이 실제 돈을 거는 도박을 연마하는 기회가 되고, 청년층 등 취약계층에게는 온라인 도박을 하게 하는 관문 또는 통로 역할을 한다는 주장도 있음을 기억할 필요가 있다. 특히, 일부 소셜미디어 사이트는 어플리케이션을 통해 무료 가상도박을 할 수 있도록 연동시켜서 도박을 접할 수 있는 쉬운 길을 열어 놓아 규제나 정책을 담당하는 사람이나 연구자들의 우려의 대상이 되고 있다. 이런 가상도박은 재미로 즐길 수 있도록 하기 위해 실제 도박보다 승률을 높게 해놓거나 승패가 완전히 우연에 따라 결정되도록 하지 않아서 사용자들에게 잘못된 자신감을 심어 줄 수도 있다고 우려하는 것이다. 17)

일반적으로 온라인 도박을 하는 이유는 접근하기 편리하고 편안하며 하기 쉽다는 것이다. 일반 도박장의 분위기나 다른 고객들과 섞이는 것

---

16) 영국 도박위원회(http://www.gamblingcommission.gov.uk/). 호주 도박연구센터(Australian Gambling Research Centre)에서도 2016년 4월 소셜 게임(simulated gambling games)이 '도박이냐 게임이냐'와 관련한 토론문, "Is it gambling or game?"(Dickins, M., & Thomas, A.)을 발표한 바 있다.

17) Kim, H. S. et al., 2017, "Why do young adults gamble online?: A qualitative study of motivations to transition from social casino games to online gambling", *Asian Journal of Gambling Issues and Public Health* 7(1). 호주 도박연구조사센터 토론문 "Is it gambling or game?"에서는 앞에 열거한 이유 외에 '실제 돈을 잃지 않지만 이기는 경우 승리했다는 보상심리를 맛볼 수 있어 위험하다', '따분하거나 불안·우울할 때 게임을 하게 되어 위험할 수 있다' 등의 사유를 추가하였다.

이 싫은 사람들이나, 온라인 도박 상품의 속도 등의 특성을 마음에 들어 하는 사람들도 온라인 도박을 하게 된다. 온라인 도박은 실제 도박보다 경비가 적게 들어 더 많이 딸 가능성이 있으며, 여러 언어로 서비스하고 익명성이 보장되기 때문에 이용한다는 사람들도 있다. 온라인 도박의 경우 더 자주, 더 오래 하게 되며, 도박판에서 실제 돈을 잃는 것이 아니고 구좌에서 빠져나가 돈을 잃는 데 대한 감도 떨어진다. 뿐만 아니라 사업자 등의 책임도박 조치도 부족하여 문제도박의 위험성이 더 높다는 것이 연구결과로 나타나고 있다. [18]

3. 스포츠선수들의 스포츠베팅 참가와 승부조작

스포츠에서의 승부조작 문제는 어제오늘의 일이 아니며, 국내경기뿐만 아니라 국제경기에서도 문제가 되고 있다. [19] 다음 경기 상대를 고려하여 일부러 져주거나 제대로 실력을 발휘하지 아니하는 등 승부를 조작한 대표적인 사례가 2012년 런던올림픽 배드민턴 경기로, 한국 선수 4명, 중국 선수 2명, 인도네시아 선수 2명이 징계를 받는 초유의 사태가 있었다. 이뿐 아니라 한국의 경우 체육특기자 특례입학제도가 있어, 특기자가 되고자 승부를 조작하는 경우도 문제시된 적이 있다. 일반적

---

18) Wood, R. T. & Williams, R. J., "Internet gambling: Past, present and future"; Smith, G., Hodgins, D. & Williams, R. J. ed., 2007, *Research and Measurement Issues in Gambling Studies*, pp. 491~514.

19) 인터넷에서 다양한 승부조작 사례에 대해 찾아볼 수 있다.

으로 승부조작은 카드, 경마, 카지노 등 전통도박이 아닌 축구, 크리켓 등 경기에 대한 내기도박, 즉 경기 승패를 맞추는 스포츠풀(*sport pool*) 때문에 나타나기 시작한 현상이다.[20]

2011년 6월 10일 호주 연방정부와 각 주 체육담당 장관들이 서명한 '스포츠 승부조작과 관련한 국가정책'(National Policy on Match-Fixing in Sport)에서는 승부조작을 "선수들, 팀, 소속사, 지원요원, 심판, 관계자, 현장요원 등이 경기결과나 결과와 관련된 가능성을 조작하는 것"으로 정의했다. 이는 경기의 결과나 시합 여부, 득점 등을 고의로 조작하는 것, 고의로 제 실력을 발휘하지 않는 것, 일부러 져주는 것, 경기 규칙을 고의로 잘못 적용하는 것, 현장요원이 경기에 개입하거나 가담하는 상황, 경기결과나 가능성 조작을 통해 특정인의 베팅을 도와줄 목적으로 내부정보를 유출하는 것 등을 모두 포함한다.[21]

이런 정책에 따라 체육계와 도박업계는 '스포츠공정성 협약'을 체결해 정보를 교환했다. 도박업계는 도박 수입 중 일부를 체육계에 환원하도록 하고 체육계는 특정 스포츠도박 상품에 대한 허용 여부 결정권(*veto*)

---

20) 불법 스포츠토토 운영사는 스포츠 경기뿐만 아니라 게임대회 등 내기가 가능한 모든 것에 걸도록 하는 상품을 개발한 후 승부를 조작하기도 한다. 2017년 11월 18일 부산 벡스코에서 열린 2017 지스타 스타크래프트 대회에서 승부조작 사실이 적발되어 관련자들이 검거되었다(박태균, "부산경찰청, 지스타 스타크래프트 승부조작 및 인터넷 불법도박 조직 검거", 〈인벤〉, 2018. 3. 15.).

21) '스포츠 승부조작과 관련한 국가정책' 1. 1항에는 승부조작 방지를 위해 정부가 해야 할 일, 체육계와 도박사업체가 해야 할 일, 국제적인 협력 등에 대해 상세히 규정되어 있으며 캐나다에서도 호주의 정책을 원용하고 있다('스포츠 승부조작과 관련한 국가정책' 전문 http://www.health.gov.au/internet/main/publishing.nsf/Content/match-fixing1).

Footballers use girlfriends and dads so they're not caught gambling

Some players use code words with private bookmakers to place bets,
Gregor Robertson writes

Left to right: Barton, Shaw and Demichelis have all been fined for illegal gambling activities

영국 축구선수들이 FA 규정에도 불구하고 자신이 출전하는
시합에 여자 친구나 아버지가 스포츠토토를 구매하도록 하였으나
적발되지 않았다는 내용의 기사. 〈타임스〉, 2018.1.24.

을 갖도록 했다. 또한 각 주 정부는 법령을 개정해서 위반자를 7~10년
징역형에 처할 수 있게 되었다. 스포츠에 대한 관심 증대와 정보통신기
술 발달로 사람들은 전 세계의 수많은 경기 결과를 실시간으로 즐길 수
있다. 이것이 국경을 초월한 도박과 베팅으로 이어져서 도박시장, 특
히 스포츠도박 시장은 이미 세계화되었다. 스포츠도박의 부정적인 영
향 또한 확산일로에 있다고 볼 수 있다.

영국 축구협회(FA) 규칙에 따르면, 경기에 참가하는 자는 직간접적
으로 베팅하거나 경기 관련 정보를 전파할 수 없다. 이 규정은 2014년
부터 시행 중인데, 2014~2015년 회계연도에 6건, 2015~2016년에 23
건, 2016~2017년에 30건의 위반사례가 있었다(2017년~2018년 1월 기

간에는 1건). 위반사례가 적발되면 출전정지와 과태료 처분을 받는다.

축구뿐 아니라 다른 경기단체에도 무관용원칙을 규정하는 유사한 규정이 있는데, 당초 결정된 출전정지 기간보다 실제 출전정지 기간이 짧아지고 과태료 액수도 미미하여(3만 파운드, 4,500만 원) 징계의 실효성이 의문시되고 있다. 본인이 아니라 가족이나 여자 친구 등 타인 명의로 구좌를 개설하여 베팅에 참가하는 경우에는 규정위반을 파악하기가 어렵다는 문제점도 있다. 2018년 1월에도 〈데일리 텔레그래프〉(*Daily Telegraph*), 〈타임스〉 등이 관련 기사를 대서특필한 바 있다.

한국의 경우에도 〈국민체육진흥법〉제 14조의 3(선수 등의 금지행위)에 따르면, 전문체육에 해당하는 운동경기의 선수·감독·코치·심판 및 경기단체의 임직원은 운동경기에 관하여 부정한 청탁을 받고 재물이나 재산상의 이익을 받거나 요구 또는 약속할 수 없다. 부정한 청탁을 받고 제 3자에게 재물이나 재산상의 이익을 제공하거나 제공할 것을 요구 또는 약속해서도 안 되며, 위반 시에는 7년 이하의 징역이나 7천만 원 이하의 벌금, 또는 5년 이하의 징역이나 5천만 원 이하의 벌금형에 처할 수 있다. 또한 제 30조(체육진흥투표권의 구매 제한 등) 제 2항 제 3~4호에는 스포츠토토 발행종목의 선수와 감독, 코치, 심판, 경기 주최단체의 임직원 등은 스포츠토토의 구매 또는 환급이 금지되어 있고, 이 조항을 어길 경우 5년 이하의 징역이나 5천만 원 이하의 벌금에 처해진다. 영국보다 더 엄격하다고 할 수 있다.

제 7 장

역사상의 도박

1. 로마시대의 도박[1]

유럽 대륙과 영국은 물론 중동, 아프리카 북단까지 진격하여 속국으로 만든 로마제국의 실질적 전제자 가이우스 율리우스 카이사르(Gaius Julius Caesar)가 암살당한 후 옥타비아누스(Octavianus)는 집정관이 되었다. 그는 다른 두 명의 권력자들과 함께 로마를 통치했는데, 기원전 27년 원로원은 카이사르의 양자이자 이집트를 정복한 옥타비아누스를 '존엄한 자'(*the divinely favored one*)를 뜻하는 '아우구스투스'(Augustus)로 칭하고 전제군주정치를 시작하기로 결의한다. 로마제국을 통치하게 된 아우구스투스는 군대 지휘관으로서의 역량은 탁월하지 못했지만 "냉

---

1) 아우구스투스(Augustus)가 로마제국의 전제군주가 된 기원전 27년과 5대 황제인 네로(Nero)가 자살한 기원후 68년 사이 로마제국에서의 '도박'과 관련된 내용들을 정리했다.

혹한 만큼이나 교활하고 단호한 만큼이나 참을성도 강해" 이후 41년간 제정로마의 기반을 구축하면서 로마를 쾌락문화를 즐기는 제국의 수도로 만들어 놓았다. 그러나 기원후 68년 5대 황제인 네로(Nero)가 자살함으로써 율리우스-클라디우스가(家)의 황통은 단절되고 내전이 발발하여, 로마는 1년 사이에 3인의 군 출신과 1인의 평민 출신이 황제에 즉위하는 혼란을 겪었다.

기원전 27년 군주제가 시행된 후 로마제국에서는 공화정 시절의 내전이나 분란이 사라지고 평화가 유지되었다. 물질적인 풍요로 다양한 와인과 만찬 문화, 공중목욕탕과 정원, 별장의 건설, 수집벽 등 생활 각 분야에서 새로운 기풍이 조성되었고, 평민들이나 노예들이 희로애락을 즐기는 방식에도 변화가 있었다. 황제들은 여유시간을 도박, 도락, 방탕 등으로 보냈으며, 일반서민들이나 노예에서 해방된 자유인들은 선술집을 일상의 피난처로 여겼다. 그런 곳에서는 불법도박과 성매매가 다반사로 이루어졌다.

초대 황제 아우구스투스는 손님을 불러 식사를 하고 나면 도박판을 벌였는데, 1인당 25만 세스테르티우스(은화로 4세스테르티우스는 금화인 1데나리우스이며 이는 일용직 노동자 일당에 해당한다)를 판돈으로 나눠 주기도 하였다고 한다. 그는 양아들 티베리우스(처의 전 남편의 아들, 즉 의붓아들로 2대 황제가 됨)에게 보낸 편지에서 "미네르바(Minerva)여신을 기리는 명절에 5일 동안 계속해서 도박을 하여 많이 잃어 주려 했으나 그러지 못했는데, 딴 돈을 제대로 계산해서 받고 판돈으로 나눠 주었던 돈을 돌려받았다면 5만 세스테르티우스를 땄겠지만 잃는 게 더 낫고 베풀고 나니 불멸의 영광을 얻은 기분이다"라고 적었다. 2) 이런 내용을 인용할 수 있었던 것은 그의 도박편력이 정치적인 유머의 대상이었고 비밀 아닌 비밀이었기 때문이다. 그는 도박판에서뿐만 아니라 평소에도 남들에게 무언가 베푸는 것 자체를 즐겨 사후에 사람들 마음속에 너그럽기 그지없는 신과 같은 존재로 각인되었다고 한다.

도박에 탐닉했던 아우구스투스의 뒤를 이은 2대 티베리우스 황제는 도덕적으로 결백하였다. 3대 칼리굴라 황제는 악명 높은 도박꾼으로, 주사위 놀이를 하다가 돈이 떨어지자 갈리아 지역 세금 목록을 가져오게 해 그 지역 최고 부자를 처형하고는 그의 재산을 탈취한 후 "너희가 푼돈으로 도박하는 동안 나는 1억 5천만 데나리우스를 손에 쥐었다"고 했다. 그는 주사위를 던지면 반드시 이겨야만 했으며, 그러기 위해 주사위를 변형시켜 '사기도박'까지 했다고 한다.

4대 클라우디우스 황제 역시 술에 취해 도박을 하였는데, 규칙을 노골적으로 또는 간접적으로 어겨 누구도 대놓고 지적할 수가 없었다고 한다. 클라우디우스 황제는 도박의 고수로, 《주사위 놀이의 기술》을 저술하였고 마차 바닥을 도박용 판으로 만들어 이동 중에도 게임을 했다. 5대 네로 황제 역시 대단한 열정의 도박꾼으로, 1점당 40만 세스테르티우스라는 엄청난 돈을 걸었다고 한다.

카이사르 휘하의 장군으로 레피두스, 아우구스투스와 함께 삼두정치(triumvirate, 三頭政治)를 펼친 마르쿠스 안토니우스 역시 "평생 술집과 사창가에서 포도주를 마시고 주사위 놀이를 하는 데 시간을 낭비했다". 네로 황제 이후의 비텔리우스, 도미티아누스, 루키우스 베루스, 콤모

---

2) 레이 로렌스 지음, 최기철 옮김, 2011, 《로마제국 쾌락의 역사》, p. 59~60.

두스, 디디우스 율리아누스 황제(황실 근위대를 지원하기 위해 경매에서 최고 액수로 입찰해 황제가 되어 66일 동안 황제 재위)도 '도박황제'로 알려져 있다.

기원전 3세기부터 로마는 "도박으로 시간을 보내는 사람은 사기, 거짓, 위증을 밥 먹듯 하고 증오하고 경제적인 몰락을 초래한다"는 이유로 도박인 주사위 놀이를 금지하는 법을 제정하여 원하지 않는 사람을 도박장으로 유인하거나 노름을 말리지 않는 사람을 처벌하도록 했다. 동시에 돈을 잃은 사람은 되돌려 달라고 요구할 수 없고 도박채무 역시 고소할 수 없다는 내용도 명시했다. 그러나 이런 법률에도 불구하고 황제나 상류층은 물론 부유한 사람들도 다른 사람들과 함께 '잔뜩 먹고 마시고 나서 주사위를 던지고 놀았다'고 한다. 로마에서는 지갑을 가지고 가는 것이 아니라 '돈 상자'를 들고 가 식자들이 세태를 한탄하거나, 100세스테르티우스를 잃는 정도는 별로 개의치 않았다고 할 정도로 도박이 만연했다.

물론 불법도박을 하다 적발되면 판돈의 4배의 벌금을 내거나 추방을 당하는 등의 법적 제재를 받았다. 품위 손상을 이유로 원로원 직책을 내놓은 경우도 있었다고 한다. 노예 판매상은 노예가 사기꾼, 도박꾼, 도둑 또는 주정뱅이인지를 구매자에게 알려줘야 했고, 도박장을 개설한 사람은 법적 보호를 받지 못하므로 불상사가 발생하여도 국가의 도움을 받을 수 없다는 위험을 감수해야만 했다. 다만 12월 농경신을 기념하는 농신제(Saturnalia) 기간 중에는 도박이 허용되어 곳곳에서 주사위 컵 소리가 들렸다. 심지어 노예들도 주인 눈치를 보지 않고 주사위를 던졌다. 맨 정신에 노름하는 게르만족과 달리 로마 사람들은 술을 마셔 가며 노름을 하여, 키케로는 "이른 아침부터 술에 취해 게임을 하고 구토를 했다"고 적었다.

로마 사람들은 황제가 나랏일을 제대로 보살피고, 백성들을 돌보고, 그들이 추구하는 쾌락을 백성들도 즐길 수 있도록 해주는 것이 중요하다고 생각했다. 신이나 다를 것 없었던 황제들의 도박 탐닉은 백성들의 삶과 생활에도 영향을 미쳐 주사위라는 이름의 세균이 사회의 모든 계층에 퍼지게 되었고, 도박꾼은 '수치스럽고 타락한 인물'로 비난을 받았다.

주사위 노름 이외에도 아우구스투스 황제는 도박의 한 종류인 행운권을 판매하고 추첨을 통해 파티에 참석한 손님들에게 선물을 주었다. 네로 황제는 추첨을 하여 술친구들에게 빌라나 노예 또는 상점에서 훔친 물건들을 상으로 주었다. 뿐만 아니라 아우구스투스 황제는 로마 도시 정비라는 공익 목적으로, 네로 황제는 기원후 64년에 발생한 로마 대화재 후 복구 재원 마련을 위해 복권을 발행하기도 했다.

2. 주사위 놀이로 왕권과 영토 탈취, 《마하바라타》

인도판 그리스-로마 신화라고 할 수 있는 《마하바라타》는 인도의 델리 지역 명문가 바라타족의 사촌들 간의 전쟁에 관한 이야기로, 모두 18권으로 구성되어 있다. 1~5권은 전쟁 발발 경위, 6~10권은 전쟁, 11권, 14~18권은 전후 처리와 죽음이 중심 이야기이다. 12권(평화)과 13권(교훈)에서는 전쟁과는 무관한 왕의 의무, 브라만 부양의 의무, 인도 사회를 특징짓는 네 가지 계급(크샤트리아, 브라만, 바이샤, 수드라)의 권리·의무, 인생의 4단계에서의 인간 각각의 권리·의무 등을 설명한다. 여기에는 또한 웅대한 철학적 시편도 들어 있는데, 이는 후세에 추가한 것으로 추정된다. 각 권의 분량은 다르며 국내에는 산스크리트어를 직접 번역한 것(아직 완역되지 않음)과 4권으로 된 영문 축약본을 번역한 것이 있다.

바라타 왕조의 샨타뉴라는 왕은 강가의 여신을 만나 결혼, 아이를 낳는다. 가장 훌륭한 스승 아래 왕이 될 준비를 마친 아이는 성장하여 아버지 곁으로 돌아와서 황태자(비슈마)가 된다. 하지만 왕이 사티야바티라는 처녀와 결혼하려는 것을 알고 결혼 성사를 위하여 황태자 자리를 포기한다. 아들은 아버지를 위하여 왕좌에 앉지 않을 것이며, 후손을 남기지 않기 위해서 결혼도 하지 않겠노라고 선언한다.

사티야바티와 결혼한 왕은 두 아들을 두었는데, 장남은 결혼 전에, 차남은 결혼 후에 후손 없이 사망하여 손이 끊어지게 된다. 그러자 미망인이 된 차남 왕비 두 사람은 현자와 합방하여 첫째 왕비에게서 장님인 드리타라스트라 왕자, 둘째 왕비에게서 판두 왕자, 또 첫째 왕비 하녀에게서 비두라라는 아들을 얻게 된다. 드리타라스트라는 장님으로 태어나 맏아들임에도 정사를 제대로 보살필 수 없다 하여 왕위를 동생 판두에게 넘긴다. 판두는 한때 영토를 확장하는 등 맹위를 떨치지만 자식을 낳을 수 없는 저주를 받는다. 그의 첫째 부인 쿤티는 처녀 때 은총으로 받은 주문을 통해서 다르마의 신, 바람의 신, 천둥 번개의 신, 아슈윈 쌍둥이 신으로부터 다섯 명의 아들을 얻는다. 드리타라스트라는 아들 백 명과 딸 한 명을 얻는다.

판두의 죽음으로 드리타라스트라가 왕위에 오른다. 판두가 선대왕이

므로 당연히 그의 맏아들 유디스티라가 왕위를 이어야 하지만, 드리타라스트라는 왕위에 대한 집착으로 갈등했던 것이다. 드리타라스트라의 갈등은 그의 맏아들 두리요다나의 야망에 희망을 주었다.

유디스티라를 비롯한 판두의 아들 다섯 명과 두리요다나를 비롯한 드리타라스트라의 아들 백 명은 사촌 간이면서 왕위 계승 문제로 갈등을 겪게 된다. 두리요다나 측은 유디스티라 형제들을 시기하면서 수없이 계략을 짜 죽이려 하지만 다섯 형제들은 그때마다 살아난다. 불안해진 드리타라스트라는 결국 왕국의 절반을 떼어 유디스티라 형제에게 주고 따로 통치하게 한다.

시기심이 많은 두리요다나는 왕국의 절반을 통치하는 것에 만족하지 못하고 계략을 꾸며 다섯 왕자에게서 왕국을 빼앗았을 뿐 아니라, 14년 간 유배 생활을 하게 만든다. 마지막 1년은 행방을 아무도 모르게 지내야 했으므로 더욱더 어렵게 유배 생활을 마친 다섯 왕자들은 마침내 돌아와 자신들의 몫을 달라고 요구하고, 이에 응할 수 없는 두리요다나 측은 전쟁에 돌입한다.

다섯 왕자 중 셋째 아르주나는 막상 싸움터에 섰지만, 건너편에 있는 사촌, 스승, 친척, 그리고 자기 의무에 충실할 뿐인 사람들을 보고 싸움에 대해 회의하고 살생을 두려워한다. 정당한 의무와 귀한 생명을 해치는 일 사이에서 번뇌하는 아르주나에게 크리슈나는 우주적 질서, 개개인의 의무, 윤회의 법칙, 해탈에 이르는 길에 대한 가르침을 준다. 의무에 충실하라는 신의 가르침을 오랜 망설임 끝에 받아들인 아르주나는 군대를 이끌고 전쟁에서 승리한다. 우주적 질서 안에서 자신의 의무에 충실한 유디스티라 등 다섯 왕자는 후에 히말라야산을 통해 천상에 도달한다.

판두 왕의 다섯 왕자는 덕치를 통해 주변 지역 왕국을 복속시키고 황제가 된다. 이를 참관한 드리타라스트라 왕의 장남 두리요다나는 다섯 왕자의 덕치와 번영을 시기하여 휘황찬란한 연회장을 신축한 후 "전쟁 말고도 적을 이길 수 있는 방법" 중 하나인 주사위 노름을 벌여 영토와 왕권을 탈취하려 계획한다. 부왕 드리타라스트라와 현자인 삼촌 비두라는 그 계획에 반대하였다.

그러나 그는 "비천함의 근원이 될 노름"인 주사위 놀이의 달인을 내세워 "노름을 좋아하지만 잘하지는 못하는"(3권 182쪽) 사촌 유디스티라와 주사위 노름을 하도록 밀어붙인다. 그들은 처음에는 재물로 내기를 했지만 점점 가축, 영토, 형제, 자신, 아내까지 걸었고, 결국 유디스티라는 모든 것을 탈취당한 후 유배됐다. 유디스티라는 왕권을 잃고 난 뒤 아내인 왕비를 걸었으므로 아내에 대한 내기는 무효라고 주장하였지만 그녀는 결국 종이 되고 말았다. 사냥과 술, 여색과 함께 빠지기 쉬운 네 번째 악덕인 도박으로 인해 파국을 맞고 13년간 유랑의 길을 떠나게 된 것이다.

시종들은 왕이 지켜야 할 법도와 관련하여 "대왕이 행여 술을 마시거나 노름을 하거나 유회에 빠져 있거나 행실 나쁜 여자들에게 탐닉해 있으면 그런 나쁜 습관들을 말씀드려야 하는지요?"라는 등 올바른 시종들을 옆에 두고 국사를 펼칠 것을 강조한다(3권 31쪽).

책에는 또 노름은 "피해야 할 악이고 용맹도, 책략도 없다. 성현들은 좋아하지 않는다"(3권 216쪽), "속임수 쓰는 노름꾼과 노름하는 것은 죄악"(3권 217쪽), "노름은 싸움의 뿌리, 서로의 분열과 무서운 전쟁을 불러온다"(3권 227쪽) 등 교훈적인 내용들이 기술되어 있다.

3.《조선왕조실록》을 통해 본 도박

조선왕조《태종실록》에는 조선의 초대 왕 태조(太祖)는 고려조에 도박
이 성행하여 "비록 만전(萬錢)이라도 하루아침에 도박하여 얻어서 부자
가 되었기 때문에, 경박한 무리가 요행히 따기를 바라고, 이 짓을 하다
가 처자를 빼앗기고 가산을 탕진하는 자가 있기에 이른 것"을 보아와 먼
저 도박을 금지하였다고 기록되어 있다(1414년, 태종 14년 5월 19일). 태
종 역시 도박금지를 명하면서 도박한 사람들을 장 80대 또는 100대를
때리고 도박하여 얻은 물건은 관에 몰수토록 한 것으로 기록되고 있다.
　세종 7년(1425년)에도 도박을 엄중히 금지하고 법에 의거해 죄를 처
단하도록 하였으며, 세종 9년에는 형조에서 관장하던 도박금지 업무를
한성부에서 관장하도록 변경하였다. 효과적인 단속을 위해 민(民)과 더
밀접한 한성부가 관장토록 한 조치로 보인다. 이후《연산군일기》,《중
종실록》,《명종실록》,《정조실록》에도 도박을 엄중히 금지하되 위반한
자는 검거하여 처단한다는 내용이 등장한다.
　《고종실록》에는 내무아문(內務衙門)이 "온갖 폐단을 제거하여 선비
와 백성의 안녕과 행복을 꾀할" 목적으로 준수하여야 할 조례(條例) 88
개를 각 도에 하달하였다는 내용이 기술되어 있는데, 그중 제48조에
"투전(鬪錢)이나 골패(骨牌)와 잡기장(雜技場)의 해당 주인은 속죄금을
받고(受贖) 격히 징계할 것(嚴懲)"이라는 내용도 포함되어 있다.

이처럼 조선왕조 전체에 걸쳐 도박을 금지하였음에도 효종은 "자주 희빈과 여러 공주들로 하여금 쌍륙과 바둑을 즐기게 하고서 놀이 값을 징수해 술과 음식을 푸짐하게 차린다"고 하여 송시열이 상소문을 올리기도 했다(《효종실록》, 1657년), 개국공신의 손자이자 태종의 사위인 익산군 남휘가 내시와 쌍륙놀이를 했다든가(《세종실록》, 1424년), 세조의 서자 수춘군 이현이 불만을 품은 무리들을 모아서 날마다 술 마시며 노름하는 것을 좋아하였다는 사실(《세조실록》, 1455년)도 기록되어 있다.

또한 종친인 완성수 이귀정, 두원부정 이총 등이 내섬시(內贍寺)나 내수사(內需司)의 종들과 도박을 하여 태형을 받거나 관직을 박탈당하는 등의 처벌을 받은 일(《연산군일기》), 신숙주, 한명회, 구치관, 노사신(이상 《세조실록》), 김칭, 임원준, 한존의, 이철견(이상 《성종실록》), 송장손, 이성언, 유세창·유세영 형제, 이세정, 이세손, 손효달, 박오걸(이상 《중종실록》), 최확(《명종실록》), 이경상(《선조실록》), 박창신(《영조실록》), 김로(《순조실록》), 이지연, 이기연(이상 《헌종실록》) 등 관리들이 도박을 (좋아) 하거나 도박으로 물의를 일으켜 벌을 받았다는 기록이 다수 등장한다.

조선시대 도박사건 중 가장 센세이셔널한 것은 성종 20년(1489년)에 발생한 문소전(文昭殿) 화재사건이다. 도박 때문에 태조와 태종, 태조비의 위패를 모신 사당에서 화재가 발생한 심각한 사건이었고, 사건을 보고하지 않거나 허위 보고를 하는 것은 사형에 처할 중죄(重罪)임에도, 관리책임자들이 왕족이었고 왕족의 종친(宗親)과 관련된 일이어서 가벼운 처벌을 받았다는 내용 등이 《성종실록》에 4회에 걸쳐 기록되어 있다(성종 20년 12월 15일, 12월 16일, 성종 21년 1월 19일, 4월 5일).

문소전은 조선 태조의 비 신의왕후(神懿王后) 한 씨(韓氏)를 모신 사당으로 태조 5년(1396년) 건립되었고, 세종 15년(1433년)에는 태조와 태종의 위패를 모셨으며, 왕의 친족 중 정1품 2인, 종2품 2인과 종9품 참봉 2인의 관원을 두고 있었다. 그런데 사당을 지키던 수복(守僕)들이 어전(御殿)에 들어가 쌍륙 노름으로 술내기를 하다가 서로 싸우는 과정에서 화로를 발로 차 제사 때 사용하는 돗자리(地衣)를 태운 사건이 발생했다. 이후 태종의 정실(원경왕후) 아들인 효령대군의 일곱째 아들 안강정 양(태종의 손자)이 당직차 문소전에 들렀을 때 화재사건이 일어나 의금부의 취조를 받는 과정에서 태종의 후실(신빈 신 씨) 아들 근녕군의 장남인 옥산군 제(태종의 손자)가 부탁하여 화재사건을 보고하지 않았다고 증언했다. 옥산군이 자신의 아들 검성정 읍이 자신을 팔아 그렇게 답하였다고 하면서 처벌을 청하자, 태종의 증손자인 성종은 옥산군의 죄는 묻지 않고 불을 낸 자를 사형에서 감형토록 하면서 보고자에게는 쌀과 콩으로 포상하였다. 성종 21년(1490년) 사헌부 대사헌이 옥산군의 처벌을 다시 건의하자 "이미 파직시켰으므로 더할 수 없다"고 전교하였다.

《조선왕조실록》에 등장하는 도박이나 내기의 종류도 다양하다. 쌍륙〔雙六, 저포(樗蒲) 포함〕11회, 활쏘기 10회, 대렵도(大獵圖: 사냥) 3회, 투전〔投錢, 쌍불(雙不: 투전의 일종) 포함〕5회, 골패(骨牌) 2회, 윤목(輪木) 8회, 박혁(博奕: 장기바둑) 11회, 주사위 놀이 1회 등이며, '장기바둑'이란 단어로 검색하면 조선 초기부터 후기에 이르기까지 42회에 걸쳐 관련 내용이 등장, 장기와 바둑이 당시의 가장 보편적인 놀

〈그림 4-1〉 쌍륙놀이

쌍륙판

주사위   쌍륙말

이 또는 내기였음을 알 수 있다. 그중에는 태조는 장기를 두지 않았다
거나, 정종이 장기를 좋아해 글공부를 제대로 하지 않고 동생 방간과
장기를 두었다, 관리들이 양녕대군과 장기를 두었다는 등 왕이나 관리
들의 '놀이' 차원에서의 장기와 바둑을 기록한 내용들도 있다. 그러나
많은 경우 장기나 바둑은 음주가무 또는 붕당모의나 '내기'와 결부되었
고, 상당수가 상소, 감금, 심문, 몰수 등 불온한 행실과 관련된 처벌과
연관되어 있다.

'내기'로 검색하면 격구, 활쏘기, 투호(投壺), 승경도(陞卿圖), 종경
도(從卿圖), 각저(角觝: 씨름) 등의 기록이 보이며, 내기 상품으로는
음식물, 돈 외에도 호피, 말, 전지(田地) 등이 기록되어 있다. 또 '시합'
으로 검색하면 모두 180건이 검색되는데, 상당수가 '활쏘기 경기'의 의
미로 기록되어 있다(이상 각 단어 검색결과는 도박이나 장기바둑이라는 '도
박행위' 자체가 아니라, 관직이나 권세, 지위를 도박하듯 주거나 뺏는다는 등
비유적 의미로 사용한 경우는 제외한 결과임).

《중종실록》에 도박 관련 기록들이 많은 것은 개혁정책을 추진하는 과정에서 파벌 간 대립이 많아 정국이 혼미하였기 때문으로 보인다. 송장손, 이성언, 이하, 유세창, 유세영, 이세정, 조계상, 이세손, 손효달, 박오걸 등 배척 대상인 관리들의 도박행태를 지적, 고발한 것들이 대부분이다.

《중종실록》은 다음과 같이 기록한다. "빈궁한 자가 아닌데도 떼 지어 모여 도박을 하다가 결국 부모의 재산이나 친구의 재물을 훔치고 그로 인하여 도적이 되는 자가 비일비재하다. 도박할 때는 한두 사람이 하는 것이 아니라 반드시 부류끼리 떼 지어 모인다. 따라서 서로 결탁하여 건장한 젊은이가 도적이 되면 늙은이와 어린이는 따라한다. … 이런 내용을 헌부와 포도대장에게 이르고 각별히 단속하게 하라."(1540년, 중종 35년)

"가난한 백성의 소행일 뿐만 아니라 이따금 공사에 나타난 것을 보면 어떤 때는 도박으로 업을 삼는 자들이 동료들을 불러 날마다 도박을 하고 술과 고기를 장만하고 음탕한 여인들을 모아 즐기느라 가산을 축내다가 이어 나갈 길이 없으면 부모와 형제의 재산을 훔쳐 가고 필경엔 어려운 형편이 되어 달리 구할 길이 없게 되어 도적이 된 자도 있다." (1543년, 중종 38년)

"도적은 빈궁한 데서 발생하는 것뿐만이 아닙니다. 혹 사족의 자제와 서얼의 무리들이 도박을 업으로 삼고 음탕한 여인들과 날마다 놀아나면서 처음에는 부모의 재산을 도둑질하여 그 비용으로 쓰다가 이 짓을 계속하다 보면 도적질로 방법을 바꾸어 마침내 도당을 조성하는 경우도 없지 않습니다."(1543년, 중종 38년)

이런 기록들로 볼 때 정국혼미를 틈타 이른바 '불법도박'이 성행하고 있었음을 알 수 있다. 그로부터 200여 년이 지난 후에도 도박과 관련된 내용은 등장하여, 《정조실록》에는 "잡기의 피해는 투전(投錢)이 특히 심합니다. 위로는 사대부의 자제들로부터 아래로는 향간의 서민들까지 집과 토지를 팔고 재산을 털어 바치며 끝내는 몸가짐이 바르지 못하게 되고 도적 마음이 점차 자라게 됩니다. 삼가 바라건대 경외에 빨리 분명한 분부를 내리시어 한 명의 백성이라도 감히 금법을 어기고 죄에 빠지는 일이 없게 하시고 투전을 만들어 팔아서 이익을 취하는 자도 역시 엄히 금지하소서"(1791년, 정조 15년)라는 상소가 기록되어 있다.

또, "(관할 지역에 거주하는 사람이) 떼로 모여 노름을 벌이거나 길거리에서 술에 취해 떠드는 무리들 및 모든 법을 무시하고 분수에 벗어난 짓을 하는 자가 있는데도 어물어물 덮어 두거나 전혀 알지 못하고 있었다면 집주인과 주민을 법에 따라 엄히 다스려서 결코 용서해 주지 않을 뿐만 아니라 존위와 중임도 바로잡지 못한 과실을 중하게 처벌하도록 한다"는 규율까지 정한 바 있다(1793년, 정조 17년).

순조 25년(1825년)에도 "… 젊은 사람이 어른을 능멸하고 가난한 자가 모두 부자를 본받아서 술을 마시고 취해서 길에서 싸우거나 도박을 일삼아서 가산을 탕진하며 … 무너진 기강을 바로잡지 않으면 역시 반드시 망하게 될 뿐입니다"라면서 만백성의 고통을 헤아려 달라는 상소가 올라왔다. 고종 11년(1874년)에는 백성들이 겪는 불편함이나 폐단을 열거하면서 묘소를 쓸 곳이 없고, 모든 것을 청탁으로 해결하려는 풍토와 함께 "도성의 저자에서 놀고먹는 백성들이 함부로 술과 도박을 하다가 파산하여 유랑하는 지경에 이르렀다"는 상소가 올라왔다(고종 15년, 19년에도 유사한 상소가 있었다). 계속되는 상소에도 불구하고 고종 20년

(1883년)에는 대궐안 내반원(內班院) 군사들이 노름하다가 서로 싸움질하여 살인하는 변고까지 있었을 정도로 기강이 해이해졌다.

고종 41년(1904년)에는 의정부 참정(議政府 參政) 신기선(申箕善)이 다음과 같은 상소를 올렸다.

잡된 노름으로 남의 재물을 속여 빼앗는 것은 나라를 다스리는 데서 크게 금지해야 하는 것입니다. 비록 항간의 보통 사람들이 재물을 대고 도박판을 벌이더라도 반드시 나타나는 대로 철저히 금지하고 중한 자에게 도적을 다스리는 법조문을 시행하는 것은 대개 풍속을 순후하게 만들고 백성들의 재산을 보호하려는 것입니다.

요즘 듣건대 칙임관(勅任官)이나 지위가 높은 관리들도 모여서 도박을 하는 경우가 많다고 합니다. 한 판에 짐바리가 왔다 갔다 하여 거금의 재물을 잃곤 합니다. 혹 으슥한 곳으로 불러서 암암리에 도박꾼의 소굴을 만들어 놓고, 혹 외채(外債)를 모집하는 것을 노름의 마지막 밑천처럼 여깁니다. 노름으로 남의 재물을 빼앗는 버릇이 녹림(綠林)과 같아 부유하던 가산을 하루아침에 털리고도 부끄러움도 없고 후회도 모르고 갈수록 도박에 깊이 빠져들어 가는데 뻔뻔스럽고 멍청한 꼴이 마치 귀신에게 홀린 것 같습니다.

조정의 체면을 손상시키고 외국인에게 모욕을 당하며 재산을 탕진하고 민심을 어지럽히는 것이 이미 말할 수 없을 정도로 극히 해괴하건만 사법관리들은 위세에 눌려 감히 어쩌지 못하니 나라에서 장차 법을 어떻게 시행하며 백성들이 금하는 것이 있다는 것을 어떻게 알겠습니까? 속히 법부(法部), 경위원(警衛院), 경무청(警務廳)으로 하여금 방도를 세워 기찰

하되 칙임관(勅任官) 이하는 발견되는 즉시 주달하고 잡아다 중한 법조문을 시행하며 몰수한 노름돈은 많고 적음을 막론하고 체포한 해당 법리(法吏)에게 일일이 상으로 주어서 고무하는 수단으로 삼는 것이 어떻겠습니까?

이와 같이 신기선이 잡기로 재물을 따는 것을 엄금하도록 건의하자 왕이 시행을 명한 바 있다.

4. 보르헤스의 〈바빌로니아의 복권〉

호르헤 루이스 보르헤스(Jorge Luis Borges)는 아르헨티나의 소설가이자 시인, 평론가로서, 환상적 사실주의에 기반을 둔 단편들로 현대 포스트모더니즘 문학에 큰 영향을 끼쳤다. 〈바빌로니아3)의 복권〉은 1941년에 출판된 그의 소설집 《끝없이 두 갈래로 갈라지는 길들이 있는 정원》에 수록되어 있는 단편소설이다. 4)

소설은 "[나는] 바빌로니아의 모든 사람들이 그랬던 것처럼 다른 사

---

3) 바빌로니아는 유프라테스강 유역에 있던 도시의 이름으로 천문학, 점성술로 유명한데, 기원전 2,250년부터 상업의 중심지였으나 기원전 332년경 여러 개의 작은 마을로 몰락하였다. 바빌로니아는 '신의 문'이란 뜻을 가진 그리스어 '바벨'이 그 어원으로, 히브리어로 바랄(balal)인 이 단어는 '혼돈'을 가리킨다(《픽션들》(호르헤 루이스 보르헤스, 2011), p. 102, 각주 1).

4) 국내에서는 민음사 세계문학전집 《픽션들》(2011)에 수록되어 있다.

람들을 지배하는 총독이기도 하였고 지배를 받는 노예이기도 했으며, 전지전능하거나 수치스러운 행동을 하고 감옥 생활도 하였는데, 그런 다양한 경험을 하게 된 것은 바로 다른 공화국에서는 시행되지 않거나 불완전하고 은밀하게 행해졌던 복권 때문"이라는 글로 시작된다.

바빌로니아 이발사 등 하층 계급 사람들이 하던 놀이인 '복권'은 동전을 주고 기호들이 새겨진 네모난 뼛조각이나 양피지를 샀다가 '밝은 대낮에' 추첨을 통해 당첨되면 은전을 받는 제도였다. 그러나 이런 방식에는 '도덕적 가치가 부재했기 때문에' 실패하였는데, "인간이 가진 모든 측면을 고려하지 않고 단지 희망만을 겨냥하여 대중의 무관심에 직면하고 적자를 보게 되었다". 그러자 복권은 "상을 타기도 하지만 벌금을 물수도 있도록 개량되어 바빌로니아 사람들은 정신없이 빠져들어 복권을 사지 않는 사람들은 소심한 사람, 겁쟁이로 간주"되기도 했는데, 복권 놀이에 참여하지 않는 사람과 참여하여 벌금을 물게 된 사람들은 조롱의 대상이 되었다. 벌금을 내지 않는 사람들이 출현하자 '회사'가 등장하여 당첨되어도 상금을 주지 않거나 소송을 통해 벌금을 받기도 하고 내지 못하는 사람들을 구류를 살리기도 하면서 '회사'는 점차 무소불위의 권력을 손아귀에 넣게 된다.

이제 복권에서 불운의 숫자를 뽑은 사람들은 벌금 대신에 구류기간이 명기되기 시작하는 '비금전적 복권'이 출현, 성공을 거두었다. '회사'는 복권놀이에 참여한 사람들의 성화로 불운의 숫자를 늘려 갔는데, 행운의 숫자를 돈으로, 불운의 숫자를 구금날짜로 계산하는 것은 사리에 맞지 않으며 돈의 소유가 행복 유무를 결정하는 것이 아니란 도덕주의자도 등장하였고, 빈민가에서는 '공포와 희망의 비율을 조절하는 변칙'

을 저지르기도 하는 문제가 발생하였다.

점차 '달콤한 가슴 졸임'으로부터 배제되었음을 알게 된 가난한 사람들은 소요를 일으키고, 복권을 훔쳐 형벌을 받는 사람이 등장하며, 불행한 유혈사태까지 벌어지게 된다. 이리하여 복권은 상업적 판매가 금지되고 비밀스럽게, 무료로, 모든 사람에게 실시되어 자동적으로 신성한 추첨에 참가하도록 바뀌고, 60일 밤마다 추첨이 실시되어 현자가 되거나 감옥에 가거나 수족이 잘리거나 죽음을 당하기도 한다.

회사는 행운이 단순한 우연의 일치가 아니라는 것을 암시하거나 복권 운용과정을 비밀에 부쳐 사람들은 희망과 공포를 알아내기 위해 점성술사나 첩자를 이용하게 되지만, 불평불만에 직접 대응하지는 않고 "복권이란 세계의 질서 속에 우연을 삽입하는 것이며, 실수를 받아들이는 것은 우연에 배치되는 게 아니다"며 우연에 의한 것임을 확인시킨다. 행운과 불행의 혼돈상태인 우리들의 삶에 '회사', 즉 '절대자'를 개입시키지만 그 존재를 긍정하건 부정하건 상관없이 "바빌로니아는 우연들의 영원한 놀이 그 이상의 어떤 것도 아니"란 것이다.

바빌로니아 하면 고대문명의 발상지란 이미지가 떠오르고, 함무라비 법전을 제정할 만큼 원칙과 제도가 잘 정비된 고대국가라는 인식이 앞서는데, 소설 〈바빌로니아의 복권〉에서는 '우연'이 세상을 지배하는 혼돈의 사회로 묘사된다. 즉 바빌로니아의 어원인 히브리어 의미처럼 '혼돈'의 왕국을 배경으로 하고 있다. 소설 속의 복권은 오늘날의 일반적인 복권과는 달리, 추첨하여 행운을 얻는 것이 아니라 잘못 사면 벌금을 납부하거나 구류를 살도록 하여 구매자를 불행하게 하는 기능도 포함되어 있다. 그럼에도 참여하지 않는 사람을 소심한 사람, 겁쟁이로 간주하는 사회 분위기 때문에 많은 사람들이 복권을 사게 만들고, 벌금을 납부하지 않거나 구류를 회피하는 사람들의 의무이행을 강제하기 위해 '회사'까지 설치하여 무소불위의 권력을 행사하게 되는 것으로 묘사한다. 작가는 현대사회는 점성술이 유명했던 바빌로니아란 도시에서의 복권처럼 행운과 불행이 전적으로 '우연'에 따라 찾아옴을 은유적으로 표현하였다. 그런 사회라면 과연 우리는 무엇을 하는 것이 좋을까? 최소한 '회사'의 직원으로라도 취직은 해두고 볼 일이다.

5. 화투는 일본의 식민통치 수단이었다

화투(花鬪)는 일본에서 전래되었는데, 이 역시 일본의 전통적인 놀이도구는 아니다. 하나후다(花札)로 불리는 화투는 임진왜란 당시 참전했던 군대진영의 하나인 시코쿠(四國) 지역 영주 조소카베 모토치카(長宗我部元親)가 1597년 가신들에게 '도박카드(博奕かるた)를 하지 말라'는 지시를 내린 것으로 보아, 그 이전에 일본을 드나든 포르투갈 선원들로부터 전래된 것으로 추정된다. 화투의 명칭도 포르투갈어로 종이판이란 의미를 가진 carta라는 단어에서 유래된 가루다(かるた, カルタ, 歌留多, 加留多, 嘉留太, 骨牌)로 표기되어 오다가, 메이지(明治) 시대에 들어서서 놀이도구보다도 도박용구로 사용되자 경찰에서 불법 단속할 때 사용하는 단어인 후다(札)를 붙여 하나후다(花札)로 불리게 되었다고 한다.

유럽에서 전래된 초기 카드에는 컵, 동전, 곤봉, 칼 등이 그려져 있었으나 에도(江戸) 시대 중기(1716~1789년)에 이르러서는 봉건영주(大

名)들의 정원의 꽃과 나무를 모티브로 일류 화공들이 화조(花鳥)를 그려 넣은 카드, 즉 하나가루다(花かるた)를 상류층 부녀자들이 사용하였고, 일반대중들은 목판화로 찍은 카드를 사용하였다고 한다. 이 시기에 주사위(賽子) 도박과 함께 카드도박이 성행하자 1791년 카드의 제조, 판매를 금지하는 조치가 취해졌고, 이후 음지에서 통용되었다.

군벌통치(幕府)가 끝나고 사회 분위기가 바뀐 메이지 20년대(1887~1896년) 들어서서는 화투 붐이 일어났다. 1902년에는 〈골패세법〉(骨牌税法)을 제정하여 화투가 합법적인 도박용구로 통용되었다. 헌법학자이자 화투 연구가인 에바시 타카시(江橋崇) 씨는 《화투》(花札)라는 책의 서문에서 화투치는 것(花札で遊ぶ)에는 "수목이나 사계절 꽃 그림들을 손에 들고 맞추어 가면서 자연을 경애하고 감상하며 그 변화를 따라가며 아름다움과 느낌을 즐기는 일본문화의 정신이 깃들어 있다"고 했다.

일본에서 통용되는 하나후다와 한국 화투 간에 다른 점이 몇 가지 있다. 우선 한국 화투 사이즈가 일본 하나후다보다 좀더 크다. 그리고 한국 화투의 20끗 5장에는 원 안에 붉은 글씨로 광(光)자가 쓰여 있다. 또한 홍단에 쓰인 글자가 일어, 한국어로 각기 다르고 한국 화투 청단에는 글자가 있으나 일본 하나후다에는 없다(초단에는 모두 없다). 마지막으로 오동과 비의 달 순서가 바뀌어 있다(일본은 비가 11월, 오동이 12월).

화투장에 그려진 그림들과 관련해 이런저런 의문들이 제기되기도 한다. 1월의 새가 발톱 모양이나 체중을 고려할 때 소나무 가지에 앉을 수는 없어 황새가 아니냐는 의문이 있으나, 가지에 앉은 것이 아니라 땅을 디디고 있기 때문에 이 새는 학이라고 볼 수 있다. 2월 매화의 새는 색깔로는 다갈색인 꾀꼬리(ウグイス)보다 녹색인 동박새(メジロ)에 가

〈그림 4-2〉 화투장

한국 화투(위)와 일본 하나후다(아래)

깝다. 하지만 지방이나 그리는 사람에 따라 색깔이 다르므로 색깔만으
로는 어떤 새인지 단정할 수 없다(한국 무지개 화투는 녹색도 다갈색도 아니
다). 오히려 벌레를 먹는 꾀꼬리와 매화는 관련성이 없지만 동박새는
매화꽃의 꿀을 먹기 위해 날아 앉는다는 사실에서 힌트를 얻을 수 있다.

화투장에는 의문뿐만 아니라 흥미로운 사실들도 있다. 홍단에 쓰인
'아까요로시'(あかよろし, 붉은색 좋다)의 두 번째 글자 가(か)는 노(の)
처럼 보이지만 한자 可의 초서체다. 3월 벚꽃 홍단에는 '미요시노'(みよ
しの)라고 쓰여 있는데, 이는 일본 나라현 벚꽃 명소인 요시노(吉野)의
벚꽃을 의미한다. 팔공산의 달 아래에는 원래 억새(芒)가 그려져 있었
으나 점차 사라져 검은색만 그렸다. 공산 10끗 그림의 기러기 3마리 중
제일 아래 기러기는 한국에 수출될 당시 일본 국내 그림과 다르게 붉은
색으로 그려져 오늘에 이르렀다. 6월 모란꽃 10끗짜리는 꽃 위에 나비,
그 위에 구름을 그린 것으로, 위아래를 구분한다. 4월은 흑싸리가 아니

고 등나무이며, 5월은 난초가 아니고 창포다.

《동양화 읽는 법》(2013)의 저자인 조용진 교수에 따르면 꽃과 새, 나비 등의 의미가 중국에서 한국을 거쳐 일본으로 건너가면서 제도와 풍습의 차이, 화투를 그리는 화공들의 이해부족 등으로 인해 본래의 그림이나 의미에서 변질되었다고 한다. 6월 모란의 경우, 모란은 부귀를 의미하지만 나비를 같이 그리면 80세까지만 부귀영화를 누리라는 제한적 의미가 되어 그리지 아니함만 못하게 되었고, 3월은 과거에 급제하라는 어사화인 살구꽃이어야 맞으나 과거제도가 없었던 일본에서 벚꽃으로 바뀌었다. 2월 매화의 새도 일본으로 건너가면서 2월의 새인 봄의 전령사 까치가 아닌 5월 철새 꾀꼬리(동박새)로 변질되었다고 한다. 12월의 비는 손님을 의미하는데, 이는 비 피(붉은 화투장)가 의미하는 사립문 비(扉)에서 문이 열리면 손님이 온다는 데서 유래한 것으로, 비 광의 우산을 쓴 사람 때문에 하늘에서 내리는 비(雨)로 잘못 알려져 있다고 한다.

화투장을 돌리고 화투를 치는 법, 화투장별 끗수(20끗-광, 10끗, 5끗, 1끗-피) 계산방법은 한국과 일본이 기본적으로 같으나 단과 약은 다소 다르다. '88の遊ひ方'(88점 놀이 방법)의 경우 일본 화투에서는 3인 이상이 칠 때 죽는 사람, 즉 안 치는 사람 몫을 10점으로 계산하여 이긴 사람에게 10점을 더하여 주고, 판을 마쳤을 때 88점을 기준으로 제일 점수가 많은 사람이 승자가 되며 승자와 점수 차 만큼을 승자에게 지불한다. 고스톱처럼 이미 이겼는데도 점수를 더할 자신이 있으면 '사게'(下げ: 고)를 선언, 계속 칠 수 있는데, 다른 사람이 나거나 자신이 점수를 더 내지 못하면 지게 되는 것은 우리나라 고스톱과 유사하다. 판을 끝낼 수 있는 약(出來役)에는 고도리(매조 10끗의 동박새, 등나무 10

끗의 두견새, 팔공산 10끗의 기러기 3마리. 도합 새 5마리) 대신에 이노시카쵸우(猪鹿蝶, 붉은 싸리 10끗의 멧돼지, 단풍 10끗의 사슴, 모란 10끗의 나비) 약이 있다. 피(槽)로 날 수 있는 약이 많고 점수도 높다는 점은 우리나라와 다르다.

일본 화투는 세계 각국으로 전파되었는데, 1888년에는 놀이기구로서가 아닌 토산품으로 미국에 수출되기도 했다. 일본인이 이민 간 하와이에서는 트럼프 크기의 화투인 '사쿠라 카드'가 제조되었고, 미 서부지역에서 노동자로 일한 일본인들 사이에는 화투도박이 성행하기도 하였다. 1889년 헌법 개정으로 대일본제국이 출범하면서 대외 팽창 정책을 추구해서, 홋카이도, 타이완, 한국, 대화퇴(大和堆), 만주, 청도, 남양군도 등 개척지나 식민지, 조차지, 신탁통치지역에 많은 일본병사나 근로자들, 상인들이 진출했다. 이때 어김없이 화투가 놀이기구로 따라다녀 하나후다는 '대일본제국의 표준장비'가 되었다.

한반도 전래와 관련하여, 에바시 씨는 1894~1895년 청일전쟁 기간 중 일본병사들이 화투를 대량으로 휴대 반입한 것이 한반도에 화투가 본격적으로 소개되는 계기였으며, 이후 1904~1905년 러일전쟁 기간 중에 또다시 대량의 화투가 한반도에 유입되어 일본인뿐만 아니라 한국인(조선인)도 즐기게 되어 새로운 수요가 발생하였다고 한다. 1902년 일본에서는 '사회의 풍교를 해하는 유희'인 하나후다에 과세하는 골패세가 도입되어 한 몫당 소매가격과 동일한 20전의 세금이 부과되자 판매가 격감하여 재고가 쌓였는데, 한반도에서 신규 수요가 발생하여 이 재고 화투를 처리할 수 있게 되었다.

일본 국내 판매용에는 세금이 부과되었으나 수출용은 당초부터 비과

세하였는데, 1904년에는 34만 몫이 수출되었고 1910년에는 86만 몫, 1911년에는 120만 몫 넘게 수출하여, 1907~1911년 5년간 국내소비량 312만 몫보다 많은 376만 몫이 수출되었는데, 그 대부분이 한반도(조선) 대상 수출이었다고 한다. 또한 일본 각지에 체재하다가 귀국하는 사람이 늘어나 일본 각 지방의 게임규칙이 한반도에 전래되었으며, 을사늑약 전후로는 인천에서 서울에 이르는 연도에 화투를 판매하는 상점이 즐비하였다고 한다.

한편 《도박의 일본사》(賭博の日本史)의 저자인 마쓰가와 고이치(増川宏一)는 "가루다류의 수출이 급증한 시기는 조선 침략과 식민지화가 한층 더 노골화된 시기로, 반일운동이 격화되었던 시기와는 대조가 되는데, 개개의 무역상들의 상술만이 아니라 정부와 군부가 정책적인 의도를 갖고 조선에 들어가게 했다"고 기술하면서, "1908년에 설립된 동양척식회사도 조선 농민에게 화투류를 공급한 것으로 보인다"고 적었다. 또 "군국주의 고취를 위해 일본 국내에서는 도박을 금지했지만 식민지에서는 화투가 반일운동으로부터 눈을 돌리고 우민화 정책을 진행시키는 데에 좋은 도구가 되는데, 1917년 화투류 수출량은 1,763만 몫이라는 놀라운 수량이었고, 1914~1917년 4년간 5천만 몫의 화투가 한반도에 수출되어 일본 국내소비량의 20배에 이르렀으며, 이는 1인당 50몫에 해당하는 엄청난 수량"임을 적시하였다.

마쓰가와는 "1919년 독립운동 여파로 화투 수출은 급감하였으며, 자각한 인민들의 저항은 일본의 도박 강요를 거절하고 일본의 우민정책은 파탄했다"고 언급했다. 한편 무장행상단(武裝行商團)인 계림장업단(鷄林獎業團, 단원 1,380명)은 1898년 인천 일본영사관의 허가를 얻어 약품 등의 물건을 팔았는데, 이들은 상행위로 보기 힘든 악질적인 방식을 사용했다. 일본정부는 이들에게 1만 엔이라는 거금을 경제조사사업에 대한 조사보수 명목으로 지원했다. 마쓰가와는 바로 이들이 대량의 화투류를 조선에 들여왔을 가능성이 있다고 한다. 19세기 말부터 20세기 초 조선에서는 일본인이 경영하는 매춘숙의 급증과 아편 확산, 화투도박의 장려 등의 특징들이 드러났는데, 단순히 민중의 오락으로 여겨지는 도박에도 지배계급의 의도가 숨어 있었다는 것이다. 마쓰가와는 이와 같이 일본 하나후다가 한반도에 유입된 원인과 과정, 하나후다를 활용한 일본제국의 조선 우민화 정책을 연결시켰다.

6. 가장 오래된 프로스포츠, 경마[5]

말은 고래로부터 주요한 교통수단으로 이용되었을 뿐만 아니라 스포츠용으로도 활용된 사실이 각종 역사서에 기록되어 있다. 말을 타고 하는 스포츠와 무예도 달리기, 공치기, 활쏘기, 창던지기, 칼 쓰기, 재주부리기 등 다양하며, 마차를 타고 하는 말경주도 있었다. 그중 오늘날 정식 스포츠 종목으로 살아남은 것은 고려시대에 성행하였다는 격구의 일종인 폴로, 그리고 달리기 경주인 경마이다. 말달리기 경주의 일종인

---

[5] 2014년 10월 3일 서초구 강남대로와 강남역 인근 삼성전자 사옥 옆 광장에서 사단법인 한국말산업중앙회 주관으로 '제1회 개마축제'가 개최되었다. 경찰기마대를 비롯한 마상무예단, 조랑말 등 승마 행렬과 말산업중앙회, 국학원 등의 단체가 시가행진을 벌였고, 기념식과 함께 축하공연이 있었는데, 그 행사 참관 후 쓴 글이다.

KIAF(Korea International Art Fair) 2017에 전시된, 경마를 상징하는
Mah Chen의 〈Triumph〉.

승마는 올림픽 경기의 마술종목에도 포함되어 있다. 말에 탄 채 달리기 경주를 하는 경마와 마차를 매달아 타고 달리는 경주인 하니스 경마 (*harness racing*) 는 여러 나라에서 시행되고 있다.

이러한 프로스포츠 경마는 왜 비난의 표적이 되었을까? 바로 돈과 직접 연관되어 있기 때문일 것이다. 유럽의 축구, 미국의 미식축구나 농구, 야구에서처럼 온갖 상술이 동원되고 있으며, 심지어 경기조작이나 승부조작까지 서슴지 않고 있다. 더구나 이런 스포츠 종목들은 내기를 좋아하는 대중들의 심리를 이용, 경기결과를 맞추도록 하여 적중한 사람에게는 일정한 배율의 상금을 지급하거나 수익금을 나누어 갖도록 하는 내기도박 제도를 결부시켜 수많은 사람들에게 대박의 환상을 심어 주었다. 그런 프로스포츠 종목 중 18세기부터 일반 대중을 상대로 경주와 도박을 연계시킨 것이 바로 경마인 것이다.

미국의 경우에는 국민성의 차이도 있겠지만 경마가 카지노, 특히 슬롯머신에 밀려 사양길에 접어들자 경마장에 슬롯머신을 설치하거나 카지노장으로 전환한 레이시노(racino), 즉 경마카지노장이 점차 늘어나고 있다. 경마가 일찍부터 대중의 인기를 끈 영국에서는 1711년 경마에 앤 여왕이 참석하였고 이후 칙령을 반포하여 여왕이 임석한 가운데 경마가 실시되었다. 여왕 자신이 마주 자격으로 경마를 관전하는 것은 물론 경마 우승자에게 직접 골드컵(Gold Cup)을 수여하는 로열 애스콧(Royal Ascot)이 지금도 성황리에 시행되고 있고, 영국 관습을 많이 따르는 일본에서도 봄에는 교토경마장, 가을에는 도쿄경마장에서 '천황배 경마'가 실시된다.

사람이 살아가면서 직면하는 인생살이에는 물리나 수학공식처럼 진행되지 않는 것들이 부지기수며, 그럴 때면 인간은 결단을 내리고 선택을 해야 한다. 즉 불확실한 미래에 대해 모험을 해야 하며, 어떤 선택을 하느냐에 따라 삶이 바뀌기도 한다. 그런 차원에서 '인생은 도박이다'라는 말을 사용한다. 룰렛이나 주사위 던지기, 크랩이나 바카라 같은 게임은 그 결과가 전적으로 우연에 좌우되지만 경마를 포함하여 축구, 야구, 농구 등 스포츠 경기의 승패를 맞추는 내기는 출전하는 말이나 선수의 능력, 과거 전적 등에 따라 어느 정도 승패를 예측할 수 있는데, 그렇다 하더라도 그날의 일진이나 선수 개개인의 컨디션 등 의외의 요인들로 인해 예상을 벗어나는 경우가 다반사다. 즉, 우연에 따라 결과가 좌우되는 경우가 더 많다.

경마의 경우를 좁혀서 살펴보면, 연승식, 복승식, 쌍승식은 말할 필요도 없지만 단승식의 경우에도 출주 마와 기수의 지난 성적과 마필 상태, 조교 상황 등 각종 데이터 분석만으로 우승마를 맞춘다는 것은 어렵다. 함께 출전하는 말과 기수, 게이트의 위치나 주로의 상태 등에 따라 변수는 무궁무진하기 때문이다. 따라서 열심히 공부한다고 하여 결과를 맞출 수 있는 것은 아니어서, 필요 경비 등을 공제한 수득금을 내기에 참가한 사람들이 나눠 갖는 패리뮤추얼(pari-mutuel) 방식이 아니라 고정비율의 환급금을 지급하는(bookmaker) 경우에도 경마장이 과다한 환급금을 지급하여 문을 닫는 경우란 발생하기 어렵다.

그럼 사람들은 왜 경마를 하는가? 맞추었을 때 베팅한 금액보다 월등히 많은 돈을 되돌려 받을 수 있기 때문이다. 쌍승식의 경우 6만 5천 배, 삼복승식의 경우 1천 배가 넘는 배당금을 지급받는 경우도 있었다. 1984년 이전에는 1건당 구매금액에 상한이 없었으나 이후 50만 원에서 시작, 점차 축소되어 현재는 상한액이 건당 10만 원으로 축소되어 이른바 '천문학적'인 배당금 대박을 터트리는 일은 없게 되었다. 뿐만 아니라 전체적으로 건당 1만 원 이하의 소액베팅 비율이 증가추세에 있어 건전화하고 있는 것으로 나타난다. 1년 365일 베팅이나 게임을 할 수 있는 다른 사행행위와 달리 경마는 정해진 날, 정해진 횟수밖에 즐길 수 없어 문제발생의 소지도 상대적으로 적다고 할 수 있다.

본격적 경마소설 작가 윤용호는 장편소설 《마방여자》(2012)에서 "마방에서는 말이 첫째이고 그 다음이 사람이었다. 말이 눈뜨기 전에 내가 먼저 일어나야 했고, 말이 잠들기 전에 내가 먼저 눈을 감을 수 없었다"라고 썼다. 또한 김두삼은 《경마장 사람들》(2003)에서 "경마를 즐기는 동안 쏟아붓는 지혜와 열정이야말로 최고의 정신건강법"이라고 했는데, 국민들의 건강을 위해서라도 더 많은 사람들이 찾도록 하려면 무엇을 어떻게 하면 될까?

경마는 프로스포츠 중에서 가장 오랜 역사를 갖고 있으며, 도박과 연계되어 많은 사람들에게 희망과 좌절을 안겨 준 경기이기도 하다. 연간 우리나라 성인 인구의 절반가량인 1,300만 명(2016년)이 경마장이나 장외발매소를 찾는다. 고객이 없으면 경마도 없다. 고객을 골병들게 해서는 경마가 지속될 수 없는 만큼 책임도박을 위한 제도를 적극 도입, 시행하여야 한다.

제 8 장
___

도박과 인문학

1. 죽기 전에 해봐야 할 것들[1]

일시적인 오락에 불과한 노름을 제외하면 도박은 범죄이며, 지나친 도박은 세계보건기구가 질병으로 분류한다. 다시 말하면 도박은 돈과 시간을 좀먹고 인생을 황폐화하는 나쁜 행위로 규정된다. 그럼에도 죽기 전에 꼭 해봐야 할 것들이라고 추천하는 것 중에 도박과 관련된 것들이 다수 포함되어 있다는 점은 아이러니가 아닐 수 없다. 모두 해당 분야의 전문가들이 나름대로의 기준을 갖고 선정한 것들이다.

우선 리처드 혼(Richard Horne)의 책 《죽기 전에 꼭 해야 할 101가지》[2]에는 "마스터할 가치가 있는 유일한 카드 게임"인 '포커의 달인이

---

1) 황현탁, 2014, 《그대가 모르는 도박이야기》, pp. 35~38.
2) 박선령 옮김, 2010, pp. 48, 88.

되어 카지노에서 많은 돈을 딴다'는 것과, 우리나라에는 없지만 영미권 국가에서 시행되는 "인간의 가장 좋은 친구"인 '개 경주(그레이하운드)를 보러간다'가 포함되어 있고, '세월이 흘러도 인정받는 명작영화를 감상한다'의 명화 리스트에는 마틴 스콜세지(Martin Scorsese) 감독의 〈카지노〉(1995)가 들어 있다. 3)

잭 캔필드(Jack Canfield)와 마크 빅터 한센(Mark V. Hansen)의 《죽기 전에 답해야 할 101가지 질문》4)에도 '로또에 당첨된다면 무엇을 할 것인가'라는 질문이 포함되어 있는데, 사는 게 지겨울 때에는 로또에 당첨되었을 때를 상상하면서 돈 문제를 배제한 채 인생을 그려 보고 이를 실천에 옮기면 인생이 바뀐다는 글을 인용하였다. 피터 박스올(Peter Boxall)의 《죽기 전에 꼭 읽어야 할 책 1001권》5)에는 스테판 츠바이크(Stefan Zweig)의 《체스 이야기》6), 이안 플레밍(Ian L. Fleming)의 《카지노 로얄》이 포함되어 있다.

리처드 카벤디쉬(Richard Cavendish)가 쓴 《죽기 전에 꼭 봐야 할 세계 역사유적 1001》7)에는 "세계에서 가장 유명하고 매혹적인" 모나코

---

3) 영화 〈카지노〉는 스티븐 제이 슈나이더(Steven J. Schneider)의 《죽기 전에 꼭 봐야할 영화 1001편》에도 포함되어 있다.

4) 류지원 옮김, 2012, pp. 364~367.

5) 박누리 옮김, 2008, pp. 422, 483. 조정래의 《태백산맥》, 박경리의 《토지》도 포함되어 있음(p. 769, p. 855).

6) "체스는 독약이자 위험한 심리적 중독이지만 고독한 고립으로 인한 정신의 황폐화를 치유해 주는 치료약'이라 한다(앞의 책, p. 422).

7) 김희진 옮김, 2009, pp. 440, 576, 368, 675. 종묘는 "지금도 계속해서 제례가 열리는 같은 목적의 건물 중 가장 오래된 유교사당"으로 소개되었다(p. 886).

몬테카를로의 그랑 카지노8) 와, "절충주의적 건축양식을 보여 주는 매력적인 건물"인 스페인의 무르시아 카지노9) 가 포함되어 있다. 또 "1863년 오스트리아, 러시아, 프랑스 3개국 황제가 정상회담을 하였고, 러시아 소설가 투르게네프와 도스토옙스키가 도박을 하였으며, 당시 상류사회의 모임장소"였던 바덴바덴의 쿠어하우스, 10) 러시아 대작가 도스토옙스키가 "간질병으로부터 육체적 휴식을, 도박 빚으로부터 재정적 유예를, 러시아 정교 교회 내에서 영적인 치유를 찾기를 바랐던" 은신처였던 집(지금은 박물관으로 활용) 11) 도 도박과 관련 있는 역사유적에 들어가 있다. 마크 어빙(Mark Irving) 편저 《죽기 전에 꼭 봐야 할 세계 건축 1001》12) 중에는 "건축의 보석이자 아일랜드 최초의 그리고 가장 중요한 신고전주의 건축물"로서 1762년에 건축된 아일랜드 더블린의 마리노 카지노13) 와, 라스베이거스 스트립의 첫 번째 상징적 건물이자

---

8) 멕시코 유전 개발이권 관련 살인사건을 다룬 루이스 브뉘엘 감독의 1947년 영화 〈그랑 카지노〉에서는 카지노가 도박장이 아닌 춤과 노래와 술과 여자가 있는 대중오락장의 의미로 사용되었다.

9) http://terms. naver. com/entry. nhn?cid=806&docId=950506&mobile&categoryId=1967

10) http://terms. naver. com/entry. nhn?cid=806&docId=950276&mobile&categoryId=1967

11) http://terms. naver. com/entry. nhn?cid=806&docId=950617&mobile&categoryId=1967

12) 박누리・정상희・김희진 옮김, 2009, pp. 220, 658. 한국건축물로는 안동 조탑동 오층전탑, 영주 부석사와 종묘, 안동 임청각, 파주 헤이리 건축박물관(건축가 우경국 자택 겸), 파주 들녘출판사 건물과 북한의 능라도경기장, 류경호텔도 포함되어 있다(pp. 51, 99, 122, 870, 913, 658, 685).

13) http://terms. naver. com/entry. nhn?cid=371&docId=910428&mobile&category

선구자적 건축물로 1989년에 개장한 미라지 카지노[14]가 각각 포함되어 있다.

스티븐 제이 슈나이더(Steven J. Schneider)의 《죽기 전에 꼭 봐야 할 영화 1001편》[15]에는 프리츠 랑(Fritz Lang) 감독의 〈마부제 박사〉, [16] 마틴 스콜세지(Martin Scorsese) 감독의 〈카지노〉, [17] 로버트 로즌(Robert Rosen) 감독의 〈허슬러〉, [18] 조지 큐커(George Cukor) 감독의 〈춘희〉, [19] 조셉 맨키위즈(Joseph L. Mankiewicz) 감독의 〈아가씨와 건달들〉[20]이 포함되어 있다. 또 이세기가 쓴 《죽기 전에 꼭 봐야 할 한국영화 1001》에는 〈짝패〉, 〈타짜〉[21]가, 구로가와 유이치(黑川裕一)의 《죽기 전에 꼭 봐야 할 명 영화 300선》에도 마이크 피기스 감독의 〈라스베이거스를 떠나며〉, [22] 에드워드 양 감독의 〈마장〉, 장이머우 감독의 〈인생〉이 들어가 있다. [23]

Id=1382

14) http://terms. naver. com/entry. nhn?cid=371&docId=910914&mobile&category Id=1382

15) 정지인 옮김, 2005, pp. 43, 85, 135, 311.

16) http://blog. naver. com/hlp5476?Redirect=Log&logNo=60150176267&from= postView

17) http://blog. naver. com/hlp5476?Redirect=Log&logNo=60142343238&from= postView

18) http://movie. naver. com/movie/bi/mi/basic. nhn?code=11004

19) 황현탁, 2010, 《도박의 사회학》, p. 206의 "라 트라비아타" 참조.

20) 황현탁, 앞의 책, p. 209 참조.

21) 황현탁, 앞의 책, p. 211 참조.

22) http://movie. naver. com/movie/bi/mi/basic. nhn?code=17450

23) 2005, 《見ずには死ねない! 名映畵300選外國編》, 中経出版, pp. 27, 101, 159,

송기창, 〈도박〉. (2017, 40×52cm, 저자 개인소장)

스티븐 파딩(Stephen Farthing)의 《죽기 전에 꼭 봐야 할 명화 1001》
에는 테오도르 제리코(Theodore Gericault)의 〈도벽환자의 초상〉, 다비
트 테니르스(David Tenier the Younger)의 〈선술집에서의 노름〉(카드놀
이), 웨인 티보드(Wayne Thiebaud)의 〈잭팟 머신〉, 유디트 레이스테
르(Judith Leyster)의 〈트릭트랙 놀이〉(백개먼)가 소개되었고, 24) 박현
철의 《루브르 박물관보다 재미있는 세계 100대 명화》에는 어린이가 알
아 두어야 할 유명한 그림 100점 중 조르주 드 라 투르(Georges de La
Tour)의 〈에이스카드 속임수〉25), 노르웨이 출신 표현주의화가 에드바
르트 뭉크(Edvard Munch)의 〈룰렛 옆에서〉, 〈룰렛〉 등 도박과 관련된
그림들이 있다. 26)

---

179. 한국 영화로는 〈공동경비구역 JSA〉, 〈살인의 추억〉, 〈올드보이〉가 포함되어
있다(pp. 91, 119, 191).
24) 하지은·한성경 옮김, 2007, pp. 374, 255, 798, 228.
25) 2011, "36. 조심해 이 사람아, 라 투르 〈에이스카드 속임수〉".

이처럼 '죽기 전에' 행하고, 보고, 읽을 것들 중 '도박'과 관련 있는 것들이 다수 포함되어 있다는 점은 도박이 인간생활과 그만큼 밀접히 연관되어 있다는 것을 의미한다. 런던의 영국박물관, 빅토리아알버트박물관, 내셔널갤러리에도 도박과 관련된 유물이나 작품들이 다수 전시되어 있고,[27] 국내에도 장기, 바둑, 투전 등 도박을 묘사한 문화재급 그림이 다수 있다. 최근에는 화투그림 대작문제가 불거져 법정에서 시비를 다투는 등 문화와 예술 분야에서도 도박은 다양한 소재로 등장하고 있다.

2. 전설적인 노름꾼들

1) 도박으로 이름난 명사들

(1) 이완용과 이지용

두 사람 모두 을사오적으로 '희대의 화투대왕'으로 불린다. 을사늑약이 맺어진 1910년대에는 조선반도에 이미 일본의 화투가 대량으로 유입되어 '제물포에서 한성에 이르는 연도에는 화투를 판매하는 상점이 즐비했다'고 한다. 두 사람이 얼마나 노름을 좋아했던지 〈대한매일신보〉, 〈황성신문〉 등에 그들의 도박소식이 간간이 게재되기도 하였다. 이완

---

26) 릴리스, "에드바르트 뭉크(Edvard Munch) 인물 풍경화 2"(http://blog. naver. com/ cindy620?Redirect=Log&logNo=150100221532&from=postView).

27) 저자 블로그 글 참조. ("영국에서 만난 도박 관련 유물, 회화, 도구, 그리고 …".)

내부대신 이지용이 지방국장, 밀양군수, 전 승지 등과 어울려 화투판을 벌였는데, 그를 "화투판의 재상"(看花宰相)으로 묘사하고, 화투판에서 펄펄 나는 고수(翩翩佳手)라고 칭하였다. 〈대한매일신보〉, 1906.2.8.

용은 근육이 쑤시고 아픈 견인증(牽引症)을 잊기 위해 집에 수천 환대 (순사의 월급이 20환 정도였으므로 어마어마한 거금)의 화투판을 벌였다고 한다. 이지용은 매관매직하여 모은 돈, 한일의정서 조인 사례로 받은 1만 환, 한일합방 은사금으로 받은 10만 환 등을 노름으로 탕진하였으며, 그의 저택은 밤낮없이 수만 환대의 화투판이 벌어지는 도박장으로 변했다. 이지용은 도박중독자가 되어 자신의 정자(亭子)도 화투 빚으로 넘어가고 일본헌병이 들이닥치자 도망가다 얼굴을 다치기도 하였으며, 결국에는 재판을 받고 귀족 예우가 정지되는 수모를 겪게 된다.

(2) 도스토옙스키(Fyodor M. Dostoevskii)

도박하면 제일 먼저 떠오르는 인물은 소설 《노름꾼》, 《죄와 벌》, 《카라마조프가의 형제들》 등을 집필한 러시아의 소설가 표도르 도스토옙스키다. 그는 러시아를 떠나 5년여 동안 독일, 프랑스, 영국 등을 왕래하면서 헤르첸, 투르게네프 등과 교유하기도 했다. 1863년 신진작가였던 수슬로바와의 밀월여행을 하기 위해(동행한 것은 아님) 우연히 독일 비

스바덴의 카지노에 들렀다가 큰돈을 딴 것이 병적도박에 빠져드는 계기
가 되었다. 그의 두 번째 아내인 안나 스니트키나는 도스토옙스키의 도
박욕구가 충족되면 창작의욕이 되살아나는 것을 보고 노름밑천을 대주
기까지 하였다고 한다. 그는 스스로 결심을 하고는 도박을 중단하였다.

(3) 카사노바(Giovanni de Seingat Casanova)

화려한 여성편력(100명 이상을 농락) 때문에 바람둥이, 난봉꾼, 호색한
으로 알려진 카사노바는 "아무리 관능의 매력이 강하더라도 의무를 소
홀히 한 적이 없기 때문에 나를 음탕하다고 비난하는 것은 잘못이다"라
고 하였으며, 헤어진 후에도 상대가 원망 대신에 감사한 마음을 갖게
할 정도로 대단한 재주꾼이었다. 아침에는 예배를 보고, 저녁에는 노
름을 하였으며, 밤에는 쾌락을 즐긴 카사노바는 파리, 런던, 뮌헨, 로
마 등 유럽을 전전하며 지인에게 빌린 돈, 정부(情婦)의 돈, 사기와 협
잡을 통해 마련한 돈으로 행운의 여신과의 싸움을 지속했다.

(4) 파가니니(Nicoló Paganini)

'악마의 바이올리니스트'라 불리는 바이올린 연주의 대가인 파가니니는
여섯 살 때 악보 읽는 법, 음계와 화음, 바이올린 음계를 터득했고, 여
덟 살 때는 소나타를 작곡했다. 15세 전후에 이미 그는 밀라노, 볼로
냐, 피렌체 등 북부 이탈리아에서 명성이 자자하였고 상당한 수입도 올
렸다. 그러나 매니저 역할을 하던 그의 아버지가 그동안 번 돈을 도박
으로 탕진하자 18세에 독립한다. 여러 차례의 연주회에서 많은 수입을
올리고 명사들과 교유하면서 그 역시 연주회나 파티 후에 도박에 빠져

들었고, 사용하던 명기(名器) 베르곤치마저 도박 밑천으로 날리게 된다. 그 소식을 들은 프랑스 기업가가 또 다른 명기 과르네리를 건네면서 "당신 이외에 어느 누구도 손대지 않게 해달라"고 부탁하자 그는 사후에 그 악기를 박물관에 기증, 약속을 지켰다.

(5) 프랑수아즈 사강(Francoise Sagan)

《브람스를 좋아하세요》, 《슬픔이여 안녕》 등으로 한국 독자에게 잘 알려진 사강은 21세 생일에 팜비치 카지노에서 돈을 잃고는 '카지노에서는 감정을 숨기는 것이 중요하다'는 것을 깨달았다 하며, 이후 몬테카를로에서 이집트 마지막 국왕과 바카라 도박을 하여 따기도 하였다. 그녀는 1960년 8월 8일 도빌 카지노에서 바카라 게임으로 돈을 잃다가 룰렛 게임에서 8이 연속으로 나와 8만 프랑이라는 거금을 따자 그 돈으로 빌린 집을 사버려 이후 도박의 아지트로 삼았다(그 집은 30년 후 도박 빚 때문에 넘겨주었다). 런던으로 건너간 그녀는 인세를 받거나 돈을 빌려 도박을 하기도 했는데, 잘 따기도 하여 전 재산을 탕진하지는 않았다고 한다. 그러나 만년에는 지인들의 지원으로 생활하였으며, 2004년 세상을 떠날 때는 아들에게 한 푼도 물려주지 못했다고 한다.

2) 도박 관련 각종 기록들[28)

(1) 돈을 가장 많이 잃은 사람

미국 네브래스카주 파티용품 사업자였던 테런스 와타나베(Terrance Watanabe)는 자신의 사업을 정리한 돈으로 2007년 라스베이거스 시저스 그룹의 리오 카지노와 시저스 팰리스 카지노에서 2억 400만 달러를 잃었으며, 갚아야 할 외상놀음 빚이 1,475만 달러로, 생돈을 가장 많이 잃은 사람(2개 카지노 전체 베팅금액은 8억 2,500만 달러)이다. 시저스 그룹 카지노 출입 이전에 라스베이거스의 윈 카지노에서도 2,100만 달러를 잃었으며, 라스베이거스 진출 전 네브래스카 인접 주 아이오와 카지노에서도 도박을 하였던바, 전체 잃은 액수는 최소 2억 3천 975만 달러(약 2,580억 원)에 이른다.

(2) 가장 크게 노름을 한 사람

모린 오코너(Maureen F. O'Connor)는 캘리포니아 출신 여성 정치인으로 샌디에이고 시장을 역임하였다. 패스트푸드 체인 Jack in the Box 설립자의 미망인인 그녀는 2013년 남편이 설립한 공익재단의 돈 200만 달러를 불법 인출한 돈세탁 혐의로 검찰 조사를 받는 과정에서 2000~2008년 사이 도박판에서 10억 달러(1조 762억 원) 이상의 판돈으로 도박(실제 손실액은 1,300만 달러)을 한 것으로 조사되었다.

---

28) 인터넷에서 검색하여 정리하였으며, 원화 환산금액은 2018년 6월 1일자 매매기준율로 계산한 것임(미국 달러 1,076.20원, 영국 파운드 1,428.01원 기준).

(3) 가장 짧은 시간에 큰돈을 잃은 사람

로버트 맥스웰(Robert Maxwell)은 영국 언론그룹인 Mirror Group 창업자로, 체코 태생이며 노동당 국회의원을 지냈다. 1980년대에 그는 도박장을 자주 드나들었는데, 런던의 앰배서더 카지노에서 세 개의 룰렛에 동시에 베팅하여 3분 만에 150만 파운드(21억 4,200만 원)를 잃었으며 이후에는 일체 도박장을 찾지 않았다고 한다.

(4) 한 판에 가장 큰 액수를 베팅한 사람

일본의 부동산 개발업자인 카시와키 아키오(柏木昭男)는 1980년대부터 1992년에 사망하기 전까지 라스베이거스를 드나들면서 통 크게 베팅한 것으로 알려져 있다. 보통 한 판에 10~20만 달러를 베팅하였는데, 1990년 뉴저지주 애틀랜틱시티의 트럼프 타지마할 카지노에서는 한 판에 1,200만 달러(129억 원)를 베팅, 가장 크게 잃은 노름꾼으로 알려져 있다. 그의 노름판 행태는 1995년 마틴 스콜세지 감독의 영화 〈카지노〉의 등장인물 중 노름꾼 한 명으로 묘사되기도 하였고, 2016년 BBC 다큐멘터리 필름에서 언급되기도 하였다.

(5) 가장 자주 카지노를 들락거린 노름꾼

시리아 태생의 사이프러스 사업가인 파드 알-자얏(Fouad al-Zayat)은 1994년부터 2006년까지 런던 Aspinall's 계열 메이페어 카지노에 600회 이상 출입하면서 9,150만 파운드(1,307억 원)를 베팅하여 2,320만 파운드(331억 원)를 잃은 것으로 알려졌다. 그는 런던의 또 다른 카지노 리츠에도 3년간 150회를 출입하였다니(베팅 금액 미상) 매년 평균 62.5회 이상 카지노를 출입한 것이 되는데, 사이프러스에 거주한 것을 고려하면 런던 체류 중에는 거의 카지노에서 살았다고 할 수 있을 정도다. 매월 15일 이상 출입할 수 없는 한국처럼 출입일 제한은 없지만 거부(巨富)가 그렇게 자주 카지노를 찾는 것은 이례적이다.

(6) 30년 동안 같은 번호를 써내 복권 당첨

미국 콜로라도주에 거주하는 주부 주디 핀첨(Judy Finchum)은 30년 동안 같은 번호(자신의 3남매, 딸, 전 남편 등 5인의 생일로 만든 5개 숫자)의 Powerball 복권을 구입하여 2017년 9월 17일 마침내 주 복권 역사상 가장 큰 액수인 1억 3,320만 달러(1,433억 원)에 당첨되었다. 그녀는 매년 당첨금을 분할 수령하는 대신 세금 공제 후 8,460만 달러(910억 원)를 일시불로 수령하여 트럭을 교체하고 산불과 태풍 피해자 구호를 위해 일부를 기부할 예정이라고 밝혔다. 그녀의 당첨확률은 292,201,338분의 1에 불과했다.

(7) 가장 큰 액수의 복권 당첨금 수령자

글로리아 매켄지(Gloria MacKenzie)는 2013년 5월 플로리다주에서 있은 Powerball 복권 추첨에서 1등에 당첨되어 5억 9,050만 달러(6,354억 원)를 수령하였다. 당첨확률은 1억 7,500만 분의 1이었다.

(8) 세계 복권사상 찾아가지 않은 가장 큰 금액

63,837,543.60파운드(911억 원). 2012년 6월 8일 추첨하였으며, 이 복권은 런던 서북쪽 로턴(Loton) 지역 Stevenage and Hitchin에서 판

매되었다.

(9) 잭팟 당첨 후 신체불구로 써보지도 못한 사람

칵테일바 종업원으로 일하던 신시아 제이-브레넌(Cynthia Jay-Brennan)은 2001년 라스베이거스 카지노 슬롯머신에서 34,959,458달러(376억 원) 잭팟을 터트린 후 결혼하였는데, 몇 주 뒤 음주운전 자동차에 치어 여동생은 사망하고 자신은 불구가 되어 행운을 즐길 수 없게 되었다.

(10) 카지노를 거덜 나게 한 사람

찰리 웰스(Charlie Wells)는 1891년 몬테카를로 카지노를 방문, 11시간 동안 계속하여 룰렛 게임을 하여 당시로서는 거금인 100만 프랑 이상을 따 카지노의 칩을 몽땅 싹쓸이했다. 그는 같은 해 다시 카지노를 방문하여, 3일 동안 '잃으면 다음 판에 그 배로 베팅하는 마팅게일(Martingale) 원리'에 따라 베팅, 다시 100만 프랑을 따 카지노를 거덜 나게 하였다.

(11) 억세게 운 좋은 노름꾼

복권: 복권 추첨에서 같은 번호가 6번 연속하여 나오고 다음 회차에도 같은 번호가 6번 연속하여 나올 확률은 400만 분의 1인데, 2009년 9월 불가리아 복권 추첨에서 그런 사례가 있었다. 첫 회 추첨에서는 당첨자가 없었으나 다음 회차 추첨에서는 모두 18명이 당첨되었는데, 당첨금액은 4,700파운드(671만 원)였다.

경마: 8마리의 말을 모두 맞추는 누산베팅(*accumulator bet*)에서 이길 확률은 200만 분의 1인데, 2008년 영국 요크셔주 장외발매소에서 성명미

상의 노름꾼은 'Isn't That Lucky'라는 첫 번째 말과 'A Dream Come True'라는 여덟 번째 말 등 8마리의 말에 50펜스를 걸어 모두 맞춰 100만 파운드(14억 2,800만 원)의 상금을 획득하였다. 그는 장외발매소(*betting shop*)에서 처음으로 100만 파운드를 획득한 사람이 되었다.

(12) 마주에게 지급되는 배당금이 가장 큰 경마

경마에서 승패를 맞춘 도박꾼에게 지급되는 상금 외에 경마 시행처가 마주에게도 상금(*purses*)을 지급하는데, 통상 총상금 중 1등에게 65%, 2등에게 20%, 3등에게 10%, 4등에게 5%를 지급한다. 전 세계 경마 중 상금이 가장 큰 경마는 두바이 월드컵으로, 두바이 Meydan Racecourse에서 시행되며, 1등 마에게 지급되는 상금은 1천만 달러(107억 원)다. 당일 지급되는 총상금은 2,725만 달러. 2018년 코리안더비 상금 총액은 8억 원으로, 1위 상금은 4억 5,600만 원이었다.

3. 문학과 예술 속의 도박

1) 마르셀 뒤샹(Marcel Duchamp)과 체스[29]

뒤샹은 예술가가 의지만 가지고 있다면 진부하거나 대량생산된 물건들, 즉 레디메이드(*ready made*)도 얼마든지 예술 작품이 될 수 있다고

---

29) 이 글은 《뒤샹 나를 말한다》(마르크 파르투슈, 2007)를 읽고 난 후 썼다.

생각하였다. '예술품이란 색을 칠하거나 구성할 수도 있지만 기성품 (*tout fait*)도 예술가의 선택에 의해 예술작품이 될 수 있다'면서 관습적인 미의 기준을 무시하고 미술 작품과 일상용품의 경계를 허문 첫 작품은 〈자전거 바퀴〉(1913)이며, 가장 유명한 작품이 뉴욕에서 공개되어 스캔들을 일으킨, 남성 소변기로 만든 〈샘〉(1917)이다.30) 우수한 손재주나 능력보다는 오브제들인 기성품을 선택하여 새로운 제목과 관점을 부여하고 그것이 원래 지니고 있던 기능적 의미를 상실시키는 장소에 가져다 놓는 작업을 하는 새로운 미술사조를 창안하여 반회화의 선봉에 섰으며, 다다이즘, 초현실주의뿐 아니라 개념미술에까지 광범위한 영향을 미쳤다.

그는 사람들이 '체스 때문에 예술을 포기했다'고 생각할 정도로 체스에 열중했는데, 집안 전체가 체스를 즐겨 어릴 때부터 형들(화가와 조각가)과 대국을 하거나 신문에 난 체스문제를 혼자 풀기도 하였으며, 형들이 체스를 두는 것을 묘사한 〈체스시합〉(1910)이란 작품도 그렸다. 그는 작품활동을 하면서도 당구를 즐기거나 카지노를 들락거리며 무도회에 참가하는 등 분방한 생활을 하였으며, '영광과 돈을 구걸하는 예술가로 사는 것을 원치 않아' 도서관 사서로 일하기도 하였다. 제1차 세계대전이 터지자 그는 파리를 떠나기로 결심하고 〈계단을 내려가는 나체〉의 전시로 유명세를 타고 있던 뉴욕으로 건너간다. 부에노스아이레

---

30) 2004년 터너상에 관계하였던 예술 전문가 500인을 대상으로 '예술계 거장들 중 가장 영향력 있는 현대예술작품'을 조사한바, 1위에 뒤샹의 〈샘〉, 2위에 피카소의 〈아비뇽의 처녀들〉이 선정되었다(〈인디펜던트〉(*The Independent*), 2004. 12. 2.). 〈가디언〉 선정 20세기 10대 예술작품에도 〈샘〉이 포함되어 있다(2014. 4. 30.).

2018년 1월 31일 테이트모던 미술관에서 뒤샹의 〈샘〉 복제품(1964)을 관람하는 저자.

스에 가서도 체스에 광적으로 빠져들어 밤낮으로 체스를 두었으며, 뉴욕으로 돌아와서는 체스클럽에 등록하는 등 프로 체스기사로서의 야망을 갖기도 하였다.

이후 그는 파리, 브뤼셀, 고향인 루앙, 니스 등에서 체스를 두고 국제대회에 출전하거나 체스선수권대회 포스터를 그리는 등 예술활동보다는 체스시합에 더 열성적이었으며, 프랑스 체스 선수 또는 주장을 맡아 수많은 경기에 참가하였고, 연합회로부터 거장(master) 칭호까지 받게 된다. 그는 1932년 국제체스연맹 대표로 임명되어 1937년까지 재직하였으며, 체스 관련 서적의 공동 저자로 활약하거나 언론에 고정 체스 기고가로 활동했다. 한마디로 1925년부터 1933년까지는 작품활동은 거의 손을 놓고 있었다고 할 정도로 체스에 미쳐 있었으며, 그의 첫 번째 결혼이 오래 지속되지 못한 이유 중 하나도 체스라고 할 수 있다. 그는 〈체스시합〉 외에도 〈체스를 두는 사람들〉, 〈체스를 두는 사람들의 초상〉, 〈체스 게임〉, 〈고무장갑이 있는 휴대용 체스세트〉 등 체스와 관련된 여러 작품을 남겼다.

한편 1961년에는 텔레그래프 주선으로 암스테르담에서의 작품 전시 기간에 뒤샹과 젊은 체스팀이 통신을 통해 체스를 두면 스톡홀름미술관의 체스판에서 체스가 움직이는 '원격 체스경기' 이벤트에 참가하기도 하였고, 1963년 LA 근교 패서디나 아트뮤지엄(Pasadena Art Museum)에서 누드모델 이브 바비츠(Eve Babitz)와 체스를 두는 행사에도 참여했다. 1968년에는 토론토에서 음향장치를 연결한 체스판에서 존 케이지(John Cage)와 함께 체스를 두어 케이지의 퍼포먼스에 일조했다.

제2차 세계대전 종전 후에는 런던, 뉴욕, 시라큐스 등에서 체스클럽에 가입하거나 대회에 참가했는데, 그는 "사실 체스를 둔다는 것은 펜화를 그리는 것과 매우 비슷합니다. 차이점이 있다면 예술가들은 형태들을 창조하고, 체스기사는 이미 준비된 흑백의 형태들로 그림을 그린다는 것이지요. 모든 예술가들이 체스기사는 아니지만 모든 체스기사는 예술가라는 것입니다. 체스를 둔다는 것은 일종의 시각적이고 조형적인 활동입니다"라고 체스에 대한 자신의 생각을 피력했다.

1963년에는 〈마르셀 뒤샹과 체스를〉(Jeu d'echecs avec Marcel Duchamp)이라는 영화가 제작되기도 하였으며(Jean-Marie Drot 감독), 1966년 뉴욕 '카이사에게 바치는 경의' 전에서는 레디메이드 표준형 체스판 30개를 함께 전시하여 판매 수익금으로 미국 체스협회를 후원하였다(구입자에게는 1911년 작 〈체스를 두는 사람들〉의 판화작품을 송부). 1968년 10월 2일 생을 마감한 그는 1967년, 1968년 몬테카를로 국제체스선수권대회를 참관하였을 정도로 체스에 대한 애정의 끈을 놓지 않았다.

뒤샹은 체스 외에도 1902년 〈카드놀이를 하고 있는 쉬잔〉(*Suzanne Duchamp playing a game of Solitaire*)과 몬테카를로에서 도박자금을 마련하기 위해 면도용 크림을 머리 위까지 뒤집어 쓴 만 레이가 촬영한 자신의 사진으로 만든 포토몽타주 복제물인 〈몬테카를로 룰렛의 규칙〉(*Obligation pour la Roulette de Monte-Carlo*) 30개를 만들어 각각 500프랑의 가격을 매겨 유통시키는 등 게임이나 도박 관련 작품도 남겼다.

뒤샹은 "예술창작활동은 예술가 혼자만 수행하는 것은 아니며, 관객들이 작품에 내재하는 의미를 판독하고 해석하여 외부세계와 연결해 주는 역할을 통해 창작활동에 기여한다"면서, "한 극은 작품을 만드는 사람이고 또 한 극은 그것을 보는 사람이지. 내게는 작품을 만드는 사람과 보는 사람 모두 똑같이 중요하다네"라고 하여 예술활동에 있어서 관객을 중요시했다. 뒤샹은 '사랑, 그것이 인생이다'라는 뜻의 프랑스어인 '에로스, 세 라 비'(Eros, c'est la vie)와 동음인 'Rose/Rrose Selavy'라는 가명으로 활동하기도 하였다.

2) 파라다이스시티의 예술작품

그동안 저자는 미국 라스베이거스, 마카오, 필리핀 마닐라, 말레이시아, 싱가포르, 호주의 멜버른과 시드니, 영국 런던의 카지노까지 둘러보아, 해외의 카지노를 포함한 복합리조트(*integrated resorts*)들의 전모를 살펴보았다. 물론 각 지역 방문 후 상당한 시간이 지나 많이 변모했겠지만, 오랜 역사를 자랑하고 각양각색의 건축물과 많은 야외, 야간

활동을 무료로 즐길 수 있는 라스베이거스가 가장 인상에 남는다. 해발 1,800미터 산 정상에 위치한 말레이시아의 겐팅하일랜드, 한국 건축기술로 완공된 싱가포르의 마리나 베이 샌즈 복합리조트와 옥상 풀장, 바다를 매립한 지역에 세워진 마카오와 필리핀의 카지노들도 나름대로 특색을 가지고 있었다.

인천 영종도에 들어선 복합리조트 파라다이스시티(Paradise City)는 2017년 4월 20일 1단계 공사를 마치고 개장하였는데, 전체 10만여 평의 부지에 호텔, 컨벤션, 카지노가 우선 영업을 시작하였다. 건물 외벽에 'PARADISE CITY'라고 새겨진 리조트 입구로 들어서면 최정화의 〈골든 크라운〉(Golden Crown)이 설치된 분수 앞에 'PARADISE HOTEL & RESORT'라는 글씨가 새겨져 있다. 현관을 들어서면 호텔 로비에서 황금빛 페가수스(pegasus) 형상을 한 데미안 허스트의 작품 〈골든 레전드〉(Golden Legend)를 만날 수 있다. 조금 더 들어가 보면 카지노 존 Gold Wing, 컨벤션 존 Purple Wing, 숙소 존으로 갈라지는 중앙에는 쿠사마 야요이의 〈노란 호박〉(Great Gigantic Pumpkin)이 자리해 있고, 천장에는 7천 개의 크리스털로 제작된 샹들리에 〈뮌〉(김민선・최문선 작)이 매달려 있다. 호텔 내에는 모두 2,700여 점의 미술품이 비치되어 있다. 그랜드볼룸으로 가는 길목에는 로버트 인디애나[31]의 유명 조형물인 〈LOVE〉와 〈9〉 시리즈가 자리 잡고 있고, 컨벤션 메인 로비에서는 세계 최대 크기로 제작된 알레산드로 멘디니의 〈파라다이스 프루스트〉(Paradise Proust)라는 의자를 감상할 수 있다.

---

31) 서울 중구 명동 대신증권 사옥 앞에도 그의 작품이 설치되어 있다.

2017년 7월 11일 영종도 파라다이스시티.
쿠사마 야요이의 〈호박〉을 배경으로.

　존과 존을 이어 주는 이동경로, 엘리베이터 앞 공간 등에는 회화, 조
각품들이 즐비하게 설치되어 있는데, 도슨트(docent) 프로그램을 도입,
이를 안내하고 있다. 싱가포르 마리나 베이 샌즈에 매장을 둔 미슐랭 2
스타 중식당 임페리얼 트레져와 이탈리안 식당 라 스칼라 사이에는 카
지노 이야기를 주제로 김수현이 출연한 영화 〈리얼〉의 한 장면을 그대
로 재현해 놓았다.
　외국인 전용 카지노인 1층 파라다이스 카지노에는 여러 대의 슬롯머
신과 테이블이 설치되어 있으나 고고도미사일 방어체계(사드) 설치 여
파로 인한 중국 관광객의 감소로 오로지 몇 대의 슬롯머신과 테이블에
만 고객이 있을 뿐이었고, VIP 고객들을 위한 8개의 특실과 8층의 스카
이 카지노에서는 고객들을 찾아볼 수 없어, 1조 3천억 원을 투자했다는
파라다이스시티가 언제쯤 본격적인 가동에 들어갈 수 있을지 안타까운

심정이었다.

4~10층은 객실인데, 하루 숙박비가 500만 원이라는 로열 스위트에 들어가 보니 전망이 확 트이고 비행기 이륙광경이 보이며 투숙객이 아닌 시찰객의 입장에서 안거나 만져 보기 민망할 정도로 '고급'스러웠다. 파라다이스시티는 5성급으로, 개인 풀장을 갖춘 풀 빌라(하루 2천만 원) 2채를 포함해 모두 711실의 객실을 보유하고 있다. 가수 박진영 씨가 이용하였다는 라이브카페 엔터테인먼트 홀 '루빅', 여성스럽게 단장한 샴페인 바 '페리에주에'가 위치하고 있다. 3층에는 라운지, 수영장, 스파, 사우나, 피트니스, 키즈존 등 다양한 부대시설이 들어서 있는데, 널찍한 키즈존에서는 젊은 부부가 꼬마의 놀이를 지켜보고 있었고, 볼링장 10핀스(10PINS)와 당구장, 소니 플레이스테이션 존에서는 종업원들이 손님들을 기다리고 있었다. 건물 입구의 '체스 가든'에는 흑백의 거대한 체스 말들이 세워져 있었다. 1차 개장한 건물 바로 옆에는 쇼핑몰과 식당가, 아트갤러리로 이뤄진 플라자와 스파, 클럽, 가족형 엔터테인먼트 시설 등 다양한 관광레저 시설이 들어설 예정이다.

다른 나라의 카지노 리조트 시설들은 숙소, 카지노, 쇼핑몰, 엔터테인먼트 시설 등이 오밀조밀하고 화려하게 연결되어 있는 데 반해, 파라다이스시티는 시원시원하고 묵직하다는 느낌을 주었다. 다른 나라 것과 같아서는 경쟁력이 없다고 판단하여, 럭셔리하고 예술적인 미감을 살려 차별화하려는 취지라고 한다. 아직 전관이 개관하지 않아 '복합'리조트로서의 기능에는 한참 미치지 못하지만, 관광시설로서의 기능이 제대로 발휘되기 위해서는 '좋은 이웃'이 있어야 한다는 것을 절감할 수 있었다. 국가 이익을 위해 떼쓰고 엄포 놓고 무지막지하게 국력을 행사하는 이웃들 때문에 반의반도 기능하지 못하고 있는 파라다이스리조트가 언제쯤 북적일 수 있을까.

3) 소설과 도박

(1) 한국계 미국인 이민진의 장편소설 《파친코》

미국 아마존에서 소설 《파친코》를 소개하는 문구 중에는 "무궁무진한 애깃거리와 깊은 감동을 주는 《파친코》는 사랑과 희생과 야망과 한없는 애정이 담긴 이야기"(*Richly told and profoundly moving, Pachinko is a story of love, sacrifice, ambition, and loyalty*) 라는 표현이 있다. "역사가 우리를 망쳐 놨지만 그래도 상관없다"(*History has failed us, but no matter*) 라는 문장으로 시작하는 이 소설은 1910년 한일합방부터 1989년까지 자이니치(在日) 조선인 4세대의 삶의 궤적을 한국의 부산 영도에서부터 일본의 오사카, 도쿄, 요코하마, 나가노, 그리고 미국 뉴욕에 이르기까지 추적하는 가족장편소설(*family epic saga*) 이다. [32)]

가난한 집 딸 양진은 언청이에 절름발이인 훈이와 결혼하여 부산 영도에서 하숙집을 운영하며 정상인인 순자를 낳는데, 그녀는 엄마 나이 또래의 유부남 재일교포 생선 중개상 고한수의 아이를 가진다. 순자는 엄마가 운영하는 하숙집에 묵었던 평양 갑부 기독교 집안 출신이자 오사카 비스킷공장에서 감독관으로 일하는 요셉의 소개로 오사카에 목사

---

32) 이 소설은 영국 BBC가 선정한 '2017년에 읽어야 할 10권의 책'에 포함되어 있고, 〈뉴욕타임스〉, 〈워싱턴포스트〉, 〈엘르〉, 〈엔터테인먼트 위클리〉 등의 언론에서 꼽은 2017년에 기대되는 22권, 25권, 32권, 50권의 책 등에 속하며 격찬을 받았다.

로 부임하던 길에 하숙집에 들른 동생 백이삭과 결혼 후 일본으로 건너간다. 그곳에서 한수의 아들 노아와 이삭의 아들 모자수를 낳는다. 순자는 일본의 폭력조직 야쿠자 보스인 한수의 도움으로 생활과 전쟁참화를 피하는 데 지원을 받고, 양진까지 오사카로 이주한다. 요셉은 나가사키 원폭 투하 때 피폭되어 한수의 도움으로 오사카로 돌아오며, 노아는 한수의 도움으로 와세다를 다니다 가족에게 도움을 주었던 한수가 생부라는 사실을 알고 대학을 중퇴하고, 나가노의 파친코에서 일하며 일본인과 결혼하여 어머니에게 생활비를 송금하면서 살아간다. 노아는 생부 한수가 자신의 거처를 알아내 엄마에게 알리고, 엄마가 찾아오자 요코하마로 찾아가겠다고 안심시킨 후 엄마가 돌아가자 자살해 버린다.

공부에 싫증을 냈던 모자수는 고등학교를 중퇴하고 일찍 파친코에서 성실히 일하며, 양복점 여점원과 결혼하여 솔로몬을 낳고 행복한 생활을 영위하나 아내는 교통사고로 불귀의 객이 된다. 솔로몬은 미국 뉴욕에서 경영학을 전공하여 일본으로 귀국, 일본 금융회사에 취직하여 아버지와 아버지 지인들의 도움으로 회사에 큰 도움을 준다. 일본인 상사에 의해 이용당한 그는 해고되자 아버지의 가업인 파친코를 운영한다.

이 소설은 일본에서 태어났음에도 일본인으로 인정받지 못하고 이방인으로 살아가야만 하는 재일동포들의 애환과, 여자로서의 인생이 아닌 아내와 엄마로서의 기구한 삶을 묵묵히 견뎌 나가는 조선 여성들의 운명을 그렸다.

작가는 양진과 순자의 삶을 이야기하면서 가난했음에도 서로 사랑하고 어려움을 헤쳐 나왔던 추억담을 적고 있어 애정의 끈을 놓지 않는다. 또 한수의 본처가 딸만 셋임을 얘기하면서도, 순자의 손위 동서 경희가 아이가 없고 순자는 아빠가 다른 두 아들을 키우는 것으로 구도를 설정하여 자식에 대한 한국인들의 전통적 자녀관을 간접적으로 잘 등장시켰다. 야쿠자 보스인 한수가 자신의 아들, 아들을 낳은 여자나 그 엄마, 그 가족들을 금전적으로 지원하는 것은 별도로 치더라도, 요셉이 평양의 부모님께, 나가노의 노아가 엄마에게 송금하거나, 파친코 경영자가 종업원들의 의료비나 축하 경비를 지원하는 부분은 한국인들의 상부상조 정신을 소설 속에서 소개한 부분이라 할 수 있다.

한편, 조선인들이 죽은 짐승을 만지는 도축업에 종사하거나 전당포업, 파친코점을 경영하는 등 일본인이 기피하거나 폭력배, 탈세 등 부정적인 이미지가 농후한 업종에 종사하는 것으로 묘사하여 일본에서 직업의 귀천에 대한 차별이 있음을 지적한다. 또한 양진, 순자와 경희가 김치 행상을 하거나 설탕과자를 만들어 파는 것으로 묘사함으로써 조선 여성의 생활력이 단단하다는 것을 드러냈다.

작가는 "인생이란 자신이 통제할 수 없는 불확실성에 기대하는 파친코 게임과 같다"면서(2권, p. 95), 모든 것이 정해져 있는 것처럼 보이면서도 희망의 여지가 남아 있는 게임이 진행되는 파친코를 찾는 이유를 ① 가욋돈을 벌고 싶어서, ② 인사를 건네는 사람들이 거의 없는 조용한 거리에서 도망치고 싶어서, ③ 아내가 남편 대신 아이들과 함께 잠드는 사랑 없는 집에서 탈출하고 싶어서, ④ 말 한마디 없이 서로 밀어대는 사람들로 가득한 퇴근시간대의 푹푹 찌는 전철을 피해서 등이라고 열거한다(2권, p. 217).

작가는 일본에 거주하는 자이니치들에게 일본은 "자신을 사랑하지 않으려고 하는 계모와 같다"고 표현한다. 작가는 재일조선인들이 일본

참고: 일본의 파친코와 재일교포 북송사업[33]

파친코 사업

소설의 제목이기도 한 파친코(pachinko, パチンコ) 란 "돈이나 선불카드를 파친코 기계에 넣고 손잡이를 당기거나 버튼을 누르면, 기계 안에 들어 있는 직경 11밀리미터, 무게 5그램의 구슬이 복잡한 회로를 따라 돌다가 상금이 지불되는 야꾸모노(役物, ヤクモノ) 라는 구멍(入賞口) 으로 들어가는 경우 작은 구슬이 정한 배수에 따라 나오고, 이를 파친코 업소가 지정하는 별도의 경품취급업소에서 현금으로 교환하는 영업행위"로, 〈풍속영업 등의 규제 및 업무의 적정화 등에 관한 법률〉(風俗營業等の規制及び業務の適正化等に關する法律) 제2조 제1항 제7호에서 "설비를 설치하고 고객에게 사행심을 부추기는 유기를 하게 하는 영업"(設備を設けて客に射幸心をそそるおそれのある遊技をさせる營業) 으로 정의하였다. 한국 내에서 2006년 문제가 되어 철퇴가 내려져 없어진 '바다이야기'가 바로 파친코 게임기에 착안하여 만들어진 사행성 게임기이며, 이런 기계로 영업하는 곳이 파친코다.

파친코 기계는 1925년에 발명되었고, 1930년 나고야에서 제1호 파친

---

33) 이 소설의 이해를 위해 ① 일본의 합법도박 중 가장 시장규모가 큰 파친코 사업, ② 재일교포 북송사업에 대한 기본적인 지식이 필요하여 소개한다. 한반도에서 일본으로 건너간 많은 사람들이 일본으로 귀화하였지만 재일교포 사회는 아직도 한국 국적을 가지고 일본에 영주하는 민단계 거류민들과 조선 국적을 가진 조총련계로 나뉘어져 있다. 소설 속 등장인물 중에서는 출신지가 평양인 사람들도 있고 재일교포 북송사업의 일환으로 북송된 교포도 있다.

코 영업점이 허가를 받아 문을 열었으며, 1937년 〈전시특별법〉에 의해 신규점포에 대한 허가가 금지되었다가, 1942년 제 2차 세계대전으로 인한 전시체제 돌입으로 영업이 중단되었고, 1946년에 다시 영업을 재개하게 되었다. 1953년 제 1전성기에는 점포 수가 38만 7,664개소에 이르렀고 기기 생산업체도 600개에 이르렀으며, 1960년 제 2의 전성기를 거쳐 1965년에는 점포 수가 1만 개를 넘게 되었다. 1979년에는 11월 14일을 '파친코의 날'로 제정했다. 1990년대에는 어린이를 차내에 둔 채로 부모들이 게임에 열중하여 어린이들이 사망하는 사고가 수시로 발생하고, 파친코 의존증(パチンコ依存症), 즉 병적도박문제, 허가기관인 경찰과의 유착, 현금영업으로 인한 탈세, 불법영업 등이 사회문제가 되어 규제가 엄격해졌다. 젊은 층의 여가문화 패턴도 변화하여 파친코는 점점 사양길로 접어들고 있다.

그럼에도 파친코는 현재 사행산업 중 가장 큰 비중을 차지하여, 2016년 일본의 파친코 이용자는 940만 명(2015년 일본 인구는 1억 2,709만 명), 매출액은 21조 6,260억 엔(약 215조 원), 점포는 9,991개소에 이르는 것으로 나타났다. 유기요금, 즉 1회 사용할 수 있는 구슬요금은 국가공안위원회 규칙으로 정하도록 규정되어 있는데, 구슬 1개의 가격을 4.32엔 이하로 하도록 규정하고 있는바, 100엔을 지불하면 23개의 구슬로 게임을 할 수 있다. 파친코 경영자의 5할이 한국인, 3할이 일본인, 중국·타이완인과 조선적(조총련)이 각각 1할(2011년 〈아사히 신문〉)로 알려져 있다. 경남 삼천포 출신의 재일교포 한창우(韓昌祐) 씨는 일본 최대의 파친코 체인 마루한(丸韓)을 운영하고 있다. 한창우 씨는 일본 전역에 321개 점포를 운영하고 있으며, 매출액 1조 6,788억 엔(2017년 3월 결산 기준),

종업원 12,505명으로, 2015년 〈포브스〉 선정 일본 국내 부호 7위에 자산은 42억 달러로 랭크되어 있다.

일본 〈형법〉 역시 우리 〈형법〉과 유사하게 '도박 및 복권에 관한 죄'를 규정하여 도박한 자는 50만 엔 이하의 벌금 또는 과료에 처하도록 하였으며, 일시 오락 목적으로 물건을 건 정도는 벌하지 않도록 규정하였다(제185조). 그러면서 특별법인 〈경마법〉에 의한 경마(농림수산성), 〈모터보트경주법〉에 의한 경정(국토교통성), 〈자전차경기법〉에 의한 경륜(경제산업성), 〈소형자동차경주법〉에 의한 자동차경주(경제산업성), 〈스포츠진흥투표의 실시 등에 관한 법률〉에 의한 스포츠진흥복권(문부과학성), 〈당첨금부증표법〉에 의한 복권(총무성), 〈풍속영업 등의 규제 및 업무의 적정화 등에 관한 법률〉에 의한 파친코(공안위원회) 등 합법적인 도박이 시행되고 있다.

그 이외에 환금은 할 수 없고 놀이 목적으로 카지노 칩을 이용하는 카지노 바, 게임을 하고 이기면 800엔 이하의 물품을 주는 게임센터가 있으나 종종 오락이나 게임을 넘어 경찰의 단속대상이 되기도 한다. 게임기의 사양과 작동방식은 다소 다르나 호주의 게임기술협회(GTA)가 발표한 자료에 따르면, 2015년 말 현재 전 세계에는 약 770만 대의 게임기가 있으며, 그중 약 60%인 460만 대가 일본에 있다고 한다(다음으로는 미국 87만 대, 이탈리아 46만 대, 독일 27만 대, 스페인 22만 대, 호주 20만 대, 영국 17만 대, 캐나다 10만 대 등).

재일교포 북송사업

제2차 세계대전 종전 후 전후질서 재편의 기본이 되는 조약은 미국 주도로 연합국 48개국과 일본이 서명한 샌프란시스코 강화조약(1951. 9. 8.)이다. 이 조약은 일본이 반공산주의 진영의 일원으로 편입되면서 일본의 안전문제에 미국이 개입하는 단초를 제공한다. 당시의 한반도는 한국전쟁 와중에 있었으며, 이 조약에서 한국은 당사국에 포함되지 못하면서 '전시 손해 및 고통'에 대한 배상청구권도 갖지 못하게 된다.

일본은 자유진영의 일원이며 한국전쟁에서 한국의 후방기지로서의 역할로 전후 재기의 발판까지 마련하였음에도, 한국정부의 반대에도 불구하고 재일동포들을 일본에서 내보내겠다는 의도에 따라 1959년 2월 일본각의에서 '재일조선인 중 북조선 귀환희망자의 취급에 관한 건'이 의결됐다. 1959년 8월 13일에는 일본과 북한 적십자사 간에 인도 콜카타에서 '재일교포 북송협정'을 체결, 12월부터는 재일교포 북송사업이 시작되었다(12월 14일, 1진 975명 일본 니가타항 출발). 1961년 4월 일본은 북한과 직접교역까지 허용한다. 한국정부는 한국전쟁으로 피폐해진 상황이라 일본에 대표부만 두고 있었을 뿐 재일교포 문제에는 큰 관심을 기울일 여력이 없을 때였고 한일 간 협정이 없다는 이유로 재일교포의 법적 지위문제에도 적극적으로 대처하지 않았다. 그러면서 일본의 교포 북송을 저지하기 위해 공작단을 파견하였는데, 거사 전에 적발되어 일본인들이 한국정부나 재일거류민단에 대하여 경직된 시각을 갖는 계기가 되었다.

이와 달리 북한은 조총련을 통해 교포들의 경제적 어려움을 해결하는 방안으로 신용조합(우리나라 저축은행의 전신인 신용금고의 모태)을 통해 상부상조 형태의 자금을 지원해 주기도 하였으며, 교포들의 교육에도 관심을 가지고 각 지방의 조선학교도 지원하였다. 이런 영향으로 북한에 연고도 없는 영남과 제주 출신이 많은 재일교포 대다수가 남한보다는 북한에 더 큰 기대를 갖게 되었으며, 북한이 주장하는 '지상낙원'이란 선전에 현혹되어 북한에 대한 희망과 동경을 갖게 된다.

1965년 일본이 한국을 한반도의 유일 정부로 인정하는 한일 국교정상화가 이루어지고 북송교포의 비참한 생활상이 일본에 전해지면서, 1967년 일북 적십자사 간 협정시한 연장회담이 사실상 결렬됨으로써 북송교포 수는 감소했다. 1984년 7월까지 계속된 북송사업으로 재일교포의 아내인 일본 국적 여성과 자녀 6,839명을 포함, 모두 93,340명이 북한으로 귀국하게 된다.

에서 태어났으면서도 일본인으로 살아갈 수 없는 현재의 일본은 앞으로
도 절대 변하지 않을 것이고 외국인을 받아들이지도 않을 것임을 솔로
몬의 미국인 여자 친구 입을 통해 단정하며, 솔로몬과 동거하던 한국계
미국인 피비가 솔로몬 해고 직후 미국으로 돌아감을 통해 외국인에 대
해 폐쇄적인 일본사회를 은연중에 비판한다.

(2) 이상훈의 《롤링》

롤링(*rolling*)은 '굴린다, 회전한다'는 뜻인데, 카지노에서는 여러 차례
돈을 굴려 베팅을 한다는 의미로 사용된다. 카지노에서 게임을 할 때에
는 현금을 칩(*chip*)으로 교환하여 베팅을 하며, 딸 경우에도 칩으로 받
은 후 게임을 끝냈을 때 남은 칩을 현금으로 교환한다. 외국 카지노의
경우 마케팅의 일환으로 고객모집책(정킷, *junket*)을 두는 경우가 있는
데, 그 경우에는 일반 칩과는 다른 롤링 칩을 사용하여 게임을 하며, 칩
사용실적에 따라 고객모집책에게 일정 비율의 수수료가 지급되고 고객
에게도 포인트가 쌓이게 된다. 마카오 카지노처럼 아예 모집책이 카지
노의 게임시설을 빌려 운영하고(VIP룸) 수익을 카지노 측과 4대 6으로
나눠 가지는 경우도 있다. 이 경우 게임은 롤링 칩으로 하며 플레이어
가 따는 경우에는 현금 칩으로 주는데, 게임을 여러 판 하게 되면 롤링
칩은 사라지고 받은 현금 칩을 다시 롤링 칩으로 바꾸어 결과적으로는
모두 잃게 된다.

　이상훈의 소설 《롤링》은 필리핀 마닐라, 프랑스 니스, 칸, 모나코의
카지노를 전전하는 한국 여성들의 카지노 게임, 특히 바카라 게임 경험
담과 그들의 사생활을 묘사하였다. 그녀들은 강남 텐프로 살롱 출신이

242

거나, 돈 많은 회장의 정부이거나, 배우 출신으로, 소설 속에 자주 등장하는 그렇고 그런 여자들이다. 도박기술을 익히고 실행하는 데에는 유럽 카지노에서 활약하였던 선수들, 마피아 가족이나 행동대원들의 지원과 도움이 수시로 등장한다. 그녀들은 필요할 때에 권력자들 또는 마피아의 정부가 되거나 그들과 결탁하여 위험한 순간을 모면하거나 국외로 탈출하고 쇼핑이나 순간의 쾌락을 즐길 뿐, 결코 행복한 삶이라고는 할 수 없는, 쫓기는 생활을 영위한다.

소설 속 등장인물들의 삶은 순탄치 않은데, 작가는 13년 6개월간 감옥에서 생활했다면서, 그를 도와준 여자가 카지노의 대모여서 그녀의 실화를 모티브로 소설을 썼다고 밝힌다. 그는 "도박에 빠져 모든 재산을 탕진하고 앵벌이로 살아가는 수많은 남녀들의 비참한 현실과 여인들의 삶을 조명하고자" 소설을 썼고, "국가는 오늘도 강원랜드 주위를 맴돌며 자살로 생을 마감하는 비참한 현실을 외면하고 있다"며, 카지노뿐만 아니라 경륜장, 경마장도 규제할 것을 촉구한다. 한마디로 작가에게 카지노를 포함한 모든 도박장은 '폭력조직과 연관된 불건전한 오락'일 뿐이다.

(3) 은희경의 《중국식 룰렛》

룰렛(roulette)은 '돌아가는 작은 바퀴'라는 뜻의 프랑스어에서 유래하였는데, 적색과 흑색이 번갈아 칠해진, 0에서 36까지의 숫자로 37등분(미국식 휠은 00이 있어 38등분)된 회전원반인 룰렛 휠(roulette wheel)을 돌리면서 아이보리로 된 구슬(ivory ball)을 굴리다가 멈추었을 때 구슬이 어느 숫자에 멎느냐에 금전을 거는 도박이다.

룰렛으로는 여러 가지 방식의 돈내기를 할 수 있다. 한 가지 숫자에 거는 1/37(미국식은 1/38) 확률 게임, 빨강색이나 검정색 또는 홀수나 짝수에 거는 1/2 확률 게임, 낮은 숫자군, 중간 숫자군, 높은 숫자군에 베팅하는 게임을 할 수 있으며, 룰렛 테이블(*roulette table*)의 숫자조합에 베팅하는 방식에 따라 '스트레이트 베트'(*straight bet*) 또는 '스플릿 베트'(*split bet*), '라인 베트'(*line bet*), '스퀘어 베트'(*square bet*), '스트리트 베트'(*street bet*) 또는 '칼럼 베트'(*column bet*) 등도 가능하다.

은희경의 소설집 《중국식 룰렛》에는 〈중국식 룰렛〉과 함께 〈장미의 왕자〉, 〈대용품〉, 〈불연속〉, 〈별의 동굴〉, 〈정화된 밤〉 등 6편의 소설이 수록되어 있다. 〈중국식 룰렛〉에서 '차이니스 룰렛'은 인터넷 동호회의 이름으로, 신원을 밝힐 필요 없이 회원 3인의 추천만 있으면 가입할 수 있으며, 모두 남자 회원만 있고 위스키와 룰렛 게임, 그리고 '차이니스 룰렛'이라는 진실 게임을 즐기는 단순한 친목모임이다.

술집에 들린 고객이 바텐더가 주문하라고 내준 세 잔의 위스키를 맛본 후 그중 하나를 선택하면 그 술을 서비스로 주는데, 가격이나 희소성의 차이를 불문하고 동일한 가격으로 서비스하여 선택 여하에 따라 같은 값에 고가이거나 희귀한 위스키를 싸게 마실 수도, 또 반대로 저가나 대중적인 위스키를 비싸게 마실 수도 있는 독특한 상술의 술집이 소설의 무대다.

술집 주인 겸 바텐더인 K, 의사이자 아내로부터 이혼 통보를 받은 날 K로부터 술집에 들러 달라는 요청을 받은 주인공, 홍보회사 인턴사원이면서 잡지사 기자를 사칭하여 고가 위스키의 행방을 수소문하고자 하는 아르마니 양복을 입은 청년, 친구의 아내로부터 섹스를 해보자는 제안을 받고 시도했으나 실패한 검은 테 안경의 중년 남자 등 4인이 다양한 위스키 이야기를 주고받으며, 인생살이에 관한 질문과 답변을 통해 진실을 규명해 나가는 것이 소설의 줄거리이다. 상대 팀에 질문을 던짐으로써 그들이 이쪽 팀의 누구를 생각하는지를 알아맞히는 방식의 심리전 또는 진실 게임이 등장하는 파스빈더 감독의 영화 〈중국식 룰렛〉에서와 같이, 4인은 위스키를 마셔 가며 서로의 진실을 알아내려 하지만 각자가 정직하게 '진심'을 얘기하지 않아 진실이 규명되지 못한 채 소설은 끝난다.

위스키를 숙성시키는 과정에서 해마다 2~3% 정도는 증발되어 사라지는데, 이를 '천사의 몫'(*the angels' share*)이라고 한다. 가장 큰 실수, 평생 후회할 만한 일 등과 관련된 질문과 답변에서 운이 없어 불행으로 결말지어졌다고 생각하는 그들 각자에게 불운의 총량은 수정될 수 없는 것이고, '조금 불행하다고 생각하는 사람들은 천사의 몫이 있듯이 단지 조금 운이 없었을 뿐이다'라고 생각하는 것이 오늘을 사는 지혜인지도 모른다. 룰렛 게임의 결과가 운에 좌우되듯이 인생사의 행복과 불행 역시 상당 부분은 운에 좌우됨을 받아들여야 하지 않을까.

4) 예술 속의 도박

(1) 마약중독을 다룬 뮤지컬 〈미션〉

"마약중독은 단순한 사회문제가 아닌 영적인 문제다."
"마약은 끊는 게 아니고 죽어야 끝난다."
뮤지컬 〈미션〉이 전하는 메시지다. 내빈소개와 인사말 등을 빼고 인터미션 없이 140분간 계속되는 뮤지컬 〈미션〉은 마약 중독과 회복 과정, 위험성과 재발, 치유의 어려움 등 그야말로 마약중독과 관련된 교훈적 내용을 담은 '홍보' 공연물로, 주최 · 주관 · 후원 기관인 마약퇴치운동본부와 약사회의 사회적 기여활동을 알리는 것이 주목적이다 보니 나열식이고 산만하다는 느낌을 받는다.

　뮤지컬은 그야말로 노래가 핵심인데, 시원시원하거나 우렁찬, 또는 심금을 울리는 독창이나 합창이 없어 아쉬웠으며, 세 번 정도 들어간 인터뷰 영상도 너무 길고 메시지도 중언부언하여 공연 중 대사나 노래 속에서 전하는 메시지와 중첩되거나 효과가 별로란 생각이 들었다. 재미를 추구한다지만 뮤지컬에 등장하는 여성 다큐멘터리 PD의 애정집착을 중독과 대비시킨 것은 생뚱맞다는 느낌을 주었다. 오랜만에 경상도 사투리와 억양을 들으니 정겨움이 느껴졌는데, 같이 관람한 동료는 처음에는 잘 못 알아들었다고 한다.

　치유가 되어 다시 돌아가 우리는 증언합니다.

　어떻게 벗어날 수 있었는지 하나하나 서로의 사명으로

　더 많은 이들을 더 많은 이들을 살리겠죠

　우리 인생의 힘들었던 상처들이 어느새 발판 되고

　…

　우리의 미션이라 이제 알 수 있어요

　당신에게 찾아올 문제 우리가 이겨낸 방법으로

　당신 또한 찾으리라 찾으리라 찾으리라 미션[34]

어쨌든 어려운 여건임에도 십수 년 전에 마약중독을 소재로 한 뮤지컬을 만들어 매년 무대에 올리고 있음은 대단한 업적이다. 일부 출연진이 재능기부 형태로 참여하고 있지만 상당히 많은 수의 배우들이 출연하는 만큼, 지방 제작사 흐름엔터테인먼트에게 후원이 지속되기를 기대한다.

(2) 모정마저 끊게 만든 도박, 일본 단편영화 〈미열〉[35]

세상에서 가장 끈끈하고 숭고한 것이 모정(母情)인데, 도박은 그마저 끊고 버리도록 만드는 지독한 악마이고 사탄이다. 2013년 전주국제영화제에서 〈風切羽〉(깃털)로 우석상(대상 다음 작품상)을 받은 일본의 젊은 영화감독 오자와 마사토(小澤雅人)가 2014년에 제작, 2016년 1월 일본에서 공개된 〈微熱〉(미열)은 30분 길이의 단편영화로, 남편의 파친코 도박으로 인해 이혼한 것은 물론, 어린 딸마저 버리고 가정이란 울타리를 벗어나는 한 여인의 눈물겨운 비원(悲願)을 담고 있다. 전도유망한 마라토너였으나 사고로 택배기사가 된 아빠는 빚더미에 앉아 독촉장을 받고 있음에도 수금한 돈을 모두 파친코 도박으로 날려 횡령한다. 그리고 어린이날에는 기모노를 입고 싶어 하고, 옆집 소년처럼 피아노를 배우고 싶어 하는 딸이 소망을 얘기하면 그저 엄마에게 미뤄 버리는 무책임하며 구제불능인 가장이 된다. 엄마는 두 번 다시 도박하면

---

34) 〈미션〉의 엔딩 곡 가사.

35) 이 영화는 일본의 제작자에게 직접 연락하여, 한국도박문제관리센터에서 2017년 10월 27일 직원들을 대상으로 상영하였다.

이혼한다는 각서까지 받고 딸의 소망을 들어주기 위해 야간업소에서 자살까지 시도하면서 밤일까지 마다하지 않지만, 파친코에 미친 남편은 딸의 기모노 빌릴 돈이란 애원을 뿌리치고 그 돈마저 들고 나가 버린다.

도박으로 인한 부부싸움을 귀를 틀어막고 외면하면서 단란한 옆집 가족을 동경하는 어린 딸의 염원과 눈물을 뒤로하고, 엄마는 도박하는 남편이 숨 쉬는 '그 지긋지긋한' 가정이란 울타리를 새처럼 훌훌 날아 떠나 버린다. 끼니마저 해결치 못한 채 딸과 할 수 있는 일이라곤 함께 목욕하는 일밖에 없는 남편에게 "그래, 거기서 계속 놀아 보시지"라면서. 일반적으로 일본의 아내들이 한국 여성들보다 더 매정하단 평도 있지만 그래도 자식에게는 별반 다르지 않은데, 도박이란 괴물이 오죽했으면 모정마저 버리도록 했을까 하는 생각이 든다.

이 영화는 2015년 스페인에서 개최된 Imagine India International Film Festival에서 최우수 단편영화로 선정되었다.

(3) 연극 〈리얼게임〉[36], 게임중독자 이야기

시나리오 작가 상욱은 여 제자와의 성추문으로 대학교수직에서 쫓겨나고 아내에게도 이혼을 당한 후, 지인이 경영하던 영화사로부터 원고 일감을 받아 생계를 꾸려 간다.

그에겐 게임중독에 빠진 아들 현우가 있는데, 온종일 방 안에 틀어박혀 게임만 한다. 그는 무인전투기를 조종하는 〈드론 스트라이크〉라는

---

36) 극단 사개탐사 제작, 박혜선 연출 작품으로, 2017년 초연되었으며, 2018년 창작산실 올해의 레퍼토리로 선정되었다.

게임의 한국 챔피언이 되기도 하였는데, 어느 날 자신이 살인을 저질렀다며 도움을 요청한다. 게임 속에서 탈레반의 리더를 죽이는 임무를 성공적으로 수행했는데, 그가 제거한 타깃과 똑같은 이름의 탈레반 리더가 폭격으로 사망했다는 거다. 전쟁에 참가한 군인들이 외상 후 스트레스장애(PTSD)를 겪자 CIA가 다른 사람들의 컴퓨터를 해킹하여 미군이 운용하는 드론 전투기가 게임과 똑같이 움직이게끔 하여 그가 죽게 되었다는 것이다. 상욱은 아들이 게임중독으로 미쳐 버려 가상과 현실을 구분하지 못하게 된 거라 생각하고 정신병원에 입원시키기로 결심한다.

그러던 찰나 딸에게 폐를 이식해 준 딸의 친구와 딸의 이야기를 영화화하고 싶은 재미교포 세실리아 킴이 나타나 1천만 원의 고료를 받고 시나리오를 완성해 주게 된다. 길에서 만난 고아 소녀를 데리고 와 다락방에 숨겨 놓고 아빠 몰래 5년간 보살핀 딸이 아빠가 운전하던 차에 치어 생존 가망이 없게 되자, 고아 소녀가 자신의 폐를 딸에게 기증했다는 믿기 어려운 미담이다. 상욱은 이 이야기를 바탕으로 시나리오를 썼으나, 다른 사람의 이름이 작가로 올라갈 것이며 내용도 제작자 입맛대로 바뀔 것이라는 얘기를 영화사 대표로부터 듣는다.

연극 속에서 현우는 자신이 〈드론 스트라이크〉 게임에 접속하여 드론을 조종하면 전장의 실제 드론 전투기가 그대로 임무를 수행한다고 믿고 있다. 그는 게임 속의 가상현실과 전장의 현실을 혼동하고 있다. 세실리아는 자신이 전한 미담의 진실 여부보다는 영화가 그저 즐겁고 아름답게 삶을 영위하는 스토리로 전개되길 바랄 뿐이다.

연극 〈리얼게임〉은 게임몰입이 중독으로 발전되어 병원 신세까지 지는 세태를 잘 반영하였으며, 돈만 지불하면 작가의 성명표시권이나 내용변경도 아무렇지 않게 여기는 우리나라의 저작권보호 환경도 묘사하였다. 모든 아빠가 연극 속의 상욱처럼 자식을 위해 노심초사할 수는 없으며, 그럴 필요도 없을지도 모른다. "현실은 순간을 보는 관점일 뿐"이라는 연극 속의 대사처럼, 세실리아는 세상살이를 아름답게 보려고 의도하기도 하지만, 때로는 더 높은 곳을 지향하는 상류층 창녀로서 행동하기도 한다. 꼭 세상살이에 진실을 물어야만 하는 것은 아니니까. "거품으로 가득 찬 세상을 살 수 없다"고 몸부림치기보다는 잘나가는 시나리오 작가처럼 "심리적 거리감을 좀 두고" 세상을 바라보면서 사는 것이 어떨까!

〈리얼게임〉은 게임에 미쳐 병원 신세까지 지는 게임중독의 위험에 대해서는 잘 설명하지만, 현실로 돌아오는 과정에 대해서는 '어느 날 갑자기'이다. 병원치료 덕분일 수도, 이혼하고 별거 중인 어머니와의 만남 덕분일 수도 있지만, 어쨌든 가상현실과 실제를 혼동하던 아들의 중독탈출은 갑작스런 반전으로 궁금증을 자아낸다.

에필로그

2008년 공직에서 명예퇴직한 후 이어진 자리가 한국카지노업관광협회 상근부회장 직책이었다. 평소에도 기록하고 글쓰기를 좋아하여 블로그를 운영하고 5권의 저서도 출판하였는데, 취임과 더불어 완전히 새로운 분야인 '도박'에 대해 본격적으로 공부해 보겠다는 각오를 하게 되었다. 국내외 카지노 현장을 둘러보고 외국의 자료를 참고하여 펴낸 첫 번째 도박 관련 책이 바로 《도박과 사회》이다. 이후 미국의 카지노뿐만 아니라 영국, 캐나다, 호주, 싱가포르, 일본 등의 도박 전반에 대한 자료를 읽고 정리해서 《사행산업론》을 썼다. 2012년 말 식도암 발병으로 다른 일은 할 수가 없어 항암치료를 받으면서 문학과 예술 속에 도박이 어떻게 투영, 묘사되는지를 알아보기 위해 국립중앙도서관에서 서적, 영상자료 등을 뒤적이며 쓴 책이 도박 관련 세 번째 책 《그대가 모르는 도박이야기》이다.

이러한 도박 관련 서적 출판 덕에 공모직인 한국도박문제관리센터

원장직에 도전하여 현재 제 2대 원장으로 재임하고 있다. 센터의 주요 업무는 도박문제 예방과 문제도박자 치유인데, 예방 부분은 제도정비와 홍보 업무가 주여서 저서를 준비하면서 외국의 예방정책이나 제도를 공부한 바 있고, 홍보는 공직생활 중 20여 년을 담당한 분야로 많은 도움이 되었다.

익명의 도박회복자모임(GA)에서 가장 강조하는 부분이 '도박문제가 있음을 인정하는 것'으로, 도박자 본인은 문제로 인식하지 않거나 얼마든지 극복할 수 있다고 자신하는 것이 도박문제 해결을 어렵게 한다. 그래서 문제도박의 증세와 증상에는 어떤 것들이 있는지, 실제로 치유는 어떻게 진행되는지 등에 대한 문헌과 사례들을 조사하여 포함시키려 노력하였다.

학부에서 체계적, 단계적으로 공부한 것이 아니어서 이해에는 상당한 어려움이 있었지만 치유 전문가들인 센터의 많은 직원들의 도움을 받아 이 책을 완성하게 되었다. 당초에는 분량이 많은 것 같아 축약하는 식으로 정리했는데 교정지를 받고 보니 너무 얇아 마지막 장으로 도박과 관련된 인문학적 사례들을 추가하였다. 물론 전작이나 블로그에서 이미 대부분 다루어서 추가하는 데 큰 어려움은 없었으나 독자들이 알고 싶어 하는 내용들을 모두 포함시키지는 못하였다. 앞으로 블로그에 하나하나 추가할 생각이다.

7장 "역사상의 도박"에서 살펴본 바와 같이 동서고금을 통해 다양하고 엄격한 처벌에도 불구하고 도박이 성행해 왔음은 '도박금지'로 문제가 해결되지 않는다는 사실을 웅변한다. 따라서 정부는 예방과 치유와 관련된 제도를 만들고, 사행사업자는 도박이 오락의 범주를 벗어나지 않도록 책임을 다하며, 도박을 하는 개개인 역시 자신과 가족, 사회에 부담이 되지 않도록 절제하는 노력을 경주하여야 한다.

　정부 차원에서 도박문제의 예방과 치유에 나선 것은 다른 나라에 비해 늦었으나 오히려 해외의 선진 사례들을 벤치마킹하여 도입하고 더 바람직한 운용이 되도록 한 측면도 있음을 부인할 수 없다. 대표적인 것이 도박중독 예방치유 부담금 제도로, 외국에서는 기부에 의존하는 데 반해 우리나라에서는 사업자들이 매출의 일정비율을 의무적으로 납부하도록 제도화하였다. 또 민간 상담기관이나 의료기관과의 협업제도도 어느 나라보다 더 잘 운용되고 있다고 자부한다.

　앞으로 '온라인 상담제도'가 도입되고 '거주치유시설'이 설치된다면 도박문제 예방치유사업은 제도적으로는 완비된다고 볼 수 있다. 중독의 예방과 치유는 '과학적 근거'를 기반으로 시행되어야 하는 만큼 더 많은 연구가 이루어지고 전문가들을 양성하는 데 센터가 더 적극적으로 기여하고 역할을 하는 것이 필요할 것이다. 아울러 상담과 치유 분야뿐만 아니라 예방과 제도화와 관련된 분야에서도 더 많은 자료들이 출간되기를 기대해 본다.

참고문헌

국내

거다 리스 지음, 김영선 옮김, 2006, 《도박》, 꿈엔들.

"게임중독은 질병? WHO에 직접 물었다", 〈코메디닷컴뉴스〉, 2018. 5. 24.

곽호완, 2017, 《사이버심리와 인터넷·스마트폰 중독》, 시그마프레스.

김동준, 2016, "대학생의 사회적 지지가 도박행동에 미치는 영향", 숭실대학교 석
　　사학위논문.

김동준, "애플, 확률형 아이템 확률 공개 의무화", 〈게임인사이트〉, 2017. 12. 26.

김두삼, 2003, 《경마장 사람들》, 새로운 사람들.

김미성, "도박 권하는 '카지노 술집' … 도박개장죄 인정", 〈노컷뉴스〉, 2018. 5. 4.

김범수, "우후죽순 생기는 '카지노 바' … 아슬아슬한 줄타기", 〈세계일보〉, 2017.
　　2. 16.

김상균·성용은·박윤기, 2015, 《범죄학개론》, 형지사.

김시소, "게임업계, 개별아이템 확률 공개 의무화한다", 〈전자신문〉, 2018. 3. 14.

김일수·서보학, 2016, 《형법각론》, 박영사.

김한우, 2013, 《왜 우리는 도박에 빠지는 걸까》, 소울메이트.

나심 니콜라스 탈레브 지음, 이건 옮김, 2016, 《행운에 속지마라》, 중앙북스.

노르베르트 볼츠 지음, 윤종석·나유신·이진 옮김, 2017, 《놀이하는 인간》, 문
　　예출판사.

대검찰청, 2017, 《검찰연감》, 대검찰청.

대법원, 2017, 《사법연감》, 대법원.

데이비드 핸드 지음, 전대호 옮김, 2016, 《신은 주사위 놀이를 하지 않는다》, 더
　　퀘스트.

도스토옙스키 지음, 이길주 옮김, 1999, 《도스토예프스키의 유럽인상기》, 푸른숲.

레이 로렌스 지음, 최기철 옮김, 2011, 《로마제국 쾌락의 역사》, 미래의 창.

로제 카이와 지음, 이상률 옮김, 1994, 《놀이와 인간》, 문예출판사.

리처드 카벤디쉬·코이치로 마츠무라 지음, 김희진 옮김, 2009, 《죽기 전에 꼭 봐야 할 세계역사유적 1001》, 마로니에북스.

리처드 혼 지음, 박선령 옮김, 2010, 《죽기 전에 꼭 해야 할 101가지》, 민음인.

마르크 파르투슈 지음, 김영호 옮김, 2007, 《뒤샹 나를 말한다》, 한길아트.

마크 빅터 한센·잭 캔필드 지음, 류지원 옮김, 2012, 《죽기 전에 답해야 할 101가지 질문》, 토네이도.

마크 어빙·피터 세인트 존 지음, 박누리·정상희·김희진 옮김, 2009, 《죽기 전에 꼭 봐야 할 세계건축 1001》, 마로니에북스.

미국정신의학회 지음, 강진령 편역, 2008, 《간편 정신장애진단통계편람》, 학지사.

미국정신의학회 지음, 권준수 외 옮김, 2015, 《정신질환의 진단 및 통계 편람》, 학지사.

박상규, 2016, 《중독과 마음챙김》, 학지사.

박상규·강성군·김교헌·서경현·신성만·이형초·전영민, 2017, 《중독의 이해와 상담실제》, 학지사.

박상영, "공정위-넥슨 등 게임업체, 법정공방 가나 ··· 확률형 아이템 제재에 업체 '발끈'", 〈뉴시스〉, 2018. 4. 2.

박진형, "확률형 아이템의 사행성 논란, 세계적 흐름은?", 〈매일경제〉. 2018. 1. 14.

박태균, "부산경찰청, 지스타 스타크래프트 승부조작 및 인터넷 불법 도박 조직 검거", 〈인벤〉, 2018. 3. 15.

박현철, 2016, 《루브르 박물관보다 재미있는 세계 100대 명화》, 삼성출판사.

방송통신위원회, 2018, "2017년 하반기 스팸유통현황발표".

사행산업통합감독위원회, 2010, 《도박중독 전문가 기초과정 - 중독의 이해》, 사행산업통합감독위원회.

_____, 2016, 《사행산업 이용실태조사》, 사행산업통합감독위원회.

신동운, 2017, 《형법각론》, 법문사.

스티븐 제이 슈나이더 편, 정지인 옮김, 2005, 《죽기 전에 꼭 봐야 할 영화 1001편》, 마로니에북스.

스티븐 파딩 지음, 하지은·한성경 옮김, 2016, 《죽기 전에 꼭 봐야 할 명화 1001》, 마로니에북스.

앤 윌슨 섀프 지음, 강수돌 옮김, 2016, 《중독 사회》, 이상북스.

양미진·유혜란·서선아·박성륜·김경화·유준호, 2015, "사이버상담 성과에 대한 개념도 연구", 〈청소년상담연구〉 23(1).

양병환·김린·박선철·송지영·윤종철, 2017, 《정신병리학 특강》, 집문당.

여명숙, "불법사행성 게임 현황과 대처방안", 〈불법도박·사행성 게임 퇴치방안 마련을 위한 토론회 자료집〉.

와다 히데키 지음, 이민연 옮김, 2017, 《아들러와 프로이트의 대결》, 에쎄.

요한 하위징아 지음, 이종인 옮김, 2010, 《호모 루덴스》, 연암서가.

위야사 지음, 박경숙 옮김, 2012, 《마하바라따 1~4》, 새물결.

유승훈, 2006, 《다산과 연암 노름에 빠지다》, 살림.

유영달, 2017, 《상담의 이론과 실제》, 창지사.

윤용호, 2012, 《마방여자》, 나남.

은희경, 2016, 《중국식 룰렛》, 창비.

이경희·조성애·김성현·이경희·유봉근·박동준, 2016, 《도박하는 인간》, 한국문화사.

이민진 지음, 이미정 옮김, 2018, 《파친코 1, 2》, 문학사상.

이상돈, 2017, 《형법강론》, 박영사.

이상훈, 2016, 《롤링》, 답게.

이상훈, "'실전체험장' 내건 사행성 외환차익거래 횡행", 〈경기신문〉, 2017. 12. 6.

이선희, "WHO, 게임중독 질병코드 등재 1년 유예하기로", 〈매일경제〉, 2018. 4. 11. 이성식, 2017, 《사이버 범죄학》, 그린.

이세기, 2011, 《죽기 전에 꼭 봐야 할 한국영화 1001》, 마로니에북스.

이영호, "도박개장 혐의 가상화폐 거래소 경찰 수사", 한국경제TV, 2018. 4. 2.

이용주, "투자? 사행성 도박? … 환율 맞추는 '외환거래 체험장'", MBC뉴스, 2018. 4. 25.

이윤호, 2007, 《범죄학》, 박영사.

이재원, 2016, 《중독 그리고 도파민》, 찜커뮤니케이션.

이홍표·이재갑·김한우·김태우·한영옥·이상규, 2013, 《파스칼의 내기 노름의 유혹》, 학지사.

임병선, "미국 대법원 '주 정부가 스포츠 도박 합법화 결정' 판결에 들썩", 〈서울신문〉, 2018. 5. 15.

임웅, 2017, 《형법각론》, 법문사.

조용진, 2013, 《동양화 읽는 법》, 집문당.

진중권, 2005, 《놀이와 예술 그리고 상상력》, 휴머니스트.

카를 빌헬름 베버 지음, 윤진희 옮김, 2006, 《고대 로마의 밤 문화》, 들녘.

크리슈나 다르마 지음, 박종인 옮김, 2008, 《마하바라타 1~4》, 나들목.

프레드릭 울버튼·수잔 샤피로 지음, 이자영 옮김, 2013, 《어떻게 나쁜 습관을
　　　멈출 수 있을까》, 소울메이트.

톰 홀랜드 지음, 이순호 옮김, 2017, 《다이너스티》, 책과 함께.

한국도박문제관리센터(2014~6), 《도박문제관리백서》,. 휴먼컬처아리랑.

＿＿＿, 2017, 《호주의 도박규제제도와 책임도박》.

＿＿＿, 2017, 《가족교육 기초 프로그램(참여자용 워크북)》.

＿＿＿, 2018, 《영국의 도박규제제도와 온라인 상담서비스현황》.

호르헤 루이스 보르헤스 지음, 송병선 옮김, 2011, 《픽션들》, 민음사.

황현탁, 2010, 《도박의 사회학》, 나남.

＿＿＿, 2012, 《사행산업론》, 나남.

＿＿＿, 2014, 《그대가 모르는 도박이야기》, 깊은샘.

GKL·매일경제, 2016, 〈국제레저포럼 2016 발표자료집〉, 2016. 5. 27.

Grant, J. E. & Potenza, M. N. 지음, 이배갑·이경희·김종남·박상규·김교
　　　헌 옮김, 2012, 《병적도박의 치료와 임상지침》, 학지사.

국외

Australian Government Department of Health, 2011, "National policy on
　　　match-fixing in sport as agreed 10 June 2011".

Australian Institute of Family Studies, 2014, "Interactive gambling", *AGRC
　　　Discussion Paper 3*.

Bales, J., 2016, *Fantasy Football for Smart People*, CreateSpace Independent
　　　Publishing Platform.

Barak, A., Hen, L., Boniel-Nissim, M. & Shapira, N., 2008, "A compre-
　　　hensive review and a meta-analysis of the effectiveness of Internet-

based psychotherapeutic interventions", *Journal of Technology in Human Services 26* (2/4).

Barnes, R., "States are free to authorize sports betting, Supreme Court rules", *The Washington Post*, 2018. 5. 14.

Berger, A., 2016, *12 More Stupid Things That Mess Up Recovery*, Hazelden Publishing.

Binkley, C., 2009, *Winner Takes All*, Hachette Books.

Blaszczynski, A., 2017, *Overcoming Gambling Addiction 2nd Edition*, Robinson.

Buchdahl, J., 2016, *Squares and Sharps, Suckers and Sharks*, Oldcastle Books.

Cabot. A. & Pindell, N., 2014, *Regulating Land-Based Casinos*, UNLV Gaming Press.

Chester, A. & Glass, C. A., 2006, "Online counselling: A descriptive analysis of therapy services on the Internet", *British Journal of Guidance & Counselling 34* (2).

Cook, J. E. & Doyle, C., 2002, "Working alliance in online therapy as compared to face-to-face therapy: Preliminary results", *CyberPsychology & Behavior 5* (2).

Crown Melbourne Casino, 2016, *Responsible Gambling Code of Conduct*.

Davis, D. R., 2009, *Taking Back Your Life*, Hazelden Publishing.

Dayton, T., 2000, *Trauma and Addiction*, Health Communications, Inc.

Deans, E. G., Thomas, S. L., Daube, M. & Derevensky, J., 2016, "'I can sit on the beach and punt through my mobile phone': The influence of physical and online environments on the gambling risk behaviours of young men", *Social Science & Medicine 166*.

Department of Justice, 2009, "A study of gambling in Victoria: Problem gambling from a public health perspective".

Derevensky, J. L., 2015, *Teen Gambling*, Rowman & Littlefield Publishers.

Dickins, M. & Thomas, A., 2016, "Is it gambling or a game? Simulated gambling games: Their use and regulation", AGRC discussion paper No. 5.

Dowling, N. A., Merkouris, S. S., Greenwood, C. J., Oldenhof, E.,

Toumbourou, J. W. & Youssef, G. J., 2017, "Early risk and protective factors for problem gambling: A systematic review and meta-analysis of longitudinal studies", *Clinical Psychology Review 51.*

Edelman, M., 2017, "Regulating fantasy sports: A practical guide to state gambling laws, and a proposed framework for future state legislation", *Indiana Law Journal 92* (2).

Elton-Marshall, T., Leatherdale S. T. & Turner N. E., 2016, "An examination of Internet and land-based gambling among adolescents in three Canadian provinces: Results from the youth gambling survey (YGS)", *BMC Public Health*, March.

Gainsbury, S. & Blaszczynski, A., 2011, "A systematic review of Internet-based therapy for the treatment of addiction", *Clinical Psychology Review 31* (3).

Guill, J., "Poker's greatest all-time whales: Terrance Watanabe", *PokerListings. com*, 2013. 9. 17.

Hing, N., Russell, A., Nuske, E., & Gainsbury, S., 2015, "The stigma of problem gambling: Causes, characteristics and consequences", Victorian Responsible Gambling Foundation.

Jackson, A. C., 2008, "Risk and protective factors in problem gambling", Paper presented at 7th European Conference on Gambling Studies and Policy Issues (2008. 7. 1. ~7. 4.).

Johansson, A., Grant, J. E., Kim, S. W., Odlaug, B. L. & Götestam, K. G., 2009, "Risk factors for problematic gambling: A critical literature review", *Journal of Gambling Studies 25* (1).

John Ashton, 1898, *The History of Gambling in England*, Duckworth & co. (복제본)

Johnson, H. C., 2014, *Behavioral Neuroscience for the Human Services*, Oxford University Press.

Jones, J., "The 10 greatest works of art ever", *The Guardian*, 2014. 3. 21.

Jury, L., " 'Fountain' most influential piece of modern art", *The Independent*, 2004. 12. 2.

Karter, L., 2013, *Women and Problem Gambling*, Routledge.

Kim, H. S., Wohl, M. J. A., Gupta. R. & Derevensky, J. L., 2017, "Why do young adults gamble online? A qualitative study of motivations to transition from social casino games to online gambling", *Asian Journal of Gambling Issues and Public Health 7*(1).

King, R., Bambling, M., Lloyd, C., Gomurra, R., Reid, W. & Wegner, K., 2006, "Online counselling: The motives and experiences of young people who choose the Internet instead of face to face or telephone counselling", *Counselling and Psychotherapy Research 6*(3).

Lamare, A., "Meet the man who lost $200 million gambling in Vegas ⋯ In one year!", *Celebrity Net Worth*, 2017. 3. 16.

Lim Goh Tong, 2006, *My Story*, Pelanduck Publication(Malaysia).

Linden, D. J., 2012, *The Compass of Pleasure*, Penguin Books.

Mazur, J., 2010, *What's Luck Got to Do with It?*, Princeton University Press.

McGuire, M., 2014, *Last Bets*, Melbourne University Publishing.

Miller, H. E. & Thomas, S., 2017, "The 'walk of shame': A qualitative study of the influence of negative stereotyping of problem gambling on gambling attitudes and behaviours", *International Journal of Mental Health Addiction 15*(6).

Mishna, F., Bogo, M., & Sawyer, J. -L., 2015, "Cyber counselling: Illuminating benefits and challenges", *Clinical Social Work Journal 43*(2).

Murphy, L., Parnass, P., Mitchell, D. L., Hallett, R., Kayley, P. & Seagram, S., 2009, "Client satisfaction and outcome comparisons of online and face-to-face counselling methods", *The British Journal of Social Work 39*(4).

Oei, T. P., 2008, "Gambling among the Chinese: A comprehensive review", *Clinical Psychology Review 28*(7).

Penrose, L., 2016, *The Gambling Addiction Recovery Book*, CreateSpace Independent Publishing Platform.

Perkinson, R. R., 2016, *The Gambling Addiction Client Workbook*, SAGE Publications, Inc.

Poythress, V. S., 2014, *Chance and the Sovereignty of God*, Crossway.

Raylu, N. & Oei, T. P., 2004, "Role of culture in gambling and problem gambling", *Clinical Psychology Review 23* (8).

_____, 2010, *A Cognitive Behavioural Therapy Programme for Problem Gambling*, Routledge.

Reith, G., 2002, *The Age of Chance*, Routledge.

Robertson, G., "Footballers use girlfriends and dads so they're not caught gambling", *The Times*, 2018. 1. 24.

Robinson, E., 2009, "Online counselling, therapy and dispute resolution: A review of research and its application to family relationship services", *AFRC Briefing 15.*

Rodda, S. & Lubman, D., 2012, "Ready to change: A scheduled telephone counselling programme for problem gambling", *Australasian Psychiatry 20* (4).

Rodda, S., Lubman, D. L., Dowling, N. A., Bough, A. & Jackson, A. C., 2013, "Web-based counselling for problem gambling: Exploring motivations and recommendations", *Journal of Medical Internet Research 15* (5).

Rose, I. N., 2015, "End game for Daily Fantasy Sports?", *Gaming Law Review and Economics 19* (9).

_____, 2015, "Risk factors for problem gambling: Environmental, geographic, social, cultural, demographic, socio-economic, family and household".

Rowntree, B. S., 1905, *Betting & Gambling, a National Evil*, Cornell University Library. (복제본)

Sandle, P., "Britain to limit gambling terminal stakes to two pounds - Sunday Times", *Reuters*, 2018. 1. 22.

Schüll, N., 2014, *Addiction by Design*, Princeton University Press.

Shaffer, H., 2012, *Change Your Gambling, Change Your Life*, Jossey-Bass.

Smith, G., Hodgins, D. & Williams, R. J. ed., 2007, *Research and Measurement Issues in Gambling Studies*, Emerald Group Publishing Limited.

Sojourner, M., 2010, *She Bets Her Life*, Seal Press.

Straaten, C. W. V., 2016, *The Gambling Addiction Recovery Workbook*, Independently published.

Tepperman, L., Albanese, P., Stark, S. & Zahlan, N., 2013, *The Dostoevsky Effect*, Oxford University Press.

Thomas, S., Bestman, A., Pitt, H., David, J. & Thomas, S., 2016, "Lessons for the development of initiatives to tackle the stigma associated with problem gambling", VGRF, May 2016.

Walker, D. M., 2007, *The Economics of Casino Gambling*, Springer.

Walker, P., "Gambling: ministers urged to be bold with curbs on FOBTs", *The Guardian*, 2018. 1. 21.

Welte, J. W., Barnes, G. M., Tidwell, M. O., Hoffman, J. H., Wieczorek, W. F., 2016, "The relationship between distance from gambling venues and gambling participation and problem gambling among U. S. adults", *Journal of Gambling Studies 32* (4).

Wexler, A. & Wexler, S., 2015, *All Bets Are Off*, Central Recovery Press.

Winnicott, D. W, 2005, *Playing and Reality*, Routledge.

Winterscheid, J. F., 1977, "Victimless crimes: The threshold question and beyond", *Notre Dame Law Review 995*.

Wood, R. T. & Williams, R. J., 2007, "Internet gambling: Past, present and future". (https://www.uleth.ca/dspace/bitstream/handle/10133/422/internet?sequence=1)

Woolverton, F. & Shapiro, S., 2012, *Unhooked*, Skyhorse Publishing.

河本泰信, 2015, 《「ギャンブル依存症」からの脱出》, SBクリエイティブ.

黒川裕一, 2005, 《見ずには死ねない! 名映畵300選外國編》, 中経出版.

安野光雅・井上ひさし・池內紀・森毅, 1988, 《賭けと人生》, 筑摩書房.

梅林勳, 2000, 《アジアのカードとカードゲーム》, 大阪商業大學アミューズメント産業研究室.

江橋崇, 2014, 《花札》, 法政大學出版局.

大川潤・佐伯英隆, 2011, 《カジノの文化誌》, 中央公論新社.

岡本卓・和田秀樹, 2016, 《依存症の科學》, 化學同人.

篠原菊紀, "麻雀, カジノゲーム, パチンコ, パチスロの介護予防利用について", (http://www.provanet.co.jp/nouriha/inc/pdf/research_shinohara.pdf)

竹腰將弘・小松公生, 2014, 《カジノ狂騒曲 日本に賭博場はいらない》, 新日本出版社.

苫米地英人, 2014, 《カジノは日本を救うのか?》, サイゾー.

帚木蓬生, 2014, 《ギャンブル依存國家・日本》, 光文社.

廣中直行, 2013, 《依存症のすべて》, 講談社.

丸山佑介, 2010, 《裏社會の歩き方》, 彩図社.

増川宏一, 1989, 《賭博の日本史》, 平凡社.

_____, 2012, 《日本遊戲史》, 平凡社.

山下實, 2015, 《脱パチンコ》, 自由國民社.

기타

메타노이아 https://www.metanoia.org/

미국 각주 스포츠도박 합법화권한 쟁의 대법원 판결연혁 https://en.wikipedia.org/wiki/Murphy_v._National_Collegiate_Athletic_Association

미국 정신의학회 https://www.psychiatry.org/

상담기관명부 https://www.onlinecounselling.com/

세계보건기구(WHO) 국제질병분류(ICD) http://www.who.int/classifications/icd/en/

영국 경쟁시장청 https://www.gov.uk/government/organisations/competition-and-markets-authority

영국 도박위원회 http://www.gamblingcommission.gov.uk/

영국 GambleAware https://about.gambleaware.org/

온라인 카지노시티 http://online.casinocity.com/

일본어 위키피디아(生活保護, 생활보호) https://ja.wikipedia.org/wiki/%E7%94%9F%E6%B4%BB%E4%BF%9D%E8%AD%B7

일본어 위키피디아(パチンコ, 파친코) https://ja.wikipedia.org/wiki/%E3%83%91%E3%83%81%E3%83%B3%E3%82%B3

조선왕조실록 http://sillok. history. go. kr/

캐나다 매니토바 중독재단 http://getgamblingfacts. ca/

캐나다 온타리오 문제도박연구원 https://www. problemgambling. ca/

캐나다 책임도박위원회(RGC) https://www. responsiblegambling. org/

캘리포니아 문제도박위원회 http://calpg. org/

캘리포니아 의회 법제처 https://www. ftb. ca. gov/law/legis/

퀀텀코안심리상담소 https://www. quantumkoan. com/

한국 법제처 국가법령 정보센터 http://www. law. go. kr/

호주 가족문제연구원(호주 도박연구센터) https://aifs. gov. au/

호주 빅토리아주 책임도박재단 https://responsiblegambling. vic. gov. au/

호주 연방법령 등록처 https://www. legislation. gov. au/

황현탁 블로그 https://blog. naver. com/hlp5476

I. Nelson Rose 블로그 http://www. gamblingandthelaw. com/

찾아보기(용어)

기타

찾아보기(인물)